La marche du XXe siècle

Les grands moments du siècle racontés

Jean Beaudet

La marche du XXe siècle

Les grands moments du siècle racontés

TRÉCARRÉ

Données de catalogage avant publication (Canada)

Beaudet, Jean

La marche du XXe siècle

Comprend un index.

ISBN 2-89568-012-4

1. Vingtième siècle. 2. Civilisation – 20e siècle. 3. Histoire – 20e siècle. I. Titre.

D421.B42 2001 909.82 C2001-941112-X

Infographie : Infoscan Collette

Nous reconnaissons l'aide financière du gouvernement du Canada par l'entremise du Programme d'aide au développement de l'industrie de l'édition (PADIÉ) pour nos activités d'édition ; du Conseil des Arts du Canada ; de la SODEC ; du gouvernement du Québec par l'entremise du Programme de crédit d'impôt pour l'édition de livres (gestion SODEC).

ISBN 2-89568-012-4

Dépôt légal 2001
Bibliothèque nationale du Québec

Imprimé au Canada

Éditions du Trécarré
Outremont (Québec) Canada

1 2 3 4 5 05 04 03 02 01

À Jean-Philippe,
le premier à avoir écouté mes histoires

À ma mère Obéline,
la première en toutes choses dans ma vie

L'Histoire est quelque chose qui se raconte comme une histoire s'adressant à l'enfant curieux qui sommeille en chacun.

L'Histoire n'est pas faite que de dates, de batailles et de rois. Elle est aussi la vie des simples gens, en un lieu et en un temps donnés, tout comme les évènements que nous vivons aujourd'hui composeront l'Histoire de demain.

L'Histoire est enfin ce qui nous permet de comprendre le présent, en expliquant le plus simplement possible ce qui était auparavant.

L'Histoire appartient à tout le monde. Elle doit donc être racontée à tous.

Jean Beaudet

Avant-propos

L'idée de me faire raconter les histoires du XXe siècle est due à Jean-Philippe Biron, mon neveu et complice. Peut-être était-il simplement las de subir tout seul le bavardage pseudo-historique dont je l'abreuvais depuis tant d'années. Toujours est-il que, il y a trois ou quatre ans, Jean-Philippe m'a convaincu que d'autres gens apprécieraient certainement qu'on leur raconte et qu'on leur explique les grands moments de l'histoire contemporaine, d'une manière accessible qui ne soit pas condescendante.

La Marche du XXe siècle a donc d'abord été une émission radiophonique hebdomadaire, diffusée en 1999 sur les ondes de la radio universitaire CFOU-FM de l'Université du Québec à Trois-Rivières. Pendant plusieurs mois, grâce à la confiance et au soutien de l'équipe de la radio étudiante, particulièrement de son directeur Jean Beauchesne, j'y ai eu le privilège de raconter l'histoire du XXe siècle, tandis que Jean-Philippe jouait magnifiquement le rôle parfois ingrat mais absolument essentiel d'intermédiaire entre le public et moi, me forçant à préciser des points obscurs, me ramenant au sujet quand mon bavardage m'entraînait dans des méandres inutiles.

L'intérêt manifesté par les auditeurs de CFOU-FM s'étant aussi traduit par des demandes fréquentes concernant une version écrite de *La Marche du XXe siècle*, j'ai donc mis quelques autres mois à rédiger une première mouture de sujets d'abord développés pour la radio. Puis, j'ai confié le manuscrit à Daniel Trottier et à Rachida Azdouz, des amis très chers dont le solide jugement et l'impressionnante culture m'assuraient d'une opinion juste et franche. Or, *La Marche du XXe siècle* leur a plu suffisamment pour que Daniel, après quelques remaniements de forme, la propose aux Éditions du Trécarré. Là, une remarquable équipe de professionnels a eu la générosité de voir suffisamment de mérites à mon manuscrit pour souhaiter le publier : je sais pertinemment que nous y sommes parvenus grâce au professionnalisme et à la patience de mon éditrice, Nathalie Tremblay, qui m'a accompagné et guidé pendant tout le long et délicat travail de réécriture.

Avant de soumettre le résultat final de *La Marche du XXe siècle* au lecteur, il y a trois points fondamentaux que je souhaite préciser brièvement. D'abord, je ne suis pas historien et je n'ai jamais prétendu l'être. Mais j'ai la passion de l'Histoire, ce que j'ai seulement voulu partager avec d'autres gens.

Deuxièmement, le lecteur doit garder à l'esprit que le XXe siècle a été extraordinairement fécond en faits qui valent d'être racontés et qui doivent l'être. Il m'a donc fallu faire des choix et n'en retenir qu'une vingtaine. Bien sûr, certains événements me semblaient incontournables, comme les deux guerres mondiales et l'expérience communiste. Je souhaitais aussi raconter l'histoire de gens qui ne soient ni Blancs ni Européens, et puis aborder des thèmes moins connus, parfois même nettement plus légers que les grands conflits. Au bout du compte, la décision de sélectionner certains sujets plutôt que d'autres aura donc répondu à mon unique arbitraire. De même, l'ordre de présentation des textes dans ce recueil ne repose sur rien d'autre que la volonté de varier la teneur émotive et le ton des sujets proposés.

Finalement, je suis fort conscient que, pour beaucoup de gens qui ont personnellement vécu ou, du moins, eu connaissance de plusieurs des événements abordés dans ces pages, le XXe siècle relève moins de l'histoire que de la mémoire. Or, si les faits historiques sont rarement contestables, l'interprétation qui en est faite varie constamment, en fonction des valeurs et des préjugés de chacun, mais également selon les connaissances et les certitudes d'une époque ou d'une société spécifique. Les textes qui suivent ont donc tous une couleur d'opinion qui m'est propre, sans provocation mais sans servilité.

Raconter l'Histoire est, pour moi, affaire d'honnêteté beaucoup plus que de neutralité. Affirmer qu'Adolph Hitler était un être infâme soulève rarement la controverse ; mais soutenir que le terrible silence du pape Pie XII face à l'extermination des juifs fut une lâcheté indigne de l'Église risque de bousculer les certitudes de certains lecteurs. Tout en respectant les opinions divergentes, je n'en revendique pas moins le droit de dire ce que je crois, chaque fois que je le justifierai par des faits.

Voilà ! J'ai suffisamment retardé le lecteur et je crois que Jean-Philippe est sur le point de me dire de commencer à raconter. Alors allons-y !

« Il était une fois, au XXe siècle, ... »

Jean Beaudet,
à Trois-Rivières,
un soir de juillet 2001.

Table des matières

Les coquelicots des Flandres

La Première Guerre mondiale

Pour les historiens et les politicologues, 1914 marque les vrais débuts du XXe siècle, les 13 années précédentes n'ayant été que la continuation du XIXe siècle, une période que la nostalgie allait appeler la Belle Époque. La guerre épouvantable qui, à partir d'un petit conflit plutôt local, devait embraser le monde entier, allait bouleverser la vie de milliards de gens, en tuer des millions d'autres, faire s'écrouler des empires et apparaître de nouveaux pays. Elle allait également transformer durablement les règles, rôles et mœurs de la société, favoriser l'essor technique et scientifique, modifier les façons de penser, de gouverner et même de vivre.

Plutôt que de compiler des batailles et des chiffres, nous allons nous efforcer de mieux faire comprendre les enjeux et les événements ayant conduit au grand carnage, puis voir comment cette guerre a été vécue à l'arrière comme au front, comment elle a changé les choses et les gens. Pour une génération sacrifiée, elle fut la Grande Guerre.

LE MONDE EN 1914

La carte du monde, cette année-là, nous semble très différente de ce que nous connaissons aujourd'hui. Dans l'ensemble, les Amériques, du Nord et du Sud, sont sensiblement les mêmes, mais l'Afrique, l'Asie et les îles du Pacifique apparaissent presque totalement découpées en colonies ou protectorats administrés par les puissances européennes ou, plus rarement, par les États-Unis ou le Japon. Ainsi, la France et l'Angleterre détiennent chacune un tiers de l'Afrique, le reste du continent noir étant partagé entre l'Allemagne, la Belgique, le Portugal, l'Italie et l'Espagne. Si le Japon contrôle la Corée, et la Russie une partie de la Mandchourie, l'Indochine est française ; les Indes, britanniques, et la future Indonésie, hollandaise. Les Philippines sont sous protectorat américain et la Chine maintient difficilement un soupçon d'autonomie alors même que de vastes parties de son territoire ont été concédées aux Occidentaux et aux Japonais lors de guerres perdues au siècle précédent. Enfin, tout le Moyen-Orient, depuis le Sinaï jusqu'à l'extrémité de la péninsule arabique, fait partie du vieil empire de Turquie.

C'est l'Europe, au faîte de sa puissance et maîtresse du monde, qui attire principalement notre curiosité ; six puissances y règnent : l'Angleterre, la France, l'Allemagne, la Russie, l'Autriche-Hongrie et la Turquie. La Finlande, la Tchécoslovaquie, la Bosnie et la Pologne ne sont que des provinces de l'un ou l'autre de ces empires. L'Italie, la Belgique et la Hollande s'efforcent de faire peu de bruit et se concentrent sur leurs colonies à l'étranger. Par contre, les Balkans (Serbie, Albanie, Bulgarie, Grèce et Roumanie) sont une poudrière où les affrontements ethniques, religieux ou simplement frontaliers sont fréquents et s'étendent rapidement aux pays voisins ; c'est de là que viendront les premiers coups de feu de la Grande Guerre. Avant qu'ils ne résonnent, présentons brièvement les principaux acteurs de la tragédie.

L'Angleterre

Dans un monde sans avions où les routes maritimes assurent tout le commerce mondial, l'Angleterre domine. Sa marine (militaire et commerciale) est la première du monde : elle contrôle les accès à la Méditerranée (Gibraltar et Suez), les Indes et Hong Kong, le cap de Bonne-Espérance, une grande partie de l'Afrique et des Antilles, des îles clés dans l'Atlantique et le Pacifique, l'Égypte, le Canada, l'Australie et l'Afrique du Sud. Sur son empire, le soleil ne se couche jamais et les 46 millions d'Anglais sont convaincus qu'il en sera toujours ainsi. Bien que la France soit sa principale rivale, elle s'y est alliée quelques années plus tôt, dans l'Entente cordiale, pour faire échec à l'expansion inquiétante de l'Allemagne qui est bien décidée à se tailler une position dominante sur l'échiquier planétaire. Si Londres est le centre financier du monde, l'industrie britannique commence à reculer un peu devant ses rivaux continentaux et devant les États-Unis. Il n'en demeure pas moins que Georges V, petit-fils de la reine Victoria, règne sur un pays riche et démocratique où les conditions de vie, même pour les ouvriers, sont parmi les meilleures du monde, grâce à des syndicats puissants et très politisés. Dans la Grande-Bretagne calme et prospère, il n'y a guère que certains groupes de femmes à s'agiter pour exiger l'égalité de leurs droits civiques : d'abord affublées du surnom méprisant de « suffragettes », elles le porteront bientôt comme un titre de gloire.

La France

La République française est, avec les États-Unis, le seul grand pays sans famille régnante. La vie y est belle pour ses 40 millions d'habitants, l'économie prospère et la culture française brille. Toutefois, les tensions sociales sont souvent vives et la vie politique y est agitée, entre une classe possédante terriblement conservatrice, voire réactionnaire, et un mouvement socialiste à l'avant-plan des idées humanitaires universelles. La France possède un important empire outre-mer et une puissante armée et, malgré les rivalités coloniales avec la Grande-Bretagne, l'ennemi reste l'Allemagne, qui l'a humiliée en 1870 en lui arrachant l'Alsace et la Lorraine et qui menace aujourd'hui son rayonnement en Europe. La France s'est alliée à l'Angleterre et à la Russie, menaçant ainsi l'aigle allemand sur deux fronts : cette décision stratégique forcera l'Allemagne à rechercher une guerre préventive, avant que ses ennemis ne soient trop forts.

L'Allemagne

Dernière-née des puissances européennes, l'Allemagne est en voie d'en devenir la plus forte. Jusqu'en 1870, elle n'était qu'un groupe de petits royaumes et de principautés, plus ou moins rivaux, à l'exception de la Prusse déjà militarisée et puissante. Après sa victoire sur la France, le chancelier prussien Bismarck les a réunis en un Empire allemand sous la couronne des Hohenzollern, famille régnante de Prusse. L'Allemagne, patrie de 70 millions d'habitants, est moderne, industrialisée, riche et puissante, fière d'une grande culture et farouchement nationaliste. Paradoxalement, c'est un des premiers pays du monde à avoir adopté des lois sociales comme l'assurance-chômage, l'assurance-invalidité et les rentes aux personnes âgées, tout en étant un État militarisé, directif et convaincu de sa grandeur. Le kaiser Guillaume II est un homme ambitieux, colérique et impulsif. Il hait la France, méprise la Russie et veut dépasser l'Angleterre ; il regarde même de haut ses faibles alliées, l'Autriche-Hongrie et la Turquie. Manquant de discernement, Guillaume II sème la discorde en Europe, sans comprendre que, sous peu, son bellicisme orgueilleux embrasera le monde.

La Russie

Le plus grand pays d'Europe, et son réservoir humain de 175 millions d'habitants, est un pays peu industrialisé et encore largement en retard par rapport aux normes européennes. L'empereur Nicolas II, le tsar, est un souverain autocrate, qui ne rend de comptes à qui que se soit, sauf à Dieu. En Russie, l'aristocratie est très riche, la bourgeoisie émerge à peine et l'immense classe paysanne et ouvrière est pauvre, sans droits ni espoir. La révolte gronde et les chefs révolutionnaires sont, pour la plupart, en prison ou en exil. Pourtant, le tsar est un homme faible, largement dominé par sa femme d'origine allemande, qui est elle-même sous l'influence de personnages sordides dont Raspoutine, un moine libertin et quasi illettré qu'elle a pris pour confesseur et qui en est venu à quasiment diriger toute la politique du pays. La Russie est un empire essentiellement continental mais qui recherche des ports en eaux libres pour favoriser sa marine et son commerce. Malgré l'amitié personnelle entre les cousins Nicolas II et Guillaume II, la Russie redoute l'Allemagne et s'est donc alliée à la France. Dans les Balkans, elle protège les petits États slaves, ce qui augmente les tensions avec l'Autriche-Hongrie et la Turquie.

L'Autriche-Hongrie

Le grand empire d'Europe centrale a longtemps été une importante puissance. En 1914, c'est un pays économiquement et militairement plus faible, qui s'efforce de maintenir son intégrité devant le réveil nationaliste des nombreux peuples qui le composent. Ses 52 millions d'habitants, de langues, de cultures et d'aspirations différentes, n'ont guère en commun que le symbole dynastique des Habsbourg, qui règnent depuis 600 ans. Le vieux François-Joseph est un conservateur catholique de la vieille école, qui craint les Russes et les belliqueux Slaves des Balkans. Bien que détestant le Kaiser et le militarisme allemand, il s'est peu à peu lié à Berlin, dont il semble être la marionnette.

La Turquie

Le vieil Empire ottoman n'est plus qu'une carcasse qu'on dépèce peu à peu. Il a perdu les Balkans et il est menacé au Moyen-Orient, le régime du Sultan est corrompu et archaïque, la population analphabète et l'industrie inexistante. Le vrai pouvoir est entre les mains d'un groupe nationaliste appelé Jeunes-Turcs dont l'âme dirigeante est un certain Enver Pacha, qui rêve de modernisme mais sait que l'Empire devra d'abord s'écrouler avant de se transformer. Les Turcs redoutent les Slaves et, surtout, les visées russes sur le détroit des Dardanelles, passage obligatoire entre la mer Noire et la Méditerranée : si jamais les Russes en prennent le contrôle, la Turquie sera divisée et n'y survivra pas. Le gouvernement turc s'est donc tourné vers la puissance montante d'Europe et s'est aligné sur l'Allemagne.

L'ENGRENAGE FATAL

Les puissances européennes avaient conçu un système d'alliances qui devait les protéger de toute guerre importante ; ironiquement, ce même système allait entraîner le désastre.

Le 28 juin 1914, l'archiduc François-Ferdinand, héritier du trône d'Autriche-Hongrie, était, avec son épouse, en visite officielle dans la province de Bosnie. Ils furent assassinés. Dans les jours suivants, l'Allemagne promit son appui à l'Autriche, tandis que la Russie rassurait la Serbie. Le 25 juillet, l'Autriche posa un ultimatum à la Serbie qui, bien sûr, le rejeta. Le 28 juillet, l'Autriche déclara donc la guerre à la Serbie, convaincue par l'Allemagne qu'aucun autre pays n'interviendrait. La Russie mobilisa aussitôt son immense armée, provoquant la mobilisation allemande, puis celle de la France. Toute l'Europe retenait son souffle, espérant un hypothétique miracle qui sauverait la paix. Le 1er août 1914, l'Allemagne déclara la guerre à la Russie, puis, le 3 août, à la France. Le 5 août, l'Allemagne envahit la Belgique pour attaquer la France, entraînant l'entrée en guerre de l'Angleterre qui protégeait la petite Belgique. Le 6 août, l'Autriche, à son tour, déclara la guerre à la Russie et donc aux alliés de cette dernière. En une semaine, le monde avait basculé. Chaque pays ayant ses colonies, la guerre devint presque aussitôt internationale et, dans les mois suivants, on se battra en Afrique, en Asie et dans les îles du Pacifique.

À ce moment-là, une seule chose aurait encore pu calmer le jeu et empêcher la guerre. Les partis socialistes des différents pays, dont ceux de la France et de l'Allemagne, militaient ensemble pour la paix et pour un internationalisme socialiste. Le 25 juillet précédent, le socialiste français Jean Jaurès, champion partout admiré du pacifisme et d'une solidarité humaine dépassant les nationalités, avait été assassiné par un ultra-patriote français qui le considérait comme un traître. Privé de l'influence et des convictions pacifistes de Jaurès, le mouvement socialiste ne résista pas aux chimères bellicistes et, quand la guerre commença, chacun redevint aussitôt allemand ou français, convaincu de la justesse de sa cause et d'avoir Dieu dans son camp.

La conviction était alors générale qu'il s'agirait d'une courte guerre, car les armes étaient tellement puissantes qu'un long conflit apparaissait impossible. De plus, chaque état-major avait conçu de si magnifiques plans d'offensive que chaque camp était sûr de triompher. La réalité serait épouvantablement différente.

UNE GUERRE LONGUE ET SANGLANTE

La meilleure armée du monde était alors allemande ; ses généraux préparaient cette guerre depuis longtemps et ils étaient fin prêts. Dès le début d'août 1914, ils lancèrent à travers la Belgique, une puissante offensive destinée à briser l'armée française et à s'emparer de Paris. En réalité, les Allemands furent bien près d'y parvenir et il fallut le génie et la ténacité des généraux français Galieni et Joffre pour les arrêter sur la Marne. Voyant que les attaques frontales ne donnaient rien, chacun des adversaires s'efforça de déborder l'autre par le flanc, dans une course vers la mer que personne ne gagna. En fait, le front se stabilisa dès l'automne en une ligne de 400 km, dans le nord de la France et le sud de la Belgique. Chacun y creusa ses tranchées et posa ses mines et ses barbelés, ignorant que le front ne bougerait finalement presque pas durant les quatre années que la guerre allait durer. Régulièrement, les deux camps allaient monter de grandes offensives pour percer, mais cela ne marcherait jamais et tuerait, chaque fois, des centaines de milliers d'hommes. En décembre 1914, la France et l'Allemagne comptaient déjà, chacune, près de 400 000 morts.

À l'est pourtant, la guerre fut encore plus meurtrière. En août 1914, les Allemands avaient écrasé une armée russe mal équipée et mal commandée, au lieu symbolique de Tannenberg : où, en 1410, le prestigieux ordre militaire et religieux allemand des chevaliers Teutoniques fut presque anéanti par l'armée de paysans du prince russe Alexandre Nevski. Cinq siècles plus tard, les généraux de Guillaume II les vengeaient en infligeant aux Russes une épouvantable défaite, leur coûtant près de un million d'hommes. L'armée russe ne devait pas se relever de ce carnage ; le mécontentement et le désespoir accablèrent les simples soldats, ce qui favorisa la propagation des idées révolutionnaires qui, moins de trois ans plus tard, abattront le régime tsariste. Comparativement, la petite Serbie se défendait superbement contre l'Autriche-Hongrie, malgré d'effarantes pertes, mais ce n'était qu'un front secondaire, tout comme les colonies africaines où, par indigènes interposés, Allemands, Français et Anglais s'entretuaient généreusement : le général le plus remarquable y était incontestablement l'Allemand von Lettöw-Vorbeck, dont les 15 000 hommes tiendront en haleine 400 000 soldats ennemis pendant 4 ans, sans aide extérieure et sans jamais devoir se rendre.

DE NOUVELLES STRATÉGIES

Après quelques mois de guerre, quand les deux camps comprirent qu'ils étaient à égalité et qu'ils ne pouvaient l'emporter, généraux et politiciens décidèrent qu'il vaudrait peut-être mieux battre l'adversaire par d'autres stratégies.

La recherche de nouveaux alliés

Au cours de l'automne 1914, les empires centraux (Allemagne et Autriche-Hongrie) amenèrent la Turquie dans leur camp, lui promettant de préserver son fragile empire, à la condition qu'elle bloque les Russes et coince la Serbie dans un étau, menaçant ainsi l'Égypte et le canal de Suez, carrefours stratégiques pour l'empire britannique. En 1915, la Bulgarie acceptait d'entrer en guerre aux côtés de l'Allemagne, contre promesse de territoires serbes et de l'éventuelle l'hégémonie dans les Balkans.

Parallèlement, les Alliés (France, Angleterre, Russie) disposaient de plusieurs appuis. Ainsi, les anciennes colonies britanniques qu'étaient le Canada, l'Australie, la Nouvelle-Zélande et l'Afrique du Sud se rangèrent, dès août 1914, dans le camp allié, tandis que toutes les colonies anglaises et françaises du globe étaient obligées de fournir des troupes. À l'automne, les Alliés avaient entraîné de leur côté le Portugal, désireux d'agrandir son empire colonial en Afrique, et le Japon, autorisé à s'emparer des colonies allemandes du Pacifique. Puis, en 1915, l'Italie, qui avait hésité à prendre parti, s'engagea, surtout pour récupérer des territoires autrichiens peuplés d'Italiens. En 1916, la Roumanie décida d'entrer en guerre, car elle se sentait avec raison menacée par les Bulgares; les Grecs firent bientôt de même. D'autres pays, comme le Brésil, se joignirent aux Alliés, pour protéger leur commerce maritime. Enfin, en 1917, l'arrivée massive des Américains allait progressivement permettre la victoire des Alliés, que la capitulation russe avait terriblement affaiblis.

Ces jeux d'influences eurent parfois des conséquences durables mais cruelles. Ainsi, la Serbie, la Roumanie et la Grèce furent écrasées et presque anéanties par les armées allemandes, autrichiennes, bulgares et turques. Pour soutenir leurs petits alliés balkaniques et permettre une jonction militaire avec la Russie presque moribonde, les Français et les Anglais décidèrent, dès 1915, d'abattre leur ennemi le plus faible, la Turquie. Ils tentèrent donc de s'emparer des Dardanelles, en effectuant un spectaculaire débarquement dans la péninsule de Gallipoli : ce fut un fiasco colossal, dans lequel, en six mois, moururent 200 000 Alliés et 250 000 Turcs, plus par maladie que dans les combats. Imperturbables, les Anglais entreprirent de favoriser une rébellion des tribus arabes contre l'Empire turc, envoyant le colonel T.H. Lawrence (le légendaire Lawrence d'Arabie) leur promettre des royaumes indépendants sur les ruines de l'Empire turc. De même, en 1917, le ministre britannique Arthur Balfour s'engagea également à favoriser la création d'un éventuel foyer juif en Palestine, afin de susciter un malaise chez les juifs, nombreux en Allemagne et majoritairement acquis à l'idée d'une patrie hébraïque en Terre sainte. Ces promesses contradictoires et jamais tenues allaient plus tard entraîner l'atroce conflit du Moyen-Orient, dans lequel juifs et Arabes meurent encore.

L'étouffement économique

Dès le début de la guerre, les différents pays avaient mis sur pied des programmes économiques spécifiques, pour encadrer les ressources humaines, alimentaires et industrielles en fonction des priorités nécessaires à la victoire. Le meilleur modèle demeure celui de l'Allemagne, avec le ministre Walther Rathenau, un juif que les nazis assassineront dans les années 1920.

Les empires centraux ne disposaient guère de débouchés maritimes pour le commerce mondial, les Anglais organisèrent très tôt un blocus continental, semblable à celui qu'ils avaient installé contre Napoléon, plus d'un siècle auparavant. Parallèlement, les Alliés exercèrent des pressions sur les pays neutres et effectuèrent des opérations boursières et commerciales destinées à détruire le pouvoir d'achat allemand. Trois ans plus tard, cela entraîna la famine et le manque de biens vitaux de consommation en Allemagne et en Autriche-Hongrie.

La réplique allemande fut surtout la guerre sous-marine, pour détruire le commerce naval et l'approvisionnement des Alliés. Cela aussi vint près de réussir, mais cette forme de guerre, étrangement jugée déshonorante, se retourna finalement contre l'Allemagne, quand les tragédies civiles, comme le torpillage du paquebot *Lusitania* (1 200 morts civils en mai 1915) et l'attaque de navires neutres, entraînèrent l'Amérique dans la guerre. Des considérations économiques motivaient également les Américains, qui profitèrent de certaines maladresses diplomatiques allemandes (comme la publication d'un télégramme secret du consul allemand à Washington, un certain Zimmermann, suggérant au Mexique de déclarer la guerre aux États-Unis pour leur reprendre la Californie, tout en bénéficiant de l'argent et des conseillers militaires allemands) pour se draper dans le manteau de la vertu.

Le développement de nouvelles armes

De tout temps, les guerres ont eu le douteux privilège de favoriser la mise au point d'armes et de techniques sans cesse plus raffinées dans l'art de tuer : la Première Guerre mondiale allait, à ce titre, généreusement donner.

Si le sous-marin existait depuis déjà quelques décennies, son emploi massif comme arme de terreur dans la guerre maritime fut une création du premier conflit mondial. En quatre ans, près de 6 000 navires furent envoyés par le fond, dont un quart seulement étaient des vaisseaux de combat. À lui seul, le U-35 en coulera 224. Pourtant, durant la dernière année de guerre, les Alliés devaient parvenir, par l'utilisation de convois escortés et de nouvelles armes plus efficaces (charges anti-sous-marines, premier porte-avions [*le Furious*]), à vaincre cette menace.

L'avion et le dirigeable ouvraient les routes du ciel à l'humanité. En 1914, leur potentiel militaire était déjà reconnu et son emploi s'intensifia rapidement. Au début de la guerre, la France et l'Allemagne disposaient chacune d'environ 230 avions de combat. Quatre ans plus tard, elles en avaient construit dix fois plus. L'arme aérienne allait aussi transformer la psychologie de la guerre, puisque désormais les villes de l'arrière n'étaient plus à l'abri des raids ; les bombardements nocturnes de Londres et de Paris par des dirigeables allemands devaient tuer ou blesser plus de 3 000 civils et les raids d'avions alliés sur les villes allemandes toucheraient plus de 2 000 personnes. L'aviation eut aussi ses as, comme l'Allemand Richtoffen, dit le Baron Rouge, avec ses 80 victoires, le Français René Fonck, avec 75 victoires, et le Canadien Billy Bishop, avec 72 victoires.

Contrairement à l'avion, la mitrailleuse et le canon sont conçus pour tuer. Des mitrailleuses plus rapides et de plus gros canons ne pouvaient donc que tuer plus de gens, d'autant que la stratégie militaire imposée par les généraux de chaque camp n'avait pas suivi le développement technologique : des millions de simples soldats en moururent. La fin de la guerre dévoila des monstres comme la Grosse Bertha, gigantesque canon allemand sur rail, qui lançait ses obus sur Paris, à 120 km de distance.

L'arme la plus infernale et la plus effroyable de la Première Guerre mondiale fut, sans conteste, l'utilisation des gaz de combat. Employés pour la première fois par les Allemands, en 1915, contre les Anglais puis contre les Canadiens en Flandres, leur usage allait se généraliser et leur efficacité s'accroître. Les composés de chlorure, puis les toxines élaborées comme l'ypérite et le gaz moutarde tuèrent des milliers d'hommes : les plus chanceux mouraient rapidement, mais d'autres, leurs poumons rongés ou leur peau brûlée, survivaient pendant des mois, voire des années. Certains gaz rendaient aveugle ; d'autres rendaient fou, mais tous étaient l'horreur pure.

UNE GUERRE DES SIMPLES SOLDATS

Engagés dans l'enthousiasme pour une courte guerre, ils étaient étudiants, ouvriers, paysans, mineurs, marchands ou enseignants. Pendant quatre années, on les a gazés, mitraillés, bombardés. On les lançait dans des charges suicidaires et inutiles, comme chair à canon, ou bien on les laissait croupir, pendant des mois, dans des tranchées boueuses, sous la pluie et le froid, avec les poux, les rats, la maladie et la mort. Parce qu'ils n'étaient pas officiers, ils mangeaient moins bien que les généraux ; parce qu'ils étaient sales et mal rasés, on les appelait les Poilus : ils en firent un titre de gloire. Quand il n'y eut plus de volontaires, on instaura la conscription, c'est-à-dire l'enrôlement obligatoire des hommes en âge de se battre. Et le carnage continua.

Comme beaucoup s'étaient engagés dans les mêmes régiments que leurs frères, leurs voisins et leurs amis, il arrivait que des rues, des quartiers et des villages entiers perdent, en une seule bataille, les trois quarts de leurs gars. De grands artistes décrivirent leurs souffrances et leur silence, parce qu'ils étaient souvent des leurs : Max Beckmann et Stanley Spencer étaient peintres, Guillaume Apollinaire, Siegfried Sassoon et Wilfred Owens, poètes. Peu avant d'être lui-même tué en Flandres, l'officier canadien John McCrae décrivit, dans un poème, les coquelicots poussant entre les tombes des soldats tombés au champ d'honneur : la petite fleur rouge au cœur noir deviendrait un jour le symbole même du Souvenir, celui de tous les héros ordinaires morts inutilement.

Les généraux n'apprennent pas très rapidement. Quand les nouvelles stratégies ne marchèrent pas suffisamment, ils recommencèrent, dans chaque camp, de grandes offensives frontales pour gagner quelques kilomètres, qu'ils perdaient à l'offensive suivante. La bataille de Verdun fit 750 000 morts, Allemands et Français confondus, en moins de six mois ; sur la Somme, 1 070 000 hommes, britanniques et allemands, moururent pour rien. Puis, en 1917, les simples soldats en eurent assez et ce furent les premières mutineries, dans toutes les armées.

Épuisés et démoralisés, les Russes quittèrent massivement les champs de bataille pour rentrer chez eux où les attendait la Révolution. En février 1917, le régime tsariste fut renversé et un gouvernement de coalition prit les rênes du pays, mené par Aleksandr Kerenski. Ce dernier voulait démocratiser la Russie, tout en poursuivant la guerre aux côtés des Alliés ; mais le peuple, lui, voulait la paix. Les coups d'État se succédèrent, tandis que le pillage, l'anarchie et la famine gagnaient tout le pays. Puis, en octobre 1917, les bolcheviques de Lénine s'emparèrent de tous les pouvoirs, en promettant d'apporter la Paix et le Pain. La nouvelle Russie soviétique se retira de la Grande Guerre, pour mieux sombrer dans une atroce guerre civile qui assurerait finalement, pour sept décennies, la dictature absolue du parti communisme d'URSS, l'un des régimes parmi les plus répressifs mais aussi les plus fascinants de l'Histoire moderne.

En 1917, les marins allemands se révoltèrent, tandis que les soldats italiens désertaient ou se rendaient en masse. Même les troupes britanniques manifestèrent leur exaspération envers des politiciens incapables et des généraux incompétents. Plusieurs divisions françaises se mutinèrent à leur tour, tandis que, chez les civils de tous les pays, les grèves éclataient.

Le pape Benoît XV offrit ses bons offices pour négocier la paix, mais, trop proche de l'Autriche-Hongrie catholique, sa médiation n'obtint guère de succès. Plus prometteuse était la proposition du président américain Woodrow Wilson, dont les «quatorze points» suggéraient des éléments aussi révolutionnaires pour l'époque que des négociations sans clauses secrètes, l'évacuation des territoires occupés, la réduction des armements, des chances économiques égales pour tous, le développement autonome de peuples européens opprimés et la création d'une société de toutes les nations. Pourtant, cette bonne volonté était prématurée pour les militaires et les politiciens des principales puissances qui cherchaient encore la victoire par les armes.

La Russie était hors de combat; l'Autriche et la Turquie ne se battaient plus guère et cherchaient des moyens détournés de faire la paix; l'Allemagne, elle, avait maté rapidement ses rebelles et, sous la poigne de fer des généraux Hindenburg et Ludendorff, préparait de nouvelles offensives pour en finir avant l'arrivée des Américains.

Les gouvernement alliés répondirent au danger en appelant au pouvoir de nouveaux dirigeants, des hommes forts, charismatiques et convaincus d'une victoire éventuelle: c'était Georges Clémenceau en France, David Lloyd George en Angleterre et Vittorio Emanuele Orlando en Italie, tous s'appuyant sur la puissance morale, militaire et économique du président américain Wilson, maintenant dans le camp allié. Ils gagnèrent leur pari. Par des mesures à la fois sévères (550 condamnations à mort mais seulement 49 exécutions dans l'armée française) et compréhensives (amélioration des conditions de vie et de ravitaillement, augmentation des permissions), la confiance et le moral des armées furent rétablis. Et quand, au printemps de 1918, il y eut sur le front un puis deux millions de soldats américains, frais, combatifs, jouissant d'un moral de fer, on voulut croire que la fin était proche. Et le carnage continua.

UNE GUERRE DE CIVILS

La Grande Guerre marqua une autre triste première : celle où des civils furent délibérément pris pour cibles lors de bombardements des villes. En Serbie et en Belgique surtout, certains furent pris comme otages, fusillés en masse, brûlés vifs en guise de représailles ou pour faire régner la terreur. Beaucoup furent forcés de fuir, abandonnant tous leurs biens. Sur une population de 7 millions d'habitants, la Belgique eut 1 million de réfugiés et près de 500 000 morts, civils et militaires confondus. Même si les Allemands dépensèrent, en 3 ans, 100 millions de dollars en propagande aux États-Unis, ils ne purent jamais faire oublier le *Lusitania* ni leurs atrocités en Belgique... rappelés par la propagande alliée. Plus expéditifs, les Turcs massacrèrent un million d'Arméniens qu'ils soupçonnaient de comploter avec l'ennemi.

Avec les hommes sous les drapeaux, plus de 40 % du travail, dans les usines et ailleurs, était de part et d'autres, effectué par une main-d'œuvre féminine, moins bien payée et épuisée par des semaines de 70 heures. Là aussi, les grèves et les mutineries de 1917 allaient apporter quelques améliorations. Les femmes furent aussi infirmières, marraines de guerre, tricoteuses pour les soldats, jardinières de ville pour contrer la famine. Des millions d'entre elles perdirent un fils, un mari, un frère, un père.

Dans beaucoup de pays, on fit appel à la main-d'œuvre étrangère : Espagnols et Nord-Africains, Indiens et Chinois, ils furent plus de 200 000 à servir de dockers, de mineurs, de charbonniers, de chauffeurs et d'ambulanciers, souvent méprisés et maltraités. Ils servirent aussi dans les armées, car une seule division combattante (17 000 hommes), avait besoin, chaque jour, de 27 wagons de vivres, d'équipement et de munitions. Les Allemands, eux, utilisèrent des civils belges déportés ou des prisonniers russes, dans des conditions épouvantables.

À partir de 1917, les épidémies commencèrent. La pire d'entre elles, la grippe espagnole, allait faire le tour du monde et tuer 20 millions de personnes, surtout des enfants et de jeunes adultes. Sur les 100 000 soldats américains décédés durant la Grande Guerre, 60 000 moururent de la grippe. Pour beaucoup, il était tellement facile d'y voir un châtiment de Dieu, alors même que la Vierge venait justement de livrer un terrible secret à Fatima, au Portugal.

En 1917, la Croix-Rouge internationale se vit décerner le prix Nobel de la paix pour son engagement auprès des blessés de tous les camps. Les civils de la guerre l'auraient aussi bien mérité, pour leur silencieuse souffrance.

L'ARMISTICE ET LE TRAITÉ DE VERSAILLES

Durant l'automne 1918, épuisées, la Bulgarie, la Turquie et l'Autriche-Hongrie cessèrent successivement le combat et perdirent du même coup leurs dynasties régnantes. L'Allemagne restait seule, mais ses généraux et ses politiciens savaient, désormais que la guerre était perdue. Ses armées occupaient toujours le front en France et en Belgique et le territoire allemand n'avait pas encore été envahi. Mais la famine et la misère y régnaient. Au début du mois de novembre, les généraux laissèrent quelques parlementaires socialistes renverser le Kaiser et proclamer la République allemande. Ils gardaient ainsi les mains propres et pourraient plus tard parler de trahison, du « coup de poignard dans le dos » qui leur avait fait perdre la guerre.

Conduits par le ministre Erzberger, les représentants allemands demandèrent une paix honorable. Mais ils se virent plutôt dicter une capitulation sans conditions par les Alliés triomphants et peu enclins au pardon. À la 11e heure du 11e jour du 11e mois de 1918, l'armistice, c'est-à-dire la fin définitive des combats, était signée dans un wagon de chemin de fer, dans la forêt de Rethondes, tout près du front. La Grande Guerre avait pris fin.

Elle avait fait neuf millions de morts, soit un soldat sur huit. Il y avait aussi quatre millions de veuves et huit millions d'orphelins, en plus des six millions d'invalides. Les conséquences économiques étaient tout aussi importantes et, dans certains pays, il faudra 10 ans pour relever les ruines. Même chez les Alliés, qui avaient pourtant gagné la guerre, l'endettement national était colossal, surtout vis-à-vis des États-Unis qui avaient prêté plus de 10 milliards de dollars. Dans les années qui suivirent, les difficultés de remboursement, encore aggravées par la crise économique, entraîneraient un froid entre l'Europe et l'Amérique, ce qui amènerait celle-ci à l'isolationnisme et à la volonté de laisser désormais le Vieux Continent se débrouiller seul.

Le 18 janvier 1919, 32 pays se réunissent à Versailles pour rédiger le traité de paix et pour planifier le monde de demain. Coprésidée avec panache et enthousiasme par l'Américain Wilson, le Britannique Lloyd George, le Français Briand et l'Italien Orlando, la conférence portait les espoirs du monde entier.

Les Allemands, comme les autres pays défaits, n'avaient pas été invités à participer aux discussions et furent simplement informés des décisions prises. De même, les Russes furent également laissés de côté. Dès le début, l'Allemagne avait été reconnue comme l'unique responsable de la guerre et donc condamnée à payer des réparations de 132 milliards de marks, échelonnées jusqu'en 1988 et représentant presque 25% de son économie totale.

Avec l'effondrement des empire centraux, de nouveaux États virent le jour: la Pologne, la Tchécoslovaquie, la Finlande, la Yougoslavie et les États baltes. Des pays arabes furent créés (Arabie Saoudite, Irak, Syrie, Transjordanie, Liban), mais ils furent placés sous protectorat français ou anglais. L'Italie, la Roumanie, la Grèce et quelques autres alliés, considérés comme mineurs, se virent accorder quelques parcelles de territoires ou de colonies moins riches, ce qui les humilia. Au bout du compte, la déception et l'amertume furent quasi générales et suscitèrent des haines et des querelles qu'il faudrait bien vider un jour.

La plus belle, la plus utopique et, avec le recul de l'histoire, la plus inutile des décisions de Versailles fut la création de la Société des Nations, ancêtre direct de l'Organisation des Nations Unies (ONU). Imaginée à la base par le président américain Wilson et incluse dans ses «quatorze points», elle voulait créer un lieu d'échanges entre nations, mettre la guerre hors la loi et protéger les petits pays contre les agressions de voisins belliqueux. Ironiquement, seuls les États-Unis refusèrent d'en faire partie, tandis que les Soviétiques n'y furent jamais invités.

Presque deux ans après son ouverture, la conférence de Versailles fut enfin ajournée, dans l'indifférence générale. Elle avait, à la fois, trop et trop peu changé les choses. Le dernier acte officiel, en rapport avec la Grande Guerre, fut l'inhumation, en France, du Soldat Inconnu, anonyme représentant de tous les combattants décédés : c'était le 11 novembre 1920.

Au début d'août 1914, l'écrivain et poète français Charles Péguy avait écrit :

Heureux ceux qui sont morts, car ils sont retournés
Dans la première argile et dans la première terre.
Heureux ceux qui sont morts dans une juste guerre,
Heureux les épis mûrs et les blés moissonnés.

Un mois plus tard, le soldat Charles Péguy tombait au champ d'honneur. Il avait 41 ans.

L'étoile rouge

Le siècle du communisme

À son apogée, au milieu du XXe siècle, l'Union soviétique occupait, avec ses 22 millions de kilomètres carrés, 20% des terres émergées du globe. Les matières premières y abondaient, les récoltes étaient nombreuses, les forêts représentaient le quart des réserves de bois du monde entier. La science et la technique étaient à la fine pointe du progrès.

Ses 250 millions d'habitants, dont la moitié étaient Russes, appartenaient à plus de 200 ethnies différentes et parlaient 150 langues et dialectes. Le pays comptait 15 républiques fédérées et une dizaine de régions autonomes, toutes soumises à un gouvernement central à la fois sévère et généreux.

À cause de son régime communiste, l'Union des républiques socialistes soviétiques (URSS) apparaissait comme le Mal absolu aux yeux des gouvernements d'idéologie capitaliste regroupés sous la bannière du «monde libre» prêché et financé par les États-Unis. Pour l'autre moitié des peuples de la Terre, elle était, particulièrement dans les pays les plus pauvres et chez les petites gens sans fortune ni liberté, le rêve d'un «paradis des travailleurs», comme le clamait la propagande du régime. La réalité, bien sûr, tenait de ces deux vérités, par lesquelles et pour lesquelles allaient vivre et parfois mourir des milliards de personnes.

LA RUSSIE DES TSARS

Quand débuta le XXe siècle, la Russie était à la fois archaïque et moderne. Les paysans vivaient dans une misère rappelant celle de leurs ancêtres du XVIe siècle et les ouvriers s'échinaient dans des conditions de travail épouvantables, tandis que la noblesse, les grands propriétaires terriens et la bourgeoisie aisée jouissaient sans honte d'une qualité de vie à peu près comparable à celle de leurs pairs en France, en Allemagne ou en Angleterre.

C'était un pays immense s'étendant de la mer Baltique jusqu'à l'océan Pacifique et de l'Arctique jusqu'à la mer Noire ; un empire colossal que, semblait-il, Dieu Lui-même avait confié à la famille Romanov pour qu'elle y règne sans partage. Effectivement, le tsar Nicolas II était un empereur autocrate, un monarque absolu qui n'avait de comptes à rendre à personne et n'avait à se soumettre à aucune loi. Lui seul nommait les ministres chargés de l'assister dans l'administration de l'Empire, tout comme il choisissait les évêques et patriarches de la puissante Église orthodoxe russe, totalement inféodée à la monarchie.

Un pouvoir aussi arbitraire et complet ne pouvait évidemment être que réactionnaire et répressif. Tout au long du XIXe siècle, il y avait pourtant eu des soulèvements fréquents de la paysannerie misérable, ainsi que des revendications parfois violentes d'étudiants ou de bourgeois libéraux, réclamant un assouplissement du régime et une ouverture au modernisme et au progrès. L'Okhrana, la redoutable police du tsar, avait beau emprisonner, déporter ou exécuter les dissidents, il semblait toujours en surgir davantage pour contester le régime. Vers 1890, le tsar Alexandre III, père de Nicolas II, dut se résoudre à accepter certaines réformes et, progressivement, le gouvernement personnel du tsar se vit contraint de tolérer un parlement consultatif, la « Douma impériale », que le monarque pouvait toutefois dissoudre selon son bon plaisir.

Même avec ces restrictions majeures, le parlementarisme favorisa rapidement la création d'une multitude de partis politiques, de la droite conservatrice à la gauche socialiste. Mais certains esprits se laissèrent plutôt séduire par la doctrine du penseur et théoricien social allemand Karl Marx, selon laquelle l'Histoire suivait un processus évolutionniste allant de l'autocratie au capitalisme et, ultimement, à l'égalitarisme commun dans lequel l'ouvrier-paysan assumait le pouvoir politique complet. Pour le régime tsariste, une idéologie prônant le partage commun des biens, des richesses et même de l'autorité ne pouvait être que révolutionnaire. Aussi, les marxistes furent-ils systématiquement pourchassés par l'Okhrana et exilés en Sibérie, ou bien forcés de s'exiler à l'étranger. Mais les idées marxistes continuaient de se répandre secrètement, partout en Russie, dans les usines, les assemblées de villages, les universités et même dans les camps de prisonniers politiques.

En 1898, le Parti ouvrier social démocrate de Russie fut créé, en Suisse, mais se scinda rapidement en deux tendances hostiles : les modérés « Mencheviques » (*minoritaires*) favorisaient l'étapisme social prévu par Marx, alors que les radicaux « Bolcheviques » (*majoritaires*) voulaient accélérer le processus et abattre le capitalisme par une grande révolution qui conduirait à la dictature des conseils élus d'ouvriers et de paysans, les « *Soviets* ». Le chef de file des bolcheviques s'appelait Vladimir Ilitch Oulianov, dit Lénine, un révolutionnaire professionnel, en exil en Suisse après avoir connu la prison et la déportation en Sibérie.

Théoricien complexe, doué d'une phénoménale aptitude à manier à son seul avantage l'argumentation et la dialectique, Lénine avait voué toute sa vie à la cause de la Révolution, prêt à tous les mensonges et à toutes les trahisons pour qu'elle triomphe. Il était aussi un homme ombrageux qui tolérait mal la dissidence idéologique chez ses propres collaborateurs, et camouflait son insatiable appétit pour le pouvoir absolu derrière une logique pragmatique, épurée de toute forme de sentiment humanitaire. Mais, en ce début du XXe siècle, la dictature soviétique que préparait Lénine n'était pas encore prête à naître.

La fin d'un empire et la révolution russe

En 1904, la guerre éclata brusquement entre la Russie et le Japon pour déterminer lequel de ces deux pays impérialistes contrôlerait la Corée. Le gouvernement du tsar considérait également qu'une guerre extérieure constituait une excellente façon de détourner l'attention des problèmes intérieurs et des réformes politiques qui ne voyaient jamais le jour. Malheureusement pour Nicolas II, le Japon battit les Russes à plate couture, ce qui les humilia profondément face aux autres puissances européennes. Aucune victoire militaire ne venait justifier les milliers de vies perdues, ni les dépenses financières engagées dans cette guerre catastrophique. Le régime tsariste régla la question en emprisonnant un peu plus de mécontents et en laissant un peu plus de familles ouvrières et paysannes mourir de froid ou de faim.

En 1905, à Saint-Pétersbourg, alors capitale de la Russie, une marche populaire, surtout composée de femmes et d'enfants venus prier le tsar de leur fournir de quoi manger, fut brutalement dispersée par les cosaques, de redoutables cavaliers formant le corps d'élite de l'armée russe. Le « Dimanche rouge » avait fait plusieurs centaines de morts et surtout montré le désintérêt absolu du régime pour les souffrances du peuple. Quelques mois plus tard, des marins de la flotte impériale se mutinèrent dans les grands ports de Sébastopol et d'Odessa, mais furent sauvagement châtiés. Un peu partout en Russie, on assista également à une recrudescence des « pogroms », ces massacres en apparence spontanés des populations juives, mais qui étaient la plupart du temps organisés par l'Okhrana pour servir de soupape à la colère grandissante du peuple.

Puis, en 1914, la Grande Guerre éclata en Europe. Par le jeu des alliances, la Russie dut alors se battre contre la redoutable armée allemande. Les défaites s'accumulèrent aussitôt et des millions de soldats russes moururent de l'incompétence de leurs officiers, tous issus de la noblesse tsariste. Malgré son manque total de formation adéquate, Nicolas II décida de prendre lui-même le commandement de son armée, confiant le gouvernement du pays aux mains de l'impératrice Alexandra, une princesse d'origine allemande profondément détestée pour son mépris à peine voilé envers tout ce qui était russe. Comme pour ajouter à l'injure, la tsarine ne trouva rien de mieux que de suivre à la lettre toutes les idées émises par son favori, Grigori Raspoutine, un moine illettré, ivrogne et débauché qui avait pourtant gagné la confiance aveugle de la trop superstitieuse et crédule Alexandra en se disant seul capable de sauver son fils unique atteint d'hémophilie.

Raspoutine fut assassiné en 1916, par quelques jeunes nobles dégoûtés de voir un paysan rustre et sale diriger la Russie. Même cela ne pouvait plus empêcher la décomposition d'un régime absolutiste aussi fragile que dépassé. En février 1917, une grève générale qui sévissait à Petrograd, le nouveau nom de la capitale, dégénéra progressivement en émeute populaire. Des heurts violents eurent lieu avec la police et, bientôt, des milliers de soldats, appelés pour briser les manifestants, se joignirent plutôt aux émeutiers. La Révolution avait commencé en Russie.

En quelques jours à peine, des soldats, des marins et des ouvriers, majoritairement bolcheviques, s'emparèrent d'édifices publics et militaires, d'armureries et, surtout, des réserves de vivres et de vêtements. Plus symboliquement, la foule envahit le Palais d'Hiver, résidence du tsar dont la famille fut retenue prisonnière. Le mouvement insurrectionnel s'étendit à d'autres villes et même parmi les régiments encore au front, que les soldats désertèrent par centaines de milliers. Des « soviets » se créèrent un peu partout, tandis que les campagnes étaient de plus en plus soumises à la terreur d'une paysannerie exaspérée qui assouvissait sa haine en pillant et en brûlant les domaines des grands propriétaires, dont beaucoup étaient alors tués avec toute leur famille. En mars 1917, le tsar fut contraint d'abdiquer et la Douma proclama un gouvernement provisoire, dirigé par le socialiste Aleksandr Kerenski.

Devant la désorganisation quasi complète de l'État et le risque permanent d'un chaos social ne pouvant que profiter aux extrémistes, Kerenski voulait prioritairement rétablir l'ordre et favorisait donc un consensus gouvernemental suffisamment large pour s'assurer un vaste soutien démocratique. Or, la démocratie parlementaire n'était absolument pas un concept qu'appréciaient les bolcheviques, uniquement préoccupés d'assurer la dictature absolue des « soviets » qu'ils contrôlaient totalement. Kerenski commit aussi l'erreur de respecter les alliances et engagements pris par l'ancien régime envers la France et l'Angleterre : il annonça que la Russie continuait la guerre contre l'Allemagne et s'aliéna d'un coup une bonne part de la population qui aspirait à la paix.

En avril, le gouvernement allemand, désireux de déstabiliser ce gouvernement hétéroclite et de sortir complètement la

Russie de la guerre, autorisa Lénine et d'autres dirigeants bolcheviques exilés en Suisse à regagner leur patrie dans un train blindé appartenant à l'armée allemande. Précédé d'une vigoureuse campagne de presse le présentant comme celui qui donnerait enfin au peuple russe «la paix et le pain», Lénine fut accueilli en héros national à Petrograd. Il promit à Kerenski la sincère collaboration de sa formation politique au gouvernement et, entouré des principaux dirigeants bolcheviques, commença aussitôt à comploter pour s'assurer le pouvoir.

En juillet, Lénine ordonna un coup d'État des bolcheviques. La tentative, nettement prématurée, fut un échec comme l'avait prévu le principal collaborateur de Lénine, un théoricien marxiste et organisateur politique exceptionnel, nommé Lev Bronstein, dit Trotski. Plusieurs meneurs furent arrêtés et Lénine dut fuir en Finlande. Un mois plus tard, un autre coup d'État fut fomenté par le général Larv Kornilov, qui aspirait alors à la dictature militaire. Pour survivre, le gouvernement de Kerenski n'eut d'autre choix que de s'allier de nouveau avec les bolcheviques, sur promesse solennelle de Lénine qu'il respecterait cette fois la démocratie.

En octobre, les soviets de soldats et d'ouvriers, organisés par Trotski, déclenchèrent finalement la Révolution qui allait bouleverser toute l'histoire du XXe siècle. C'était le 7 novembre 1917, ou plutôt le 26 octobre, selon le calendrier julien alors en vigueur en Russie. Les membres du gouvernement provisoire furent tous arrêtés ou exécutés et Kerenski contraint à l'exil. Les différents soviets bolcheviques élirent un «Conseil des Commissaires du Peuple», chargé de gouverner le pays en leur nom. Il était évidemment dirigé par Lénine.

La Révolution avait réussi, mais ses ennemis étaient nombreux.

La consolidation du pouvoir soviétique

Au début de 1918, la toute jeune Russie soviétique s'organisait de son mieux pour survivre. Elle signa d'abord un traité de paix défavorable avec l'Allemagne à Brest-Litovsk et se retira enfin de la guerre mondiale, une des promesses majeures des bolcheviques.

Puis, le gouvernement de Lénine annula d'un simple trait de plume toutes les dettes intérieures et extérieures contractées sous l'ancien régime tsariste. Enfin, la capitale du pays fut transférée à Moscou, davantage acquise aux idéaux communistes que Petrograd. Le siège de l'État soviétique se trouverait désormais au cœur d'une impressionnante citadelle militaire vieille de plusieurs siècles, le Kremlin.

Pour lutter contre la subversion et la trahison, Lénine chargea un de ses collaborateurs, l'efficace, mais sinistre, Felix Dzerjinski, de créer une police politique dotée des pleins pouvoirs, la Tcheka. Interprétant avec largesse la définition d'«élément contre-révolutionnaire», Dzerjinski découragea toute dissidence individuelle ou organisée en pratiquant la terreur absolue auprès des populations et l'élimination physique des suspects potentiels. Noble, membre du clergé, fonctionnaire de l'ancien régime, petit propriétaire, intellectuel, artiste ou adversaire politique, quiconque ne pouvait se prévaloir d'un engagement incontestable dans la cause de la Révolution risquait, sur simple dénonciation, d'être exécuté d'une balle dans la nuque, presque toujours en même temps que ses proches. Plus de 750 000 personnes disparurent ainsi, dans un sous-sol anonyme de la Tcheka. Bientôt, le tsar et toute sa famille furent également sacrifiés, en secret, pour empêcher qu'ils ne deviennent un symbole de réunification pour ceux qui s'opposaient encore à la Révolution.

Mais les bolcheviques devaient également combattre de vastes armées, bien équipées et bien commandées par d'anciens officiers tsaristes, vouées à détruire le pouvoir révolutionnaire. En 1918, les «Blancs», ainsi nommés par référence à l'ancien drapeau impérial, occupaient plus de 60 % du territoire russe, tandis que les Anglais, les Français, les Américains et les Japonais avaient tous envoyé des corps expéditionnaires armés pour les soutenir. Le régime soviétique ne survécut que grâce à Trotski, dont le génie de l'organisation et les qualités de stratège permirent de mettre rapidement sur pied une armée «Rouge», nommée d'après le drapeau révolutionnaire, qui, en moins de trois ans, élimina l'une après l'autre toutes les armées blanches, bouta les troupes étrangères hors du pays et ramena tout le territoire russe sous contrôle révolutionnaire. Menée dans la haine absolue et la volonté d'anéantir aussi bien l'ennemi que les populations civiles qui auraient, volontairement ou non, aidé sa cause, la guerre civile en Russie fera près de trois millions de victimes.

Sur le plan politique, Lénine créa, en 1918 et 1919, une première Constitution soviétique, puis la République socialiste soviétique de Russie, en plus d'organiser le Parti communiste de Russie, ainsi qu'un organisme international voué à la propagation des principes de la Révolution dans tous les pays du monde, le « Komintern ». Les banques et les industries furent nationalisées, tandis que les terres individuelles étaient intégrées par la force dans de vastes domaines collectifs appelés « kolkhoses ». Finalement, tous les partis politiques et les syndicats furent abolis. En 1921, une Nouvelle Politique économique fut lancée dans un fracas médiatique, pour démontrer la supériorité du système communiste sur toutes les autres formes de gouvernement. Cela se traduisit par un fiasco total et, surtout, une épouvantable famine qui tua cinq millions de personnes, forçant les Soviétiques humiliés à recourir à l'aide internationale, contre une promesse d'assouplissements politiques qui ne fut jamais tenue.

À l'époque de la Révolution, plusieurs nations longtemps intégrées à l'empire des tsars, comme l'Ukraine et le Kazakhstan, avaient proclamé leur indépendance politique. Mais l'efficace propagande bolchevique et, à partir de 1920, la pression constante de l'Armée rouge contribuèrent au développement de soviets nationaux, puis à la création de gouvernements provisoires communistes qui réclamaient tous une union de tous les Soviétiques. L'Union des républiques socialistes soviétiques (URSS) fut créée en décembre 1922.

Ces moments prestigieux furent cependant éclipsés par le fait que Lénine, épuisé, avait été victime, au mois de mai 1922, d'un infarctus sévère qui l'avait laissé à demi paralysé. Officiellement, le pouvoir était désormais détenu collectivement par le Soviet suprême et, surtout, par le Bureau politique du Parti communiste. En fait, le véritable maître du jeu était le premier secrétaire du parti, Joseph Staline, un Géorgien brillant, taciturne et paranoïaque. Lentement, presque à l'insu de tous, il avait progressivement réuni entre ses mains la plupart des outils du pouvoir. Lénine s'en méfiait, mais il était malade et isolé. En janvier 1924, Vladimir Ilitch Oulianov, dit Lénine, décédait d'un second infarctus. Staline s'appropria aussitôt l'organisation de funérailles d'État grandioses et le corps momifié du Père de la Révolution fut placé dans un sarcophage de verre à l'intérieur d'un mausolée qui sera, pendant plus de 60 ans, un lieu de pèlerinage incontournable pour les communistes du monde entier. Saint-Petersbourg fut également renommée Leningrad.

Entre 1914 et 1924, 15 millions de personnes moururent en Russie, de la guerre, de la Révolution, de la faim, des épidémies et de la répression.

L'ère stalinienne

À la mort de Lénine, la lutte pour sa succession s'engagea réellement. Contre Trotski, le successeur évident, Staline obtint l'appui des membres les plus influents du Bureau politique, Kamenev et Zinoviev, jaloux de la supériorité intellectuelle et de la popularité personnelle du créateur de l'Armée rouge. Trotski fut peu à peu isolé, puis éloigné de Moscou et finalement contraint à l'exil. Dénoncé comme déviationniste de la pensée marxiste-léniniste, le collaborateur le plus étroit de Lénine vit bientôt ses thèses bannies, ses partisans exécutés et même son rôle dans la Révolution escamoté de l'Histoire. Trotski sera assassiné au Mexique, en 1940, par un agent de Staline.

Le Géorgien détenait maintenant tous les pouvoirs. Le titre de président de l'URSS fut confié à un vieux bolchevique, Rykov, mais ce n'était plus qu'une coquille vide, car toute la politique du pays était désormais régie par le Parti communiste, «... dans la pensée marxiste telle que développée par Lénine et interprétée par Staline». Celui-ci développa également un culte de la personnalité qui en faisait, aux yeux d'une population miséreuse mais gardée dans l'ignorance des faits, le Petit Père des Peuples châtiant ceux dont les erreurs et la fourberie contribuaient aux souffrances des Soviétiques.

En 1927, commencèrent les premières grandes Purges, officiellement destinées à purifier le Parti, l'État et l'Armée rouge de ses traîtres et de ses incompétents. Pendant plus d'une décennie, ces parodies de justice frapperont tous ceux dont les échecs ou les succès, les ambitions ou les idées, les fonctions ou les personnalités, auront irrité ou inquiété Staline. Près de 200 000 personnes seront exécutées par les tueurs de la Guépéou, nouvelle dénomination de la Tcheka, qui se perpétuerait, au gré des changements politiques, sous des acronymes comme NKVD ou KGB, à la signification réelle plutôt obscure mais au terrifiant pouvoir d'évocation parfaitement clair.

Au milieu des années 1920, commencèrent également les célèbres plans quinquennaux, de gigantesques programmes industriels et agricoles chargés de relancer l'économie soviétique pour rattraper et, éventuellement, dépasser les pays capitalistes, et démontrer ainsi la valeur intrinsèque du modèle marxiste. Des réalisations spectaculaires et colossales furent montrées avec fierté, mais les objectifs souvent inaccessibles fixés aux ouvriers et paysans forcèrent fréquemment les officiels du régime à mentir et à truquer les chiffres.

De fait, le paradis des travailleurs fascinait le monde entier: «J'ai vu l'avenir, dira un visiteur américain, et ça marche !» D'Europe et d'Asie, d'Afrique et d'Amérique latine, de jeunes idéologues enthousiastes vinrent apprendre les théories et tactiques de la Révolution qu'ils tenteraient un jour dans leurs pays. Des partis communistes s'organisaient partout, mais les gouvernements, eux, redoutaient le modèle russe et craignaient sa contagion parmi leur propre prolétariat. D'autant que les agents du Komintern n'hésitaient pas à menacer et même à tenter de renverser violemment le capitalisme. La propagande soviétique était particulièrement efficace dans les pays colonisés, mais aussi en Occident durant la Grande Dépression des années 1930. Pour beaucoup, les «Rouges» étaient devenus l'ennemi de la démocratie, un poison dont l'antidote, probablement encore plus néfaste, fut la montée de l'idéologie fasciste, anti-communiste, dans des pays comme l'Italie, l'Espagne et, surtout, l'Allemagne.

À la fin des années 1930, les démocraties occidentales comprirent l'épouvantable menace que représentaient pour le monde entier des gens comme le dictateur allemand Adolf Hitler. Elles tentèrent un rapprochement de dernière minute avec l'URSS, mais c'était déjà trop tard. Au grand étonnement de tous, Staline et Hitler conclurent, en 1939, un pacte de non-agression.

En réalité, l'Allemand voulait avoir les mains libres pour sa guerre contre la France et l'Angleterre, tandis que le Soviétique souhaitait gagner du temps pour réorganiser l'Armée rouge, saignée à blanc par ses propres purges. Tous deux savaient bien que, tôt ou tard, une lutte à mort s'engagerait entre eux pour l'hégémonie mondiale. Hitler fut prêt le premier et, en juin 1941, il attaqua l'URSS. L'affrontement le plus haineux et le plus cruel du XXe siècle allait durer quatre ans. Les Soviétiques remportèrent ce qu'ils appelaient la Grande Guerre patriotique, au prix de 22 millions de morts, soit presque 10% de la population.

En 1945, l'URSS était à son apogée militaire et politique et devait le rester jusqu'à la fin des années 1950. Pourtant, le monde entier se divisait alors en deux grands blocs idéologiques, politiques et économiques, derrière les deux super-puissances adversaires qu'étaient les États-Unis et l'URSS.

Les Soviétiques contrôlaient totalement les gouvernements qu'ils avaient imposés aux petits pays de l'Europe de l'Est, depuis la Pologne jusqu'à la Bulgarie, derrière ce que Winston Churchill avait appelé le «rideau de fer». La Chine était devenue communiste en 1949, tandis que la Corée et l'Indochine étaient politiquement divisées en petits États ennemis, communistes contre capitalistes. Enfin, l'Afrique, le Moyen-Orient et l'Amérique latine chancelaient entre démocratie et totalitarisme, l'une et l'autre de ces options pouvant de toute façon correspondre à chacune des deux grandes idéologies politiques.

Quand les Russes fabriquèrent eux aussi l'arme atomique, en 1950, la guerre froide qui opposait les deux blocs idéologiques devint encore plus glaciale, avec la course aux armements et une paranoïa réciproque épouvantable. Par petits pays interposés, on s'affronta périodiquement à Berlin, en Corée, à Cuba et au Vietnam. L'Ouest capitaliste créa une alliance militaire, l'Organisation du traité de l'Atlantique Nord (OTAN), destinée à protéger l'Europe du péril soviétique, ce à quoi l'Est communiste répliqua par la formation de sa propre ligue militaire, le Pacte de Varsovie. La terreur d'une guerre atomique, préméditée ou purement accidentelle, devait durer presque 40 ans.

De Khrouchtchev à Gorbatchev

En 1953, Joseph Staline meurt. Sa disparition fut ressentie comme une tragédie personnelle par des millions de communistes sincères du monde entier, mais aussi avec un soulagement discret pour de nombreux citoyens soviétiques. Tous cependant s'interrogeaient sur ce qu'on pouvait attendre de son successeur, un petit homme chauve rondouillard et cabotin nommé Nikita Khrouchtchev. De fait, le premier secrétaire du Parti communiste russe et donc nouveau maître de l'Union soviétique était un être paradoxal et totalement imprévisible. En 1956, il stupéfia le monde en osant dénoncer, à la tribune du Soviet suprême, les crimes abominables commis sous Staline. Mais il montra aussi, à la même époque, qu'il savait être très brutal quand il envoya l'Armée rouge tirer sur la foule à Budapest, pour châtier les Hongrois coupables de réclamer un peu trop d'indépendance. C'est également lui qui fit ériger le mur de Berlin, pour empêcher les Allemands de l'Est de passer à l'Ouest. Sous Khrouchtchev, le dogmatisme soviétique ne tolérait encore aucune dissidence : les exécutions sommaires dans les caves de la Guépéou avaient simplement été remplacées par des condamnations à perpétuité dans les sinistres camps de travail de Sibérie, que l'auteur dissident russe Alexandre Soljenitsyne devait rendre tristement célèbres sous le nom de « Archipel du Goulag » .

Pourtant, le nouveau maître du Kremlin croyait sincèrement aux vertus intrinsèques du communisme et souhaitait en démontrer la supériorité, particulièrement par de spectaculaires réalisations techniques et scientifiques. D'immenses chantiers furent ainsi ouverts dans plusieurs pays en voie de développement, pour apporter l'aide généreuse du « Grand Frère socialiste » aux populations nécessiteuses, tandis que les extraordinaires succès des premiers vols spatiaux russes humiliaient l'Occident et enthousiasmaient les Soviétiques. Mais le quotidien n'était guère facile pour les citoyens de l'URSS. Évidemment, le niveau de vie général s'était nettement amélioré depuis l'époque de Staline, mais les produits de base restaient difficiles à trouver. Le cadre social était étouffant, la censure et la police omniprésentes. Au milieu des années 1950, la consommation individuelle moyenne de vodka en Union soviétique atteignit 15 litres par année.

En 1965, Nikita Khrouchtchev fut tout simplement limogé par l'aile conservatrice du Kremlin, principalement pour avoir perdu la face devant les Américains lors de la crise des missiles à Cuba, mais aussi pour avoir voulu mettre un frein aux privilèges éhontés dont jouissaient les dirigeants du Parti. Il fut remplacé par Leonid Brejnev, un fonctionnaire communiste très modestement intelligent, donc facile à manipuler, dont le règne sera particulièrement marqué par la corruption généralisée du régime.

Dans les années 1970, l'aura du communisme commença à pâlir à l'intérieur comme à l'extérieur de l'Union soviétique. Le pays se voyait maintenant totalement dépassé par l'Occident, en termes techniques et scientifiques, tandis que le rapprochement politique constant entre la Chine et les États-Unis l'isolait de plus en plus sur la scène diplomatique internationale. Surtout, la déroute de l'économie russe, terriblement saignée par le faramineux budget militaire, augmentait la grogne des citoyens, déjà profondément dégoûtés par la corruption devenue endémique.

Entre 1972 et 1978, la signature de différents traités, conclus avec les États-Unis pour freiner la prolifération des armes nucléaires puis en diminuer le nombre, favorisa enfin le dégel de la guerre froide. Mais en 1979, l'invasion russe de l'Afghanistan, sous prétexte de défendre un gouvernement communiste ami contre une insurrection populaire islamique, remit brusquement tout en question. L'URSS allait engloutir dans cette très sale guerre des sommes colossales et des milliers de vies, en plus de perdre largement la sympathie du monde musulman et de voir boycottés les Jeux olympiques de 1980 tenus à Moscou.

Brejnev mourut en 1982, dans l'indifférence quasi générale. Il fut remplacé par Youri Andropov, ancien chef du redoutable KGB, qui engagea rapidement une lutte féroce contre la corruption et amorça même quelques réformes politiques limitées, ainsi qu'un rapprochement avec l'Occident. Malheureusement, il décéda dès 1984, non sans avoir, par représailles, boycotté les Jeux olympiques de Los Angeles. Son successeur, Konstantin Tchernenko, âgé et malade, apparut vite comme un chef intérimaire, une tentative de la vieille garde communiste pour retarder le changement de cap inévitable du régime communiste. Il mourut en 1985. Le pouvoir passa à une nouvelle génération, bien décidée à changer l'Union soviétique.

Perestroïka

Mikhaïl Gorbatchev avait 54 ans quand il succéda à Tchernenko. Né dans une ferme collective, avocat de profession, il s'éleva dans la hiérarchie du Parti et devint un des protégés d'Andropov, qui le fit élire au Comité Central du Parti en 1978.

Dès qu'il accéda au pouvoir suprême, Gorbatchev mit en branle des réformes majeures fondées sur les mots clés «perestroïka» (reconstruction) et «glasnost» (transparence). Il mit bientôt fin à la guerre froide, sabra dans les budgets de la Défense et se retira d'Afghanistan. Dans une volonté manifeste de démontrer la sincérité de ses promesses d'ouverture, il fit également libérer Andreï Sakharov, chef de file et symbole des opposants au régime. La censure fut progressivement assouplie, tandis qu'une économie de marché libre était timidement tolérée. Grand voyageur éminemment sympathique, celui que la presse américaine surnommait un peu familièrement «Gorby» devint vite de plus en plus populaire sur la scène internationale alors que sa cote baissait régulièrement dans son propre pays.

C'est que tout n'allait pas pour le mieux au pays des Soviets. Les changements économiques avaient entraîné une envolée des prix en même temps qu'une raréfaction des produits. Gorbatchev lui-même se trouvait peu à peu dépassé, par sa droite qui voulait revenir à la politique d'antan, et par sa gauche qui réclamait une accélération des réformes. En 1987, la centrale nucléaire de Tchernobyl en Ukraine, considérée comme un des fleurons de la technologie soviétique, subit un accident tragique qui devait provoquer la mort lente de centaines de personnes et démontrer l'humiliante vétusté des infrastructures d'un État considéré comme le second en puissance du globe. Enfin, en 1989, le mur de Berlin s'écroula sous les coups de marteau de la population et, l'un après l'autre, les pays satellites d'Europe de l'Est se libérèrent du joug communiste, sans que l'URSS y puisse faire quoi que ce soit.

Au début de l'année 1990, l'Histoire allait basculer. Dès janvier, les républiques-sœurs composant l'Union soviétique commencèrent à réclamer leur autonomie politique, prélude à l'indépendance. Des troubles nombreux, à caractère ethnique, surgirent un peu partout et provoquèrent fréquemment l'intervention de l'Armée rouge. La Lituanie, puis les autres États baltes et, enfin, la presque totalité des Républiques soviétiques se donnèrent, en quelques mois, des gouvernements indépendantistes.

Complètement dépassé par la situation, Gorbatchev y répondit d'abord par la force, mais dut battre en retraite, quand des centaines de milliers de personnes manifestèrent à Moscou et à Leningrad. La crise financière de l'URSS était maintenant tellement grave qu'il fallait à son dirigeant mendier l'aide économique et alimentaire de l'Europe et des États-Unis. En février 1990, la Constitution soviétique fut modifiée, sous la pression populaire et étrangère, et autorisa, pour la première fois, d'autres partis politiques que le Parti Communiste.

En mai de la même année, le président de la fédération de Russie, un démagogue brillant et opportuniste nommé Boris Eltsine, se détourna de son ancien allié Gorbatchev. Il accusait le gouvernement central de ne pas aller assez vite dans les réformes et Gorbatchev de chercher personnellement la dictature. Puis, la Russie proclama sa souveraineté et commença à planifier le démantèlement de l'Union soviétique. Quelques mois plus tard, Eltsine quittait avec fracas le Parti communiste, imité, en un an, par quatre millions de membres.

En octobre 1990, Gorbatchev reçut le prix Nobel de la paix pour ses efforts de démocratisation, mais il ne pouvait que constater avec une très profonde amertume son isolement politique, à la tête d'un État qui n'en finissait plus d'agoniser.

La Deuxième Révolution russe

Le 19 août 1991, profitant des vacances de Gorbatchev en Crimée, quelques ministres et généraux conservateurs, conduits par le vice-premier ministre Evguéni Ianaïev, déclenchèrent un coup d'État visant à rétablir l'ancien régime communiste pur et dur. Gorbatchev étant retenu de force et coupé de toute communication avec l'extérieur, les chars de l'Armée rouge entrèrent bruyamment dans Moscou. Ce fut alors la plus grande heure de gloire de Boris Eltsine. Avec un réel courage, il se dressa contre les usurpateurs du pouvoir légal et appela le peuple russe à résister, pendant que lui-même s'enfermait dans le Parlement de Russie pour s'y battre, les armes à la main.

En quelques heures, plus de 100 000 civils vinrent entourer l'édifice, bloquant les chars de l'armée avec leur corps pour seule arme. Partout en Russie, des millions d'autres citoyens s'engagèrent à résister et, peu à peu, les soldats se mirent à fraterniser avec les foules sans cesse plus grandes et refusèrent d'obéir aux ordres de leurs chefs. Le 22 août, les responsables du coup d'État comprirent qu'ils avaient perdu la partie et commencèrent à se rendre, alors que quelques-uns préféraient se suicider. La Deuxième Révolution russe n'avait duré que trois jours et fait seulement trois morts : mais elle avait abattu le régime communiste.

Dans les jours suivants, Gorbatchev, libéré, dut venir témoigner devant le Parlement russe, sous les projecteurs du monde entier. Devant un Eltsine triomphant et maître de la situation, il fut contraint de dénoncer le Parti communiste, désormais interdit en Russie. Officiellement, Gorbatchev était toujours président de l'Union soviétique, mais ce titre ne représentait plus rien, depuis qu'un Comité d'État gouvernait provisoirement le pays, avec Boris Eltsine à sa tête. Après l'abolition du KGB, l'Armée rouge elle-même fut progressivement démantelée et répartie entre les Républiques autonomes. La veille de Noël 1991, Mikhaïl Gorbatchev démissionnait et le Soviet suprême votait la dissolution de l'Union soviétique, remplacée temporairement par une Communauté des États indépendants.

Progressivement, les anciennes Républiques acquirent une indépendance complète, mais la vie y était difficile, à cause d'une économie totalement délabrée. En Russie même, Eltsine était désormais président, mais ne pouvait que prendre acte de la quasi-banqueroute de l'État. Chaque citoyen devait faire face au manque de nourriture et de produits de base ; au fait que salaires et pensions n'étaient que rarement versés ; à un chômage important causé par la désuétude des usines et des industries ; au marché noir ; à la criminalité ; à la violence et à la corruption. Dans un tel contexte social, l'apprentissage difficile de la démocratie favorisait nettement l'émergence de nombreux partis politiques extrémistes, voire même fascistes.

Pendant huit ans, Eltsine allait s'accrocher au pouvoir, malgré la contestation dont il était l'objet. Surnommé le «tsar Boris» pour son autoritarisme, il donna de plus en plus la pénible impression de gouverner par improvisation, limogeant ses premiers ministres selon son bon plaisir ou annonçant successivement des politiques contradictoires aussi bien de gauche que de droite. Puis, il laissa sa famille immédiate tremper dans de juteux détournements de fonds internationaux, ce qui, avec son alcoolisme évident et ses façons rustres, le priva d'une bonne part de sa crédibilité, tandis qu'il semblait simplement devenir la triste caricature du combattant glorieux de la Deuxième Révolution russe. C'est finalement la maladie, peut-être aussi la volonté d'un dernier pied de nez moqueur, qui l'amena à démissionner soudainement, le 31 décembre 1999, tandis que le monde entier célébrait le nouveau millénaire.

HÉRITAGE ET INCERTITUDE

Le successeur désigné par Eltsine s'appelle Vladimir Poutine. Dernier premier ministre en liste du «tsar Boris», c'est un homme secret, froid et sans humour, un ancien dirigeant des services d'espionnage russes, dont personne ne semble être arrivé à cerner la véritable personnalité. Président intérimaire jusqu'aux élections générales de mai 2000, il s'est contenté de mener une politique centriste peu engageante pour l'avenir. Depuis son incontestable triomphe électoral, il s'est particulièrement appliqué à une consolidation manifeste de son pouvoir politique.

Après un an à la tête de la Russie, Poutine contrôle presque totalement la Douma, grâce à des alliances politiques impliquant aussi bien la droite nationaliste que le Nouveau Parti communiste. Sa conception autoritaire du gouvernement implique un contrôle strict des médias et la promulgation d'une loi limitant le nombre de partis politiques autorisés. Ni réformiste ni réactionnaire, le président donne l'impression d'avoir une idée très nette des moyens à prendre pour réaliser ses objectifs, sans toutefois se donner la peine de l'expliquer à quiconque.

Pourtant, Vladimir Poutine reste assez populaire, probablement parce que l'économie russe prend du mieux, grâce à une balance commerciale excédentaire due aux massives exportations de pétrole et de gaz naturel vers l'étranger. De plus, l'accroissement des investissements occidentaux a favorisé la modernisation et la productivité d'une industrie désormais concurrentielle sur les marchés internationaux. Or, cet indéniable redressement économique de la Russie n'est possible que par des accommodements peu avouables entre l'État et les «nouveaux Russes», ces jeunes entrepreneurs audacieux et avides de profits rapides, ainsi qu'avec les oligarques, ces anciens dirigeants communistes recyclés, à l'époque de Eltsine, dans les affaires et dans le crime organisé. Les promesses de lutte à la corruption et à la réduction de la criminalité semblent avoir cédé le pas au pragmatisme financier, même si le gouvernement paraît être parvenu à modérer les débordements abusifs de ses peu recommandables partenaires.

Le vieux passé impérialiste de la Russie, qu'elle fût tsariste ou communiste, se manifeste encore fréquemment dans des rapports difficiles avec les anciennes républiques-sœurs de l'Union soviétique. Moscou a la fâcheuse tendance à vouloir régenter ses voisins dont, il est vrai, la survie économique est encore souvent tributaire du géant russe. Par contre, le refus systématique d'accorder la moindre indépendance politique aux nombreuses régions semi-autonomes, majoritairement de confession musulmane, de la Fédération russe se transforme en un dangereux affrontement à connotations ethnique et religieuse. La guerre non officielle que la Russie mène, contre les indépendantistes islamiques de Tchétchénie se caractérise de plus en plus par des exactions réciproques contre les populations civiles. Sans vainqueur possible, elle risque de se transformer en un nouveau bourbier militaire, comme l'avait été l'Afghanistan, et dont les conséquences sur la stabilité politique de toute l'Asie centrale pourraient se révéler tragiques.

En ce début de troisième millénaire, la Russie est encore un pays économiquement, socialement et politiquement fragile. Sa condition s'améliore lentement, mais ses vieux démons totalitaires troublent certains de ses citoyens, nostalgiques d'une époque où l'étoile rouge régnait sur la moitié du monde.

Libres, mais rarement égaux

La longue marche des Noirs américains

De tout temps, les sociétés humaines ont connu l'esclavage : le fort dominant le faible, le vainqueur asservissant le vaincu, le riche contraignant le pauvre. Sous des formes plus subtiles, l'exploitation de l'homme par l'homme se poursuivra tant que l'humanité survivra.

L'histoire de l'Occident est celle de la civilisation européenne : une histoire blanche. Pendant des siècles, les préjugés, la religion et le racisme se sont combinés pour faire de l'Afrique un réservoir sans fond de main-d'œuvre servile, comme si la noirceur de la peau signifiait celle de l'âme, quand ce n'était pas la preuve d'une condition sous-humaine.

À l'aube du troisième millénaire, plus de 30 millions d'Afro-Américains sont citoyens de la grande puissance économique et militaire du monde, la seule à contrôler la diffusion de la culture. Ils font partie de l'histoire américaine depuis presque 500 ans, mais il n'y a pas plus de 3 générations qu'ils peuvent y vivre librement et de plein droit. Leurs ancêtres, eux, y sont arrivés par millions, enchaînés et vendus comme du bétail. Et il a fallu une sanglante guerre civile, entre Blancs, pour abolir ce qu'on appelait l'« institution particulière ». Plus de 130 ans après la fin des combats, la lutte pour les droits civiques et contre le racisme rampant n'est pas terminée.

LES ORIGINES

Moins de 20 ans après la découverte de l'Amérique par Christophe Colomb, les colonisateurs espagnols avaient tellement exterminé les populations autochtones des Antilles qu'ils durent importer massivement des esclaves noirs, pour assurer la survie de leurs mines et de leurs plantations. La capture, sur les côtes africaines, de solides individus des deux sexes, que l'on pouvait ensuite vendre sur les marchés du Nouveau Monde, devint un commerce si lucratif qu'il suscita la convoitise puis la concurrence des vaisseaux négriers anglais, français, hollandais et portugais. À mesure que ces pays créèrent leurs propres empires coloniaux, ils amenèrent aussi, comme bagages, leurs domestiques, serviteurs ou travailleurs agricoles à la peau sombre.

Il y eut des esclaves en Nouvelle-France, comme il y en eut en Nouvelle-Angleterre et en Nouvelle-Hollande ; mais ils étaient peu nombreux, car le climat et la nature des sols et des cultures ne favorisaient guère l'apport d'une importante main-d'œuvre. Les esclaves y étaient donc surtout domestiques ou cochers, pour de riches particuliers ou pour des communautés religieuses, et la majorité était affranchie après quelques années. Ce n'était bien sûr pas le cas aux Antilles et dans les territoires qui allaient, progressivement, devenir les États du Sud.

C'est à Jamestown en Virginie qu'on situe, en 1619, l'arrivée de la première cargaison d'esclaves africains destinés aux plantations de tabac puis de coton ; c'est là aussi que, en 1624, naquit William Tucker, premier Noir à voir le jour en Amérique anglaise. En 250 ans, les négriers y débarquèrent, plus d'un million d'Africains. Si l'on considère qu'environ la moitié de la cargaison ne survivait pas à la traversée, c'est deux millions de personnes qui furent arrachées à leur continent natal, plus de six millions si on y ajoute les esclaves de Louisiane, des Antilles françaises, et des empires coloniaux espagnols et portugais.

Les conditions de vie variaient terriblement d'une région à l'autre, voire d'un maître à l'autre. Les esclaves domestiques et ceux des villes étaient généralement beaucoup mieux traités que les travailleurs agricoles des grandes propriétés, souvent considérés comme du bétail. Les premiers jouissaient parfois d'une certaine éducation et ils étaient fréquemment affranchis après quelques années. La plupart d'entre eux s'installaient alors comme boutiquiers ou petits propriétaires terriens... et certains s'empressaient d'acheter leurs propres esclaves, pour montrer leur relative réussite sociale. Même libres, les Noirs restaient souvent en marge de la société blanche : les mariages mixtes étaient interdits et les enfants qui en étaient issus pouvaient, légalement, être remis en esclavage. Les tensions étaient nombreuses et la première révolte d'esclaves authentifiée se produisit en 1712, à New York ; elle se solda par 12 pendaisons et 6 suicides. Bien d'autres suivirent, particulièrement en Caroline du Nord et en Virginie, où les Noirs représentaient déjà plus de 50 % de la population. La conviction, plus ou moins fondée, que des esclaves instruits suscitaient les révoltes entraîna, en 1739, l'interdiction absolue de fournir la moindre éducation aux Nègres, terme péjoratif par lequel on désignait les Africains.

Esclaves et affranchis cherchèrent très tôt un réconfort dans la foi, mais la grande majorité des Églises tardèrent honteusement à dénoncer l'immoralité de l'esclavage. Ce furent de petites sectes protestantes, les mennonites puis, surtout, les quakers (« ceux qui tremblent sous l'illumination de la Parole divine »), qui, les premières, brandirent le flambeau abolitionniste, au milieu du XVIIIe siècle. Le mouvement prit de l'ampleur dans le Nord et, en 1775, Benjamin Franklin créa, à Philadelphie, la Société pour l'affranchissement des Noirs tenus en esclavage. Dans le Sud, l'abolitionnisme fut perçu comme une aberration qu'il fallait combattre, par la force s'il le fallait. À l'aube de la guerre pour l'indépendance, le clivage idéologique qui allait mener aux événements du fort Sumter se mettait en place.

DE L'INDÉPENDANCE À LA GUERRE CIVILE

La recherche de compromis

En 1775, les 13 colonies américaines s'unirent pour obtenir leur indépendance de la Couronne britannique. L'année suivante, en pleine guerre, elles créèrent les États-Unis d'Amérique, voués à un riche avenir. La population du pays comptait alors 4 millions d'habitants, dont 60 000 affranchis et 700 000 esclaves, qu'on retrouvait à 85 % dans les seuls États du Sud. Bien que 10 000 Noirs se soient battus pour l'Indépendance, la nouvelle Constitution, pourtant un modèle universellement acclamé pour les principes humanitaires qu'elle défendait, n'abordait jamais clairement la question de l'esclavage. Pour les dirigeants de la nouvelle nation, il fallait avant tout préserver l'Union, cette idéalisation symbolique et politique de gens unis par leur volonté de liberté : cela impliquait donc de faire quelques compromis à l'égard des Sudistes, dont l'économie et le mode de vie reposaient sur l'esclavage. Ainsi, bien que tous les États du Nord aient interdit sur leur territoire la traite des esclaves mais pas nécessairement leur possession, le gouvernement fédéral dut s'engager à « ... retourner à son employeur toute personne en fuite, qui soit tenue à un travail rémunéré ou non ».

Cependant, les sociétés abolitionnistes se multipliaient et la plupart des Églises prenaient clairement position contre l'esclavage. De même, de plus en plus d'élites se prononçaient, comme George Washington, général en chef puis premier président, qui s'éleva contre le commerce cruel des corps humains et s'empressa d'affranchir ses propres esclaves. Pour sa part, Thomas Jefferson, auteur du texte de la Constitution et futur président, prêcha pour l'égalité de tous, mais conserva ses esclaves et refusa même qu'ils soient affranchis après sa mort, ce qui incluait ses propres enfants nés d'une domestique noire.

En 1807, l'Angleterre abolissait l'esclavage dans tout son empire et, déclarant immoral le commerce d'êtres humains, commença la lutte maritime aux navires négriers. Cette politique irrita les marchands d'esclaves américains, qui le furent davantage quand, la même année, le Congrès des États-Unis interdit l'importation des esclaves sur tout le territoire américain. Les

États du Sud crièrent à l'infamie, menacèrent de quitter l'Union et planifièrent même la création de fermes d'élevage de Nègres. Après quelques années de tension, les États du Nord proposèrent un nouveau compromis : le Compromis du Missouri, en 1820, créait entre nord et sud une ligne symbolique, appelée Mason-Dixon, au-dessus de laquelle l'esclavage était interdit, mais sous laquelle il restait permis. On s'engageait même à prolonger la ligne de démarcation jusqu'au Pacifique, à mesure que se créeraient de nouveaux États, toujours intégrés par deux dans l'Union, un libre et un esclavagiste. Il fut vite évident pour tout le monde que la situation ne pouvait que se dégrader.

Il faut bien comprendre que le Nord et le Sud divergeaient profondément à tous points de vue. Le Nord était beaucoup plus peuplé, beaucoup plus urbanisé, beaucoup plus industrialisé, beaucoup plus instruit et, finalement, beaucoup plus riche que le Sud. Celui-ci ne vivait guère que de ses vastes exportations de coton et de tabac, lesquelles réclamaient une main-d'œuvre nombreuse et bon marché. Par ailleurs, si les Nordistes réprouvaient profondément et sincèrement l'esclavage, à l'exception notable des catholiques dont particulièrement des immigrants irlandais pauvres, très peu de gens souhaitaient l'intégration complète des Noirs dans la société. Ainsi, les membres de la Société féminine antiesclavagiste de New York interdisaient leurs rangs aux femmes noires. De son côté, la Société de colonisation américaine amassa des milliers de dollars pour acheter des terres en Afrique et, à partir de 1822, y envoyer quelques centaines d'affranchis créer leur propre pays, le Libéria.

Le fossé s'élargit

D'autres groupes, pourtant, s'engagèrent passionnément dans la lutte active contre l'esclavage. Les quakers mirent sur pied le Chemin de fer souterrain, un réseau d'évasion secret qui, pendant plus de 20 ans, allait permettre l'acheminement de milliers d'esclaves fugitifs vers les États du Nord et même vers le Canada. Ironiquement, un des codes secrets permettant de reconnaître une maison d'accueil pour les fugitifs consistait à installer bien en vue une statuette de plâtre peinte représentant un petit Noir en habit de cocher: on l'appelait «Jocko», du nom d'un jeune esclave de George Washington, mort de froid pendant qu'il soignait les précieux chevaux de son maître, une nuit d'hiver.

Vers 1840, dans l'Ohio, fut créé le Oberlin Collegiate Institute, la première institution mixte et multiraciale du pays, tandis que le Rhode Island devenait, en 1842, le premier État à accorder le droit de vote aux Noirs libres. Quelques années plus tard, le célèbre auteur et pamphlétaire social anglais Charles Dickens vint donner une série de conférences sur l'immoralité de l'esclavage et plusieurs politiciens du Nord envisagèrent plus ouvertement la création d'un parti abolitionniste.

Au milieu du XIXe siècle, les mouvements abolitionnistes actifs regroupaient quelque 150 000 personnes, dont certaines élites noires, comme Frederick Douglas: cet ancien esclave fugitif, autodidacte, créateur d'un journal bostonien voué à l'abolition et organisateur des premiers régiments noirs durant la guerre de Sécession, fut le premier Noir à prendre la parole devant le Congrès et à être reçu à la Maison-Blanche en tant que président de la Société américaine antiesclavagiste. Pour sa part, la remarquable Harriet Tubman, née esclave, s'enfuit jeune et devint l'une des principales responsables du Chemin de fer souterrain, accomplissant 19 missions dans le Sud et libérant plus de 700 esclaves. Durant la guerre, elle fut espionne pour le Nord et sa tête mise à prix pour 40 000 $, ce qui explique qu'à ses funérailles, en 1913, elle eut droit aux honneurs militaires.

Dans le Sud, les révoltes d'esclaves étaient fréquentes et sanglantes, comme celle de Nat Turner en 1831, qui fit plus de 50 morts chez les Blancs. La répression devint de plus en plus sévère. Certains États interdirent l'affranchissement et toute forme d'instruction, d'autres empêchèrent les rassemblements de Nègres de plus de cinq personnes, y compris aux funérailles. D'autres, comme la Caroline du Sud, légiférèrent pour empêcher les ouvriers noirs de regarder par la même fenêtre qu'un Blanc quand ils travaillaient dans la même pièce.

Au début des années 1850, parut un roman mélodramatique et fascinant, qui racontait la vie tragique d'une jeune esclave de plantation. *La Case de l'oncle Tom* bouleversa profondément le public du Nord puis celui d'Europe, car le livre de

Harriet Beecher-Stowe personnalisait l'horreur de l'esclavage à travers la malheureuse Elisa. En quelques mois, on en vendit plus de 500 000 exemplaires, avant d'en faire une pièce de théâtre à succès, exclusivement jouée par des comédiens blancs mais à laquelle les Noirs pouvaient assister à condition de rester dans une section réservée. Le Sud, lui, était en fureur, d'autant que des politiciens libéraux et démocrates avaient, en 1854, fondé le Parti républicain, clairement abolitionniste. Un des représentants de l'Illinois s'appelait Abraham Lincoln et déclarait qu'« une maison divisée ne peut survivre ».

Désormais, les rapports étaient franchement mauvais entre le Nord et le Sud, tandis que les actes de provocation se multipliaient de part et d'autre. Ainsi, en 1856, le sénateur du Massachusetts, Charles Sumner, fut battu à coups de canne en plein Congrès, par un représentant de Caroline du Sud, pour avoir prêché l'abolition. L'année suivante, la Cour suprême, présidée par le juge sudiste Roger Tanney, décida majoritairement que l'ancien esclave Dred Scott, même après plus de 10 ans passés dans des États libres, n'avait aucun droit légal et devait être retourné à son ancien maître. De plus, la Cour déclarait inconstitutionnelle toute loi voulant abolir l'esclavage. Le Sud cria victoire tandis que le Nord hurlait son dégoût.

Puis, un autre compromis politique vint encore diviser le pays. Voulant se débarrasser de la ligne Mason-Dixon, le Congrès légiféra pour que ce soient les habitants eux-mêmes d'un territoire qui décident de devenir un État esclavagiste ou libre, indépendamment de sa situation géographique. Sudistes et Nordistes se ruèrent sur le Kansas, pour accroître artificiellement une population qui soit en majorité favorable à leur option respective. Ce fut l'anarchie et des centaines de personnes furent tuées. C'est au Kansas également que sévit alors l'abolitionniste fanatique John Brown, qui organisa une rébellion d'esclaves et assassina des colons sudistes. Capturé en 1858, il fut jugé et pendu l'année suivante en Virginie, après avoir retrouvé dans ses derniers jours une dignité et une grandeur que sa violence aveugle lui avait fait perdre. Il fut dès lors considéré comme un criminel sanguinaire au Sud et comme un martyr au Nord, qui en fit le héros posthume du chant patriotique *John Brown's Body*.

En novembre 1860, le candidat républicain Abraham Lincoln, un abolitionniste, devint président des États-Unis. Un mois plus tard, la Caroline du Sud faisait sécession. Ce fut la guerre.

DE LA GUERRE CIVILE AU DÉBUT DU XXe SIÈCLE

La maison divisée

Le 14 avril 1861, la milice de Caroline du Sud tirait au canon contre le fort Sumter, un édifice militaire fédéral. Le lendemain, le président Lincoln proclamait un «état d'insurrection» et réclamait des volontaires pour combattre les rebelles et défendre l'Union. Dans tous les États du Nord, des centaines de milliers d'hommes s'enrôlèrent aussitôt, tandis que 10 autres États du Sud faisaient à leur tour sécession. Pendant 4 années terribles, la guerre civile fit rage, frères contre frères, tuant finalement 360 000 Nordistes et 260 000 Sudistes. Au début, les rebelles semblèrent bien pouvoir l'emporter, mais peu à peu la puissance du Nord se révéla trop grande et, le 9 avril 1865, le commandant sudiste Robert Lee se rendait à son homologue nordiste Ulysses Grant, à Appomattox. Six jours plus tard, le président Lincoln était assassiné par un acteur sudiste, John Booth.

Trois éléments capitaux doivent être pris en compte si on veut comprendre la guerre de Sécession et ses conséquences durables sur les Américains. Premièrement, il faut admettre que la question de l'esclavage, qui avait déchiré le pays pendant trois générations et conduit inévitablement à la guerre, ne fut plus que secondaire une fois la conflit commencé. Les millions de gens du Nord qui prirent les armes le firent rarement pour libérer les esclaves mais bien pour sauver l'Union humiliée et menacée par la rébellion. Dans le Sud, la plupart des combattants n'avaient jamais eu d'esclaves et se battaient essentiellement pour le droit de leurs États à choisir leur propre voie, même en dehors de l'Union.

Deuxièmement, les Noirs ne prirent que tardivement part au conflit, largement à cause du racisme rampant, qui faisait qu'on voyait d'un très mauvais œil l'idée d'armer les Nègres, même pour soutenir l'Union. Ce n'est qu'en 1863 que furent formés les premiers régiments noirs, encadrés par des officiers blancs. Ils ne recevaient qu'une demi-solde et, s'ils étaient capturés, ils étaient envoyés en esclavage ou même exécutés sur place. Les quatre millions d'esclaves que comptait le Sud n'étaient libérés, à mesure de l'avance nordiste, que pour contrarier et désorganiser la production sudiste, en tant que « contrebande ». En 1863, des émigrés irlandais pauvres, qui disputaient les emplois de journaliers aux affranchis, déclenchèrent à New York une émeute raciale majeure qui fit plus de 1 000 morts.

Troisièmement, la figure emblématique de Lincoln domina la période historique la plus importante du pays. Lui seul, armé de sa détermination, de son courage, de sa volonté et de sa foi en ses principes, a permis aux États-Unis de survivre. Pendant les quatre années de sa présidence, ce campagnard aux allures rustres fut constamment humilié, injurié, ridiculisé, non seulement par l'ennemi, mais encore plus cruellement par ses adversaires politiques et même par certains de ses ministres et de ses généraux. Pourtant, il refusa toujours de se défendre et de riposter, parce que toutes ses énergies devaient aller à la guerre, puis à la réconciliation qu'il estimait tout aussi fondamentale. Son assassinat fut une tragédie, pour les Noirs et pour le Nord mais aussi pour le Sud, car elle laissa toute la place à des gens moins nobles, moins honnêtes et moins prêts à la réconciliation nationale.

Libres, mais inégaux

Le 18 décembre 1865, le XIIIe amendement à la Constitution abolissait définitivement l'esclavage en Amérique. Le même mois, apparaissait au Tennessee un groupe secret, cagoulé de blanc et s'étant donné la mission de protéger les Blancs du Sud de ces démons de Nègres : le Ku Klux Klan (du grec *kuklos* signifiant « cercle ») était promis à un bel avenir. En 2 ans, il sera responsable des meurtres de près de 400 Noirs, lynchés, abattus ou brûlés vifs, sans que ni Washington ni l'armée posent le moindre geste. Il fallut attendre 1873 pour que le gouvernement fédéral se décide à interdire le Klan et à arrêter ses meneurs, mais sans beaucoup de convictions ni de sévérité. La violence raciste persista donc, au rythme d'environ 200 lynchages par année, jusqu'au début du XXe siècle. Ce n'est qu'en 1952 que l'on connut une année complète sans que, aux États-Unis, un Noir soit pendu par la populace ou par le Klan.

À mesure que les anciens États rebelles rejoignaient l'Union, leurs législations devaient nécessairement accepter le XIIIe puis le XVe amendements, ce dernier accordant le droit de vote et reconnaissant le principe de l'égalité des droits civiques pour les Noirs. La plupart le firent avec réticence et découvrirent rapidement des artifices légaux permettant de limiter au maximum les droits des Nègres. Ainsi, la Géorgie accorda le droit de vote mais pas celui de siéger, car la Constitution ne précisait pas que les Noirs pouvaient occuper des fonctions publiques. Le Mississippi restreignit le droit de vote à ceux qui pouvaient lire la Constitution, alors que les anciens esclaves étaient analphabètes. L'Alabama établit la clause dite «grand-père», selon laquelle ne pouvait voter qu'une personne dont le grand-père votait déjà. Après des années de procédures, la Cour suprême finit par déclarer inconstitutionnelles la plupart de ces lois. Mais, au début du XXe siècle, tous les États du Sud et beaucoup de communautés du Nord s'étaient plutôt tournés vers le développement séparé des races, c'est-à-dire la ségrégation.

DU DÉBUT DU XXe SIÈCLE À LA FIN DE LA SECONDE GUERRE MONDIALE

Lorsque commença le nouveau siècle, le souvenir de l'esclavage tendait à disparaître dans les brumes de l'histoire, même si la vie n'était guère facile pour les Noirs américains. Ils n'avaient pas accès aux emplois les plus lucratifs ni aux plus prestigieux et, à travail égal, ne recevaient qu'un salaire réduit. Les bonnes écoles et universités ne les acceptaient que rarement, de sorte que 70% étaient encore illettrés, contre 17% des Blancs. La majorité des théâtres, des banques, des hôpitaux et des hôtels leur étant interdits, ils avaient dû créer leurs propres institutions, ainsi que leurs syndicats, quartiers d'habitation, lieux de loisir et même leurs cimetières. Par jugements successifs, la Cour suprême avait fini par déclarer que la ségrégation n'était nullement illégale, sauf pour un service gouvernemental et encore, seulement si on ne proposait pas une solution à peu près équivalente. En conséquence, la plupart des employeurs privés, des firmes commerciales, des institutions publiques, des municipalités, des comtés, des États et même le gouvernement fédéral appliquaient souvent des politiques différentes pour les Noirs et pour les Blancs.

De fait, les préjugés raciaux étaient partout présents. Ainsi, depuis le milieu du XIXe siècle, les théâtres montaient fréquemment des «minstrel's show», dans lesquels des Blancs au visage noirci et parlant «petit nègre» interprétaient Jim Crow, l'archétype du Noir paresseux, naïf, malhonnête et toujours ridiculisé. En 1927, le premier film parlant, *Le Chanteur de jazz*, évoquait justement ce type de spectacle populaire. Au cinéma toujours, le chef-d'œuvre de D.W. Griffith, *Naissance d'une nation*, en 1915, faisait l'apologie du Ku Klux Klan. Il fallut attendre 1939 pour que Hattie McDaniels devienne la première actrice noire à recevoir un oscar, pour son rôle de nourrice et d'esclave dans l'épopée sudiste *Autant en emporte le vent.* Cette grande artiste avait aussi été la première Noire à chanter sur les ondes d'une radio nationale, en 1915, comme elle fut également la première à pouvoir reposer au cimetière des vedettes de Rosedale, à Los Angeles, à sa mort en 1952. Enfin, dans le domaine sportif, des émeutes meurtrières éclatèrent dans plusieurs villes quand, en 1910, le Noir Jack Johnson devint champion mondial de boxe. L'année 1920 vit la création de la National Negro Baseball League, seule possibilité pour les athlètes noirs de remédier à leur exclusion complète du sport professionnel.

Le XXe siècle fut pourtant celui du Réveil Noir, même s'il fut très lent à se manifester. De plus en plus convaincus qu'eux seuls pouvaient prendre en main leur destin, les Noirs commencèrent à s'organiser. En 1909, des élites de la communauté noire, enseignants, journalistes ou écrivains, fondèrent l'Association nationale pour l'avancement des gens de couleur (NAACP), avec l'appui financier et juridique de certains Blancs libéraux. Mais personne n'avait une idée très précise sur la meilleure façon de faire changer les choses. Certains, comme Booker Washington, plaidaient pour la patience et assuraient que seule l'instruction permettrait d'obtenir l'égalité ; d'autres, comme William DuBois, se prononçaient plutôt pour la lutte sociale active ; d'autres enfin, comme Marcus Garvey, envisageaient un retour massif vers l'Afrique.

Quand les États-Unis entrèrent en guerre contre l'Allemagne en 1917, plus de 100 000 Noirs allèrent combattre en Europe, dans des régiments ségrégés et commandés par des officiers blancs. Leurs faits d'armes remarquables ne leur valut pourtant aucun gain civique réel, à leur retour au pays. La courte crise économique qui suivit la Première Guerre mondiale augmenta même la violence raciste à peu près partout. Ainsi, en 1925, 40 000 membres du Klan défilèrent à Washington, pour montrer ouvertement la puissance d'un mouvement peut-être illégal mais comptant tout de même 4 millions d'adhérents.

Ce fut dans ces années 1920 que l'immense apport de la communauté noire à la vie de l'Amérique commença à être reconnue, particulièrement sur le plan culturel. On redécouvrit l'œuvre de Phillis Wheatly, cette jeune esclave de 20 ans, jamais affranchie par un maître qui empochait tous les gains, dont les poèmes avaient tant séduit George Washington. On se passionna pour des rythmes nouveaux comme le rag, le blues, puis le jazz. Des musiciens de très grand talent, comme Duke Ellington ou Louis Armstrong, furent reconnus. Ce courant culturel noir fut appelé la « Renaissance de Harlem ».

Mais la Grande Crise des années 1930 allait toucher les Noirs encore plus durement que la majorité blanche. Ils furent les premiers à perdre leurs emplois et les derniers à pouvoir bénéficier du secours direct, généralement administré par les municipalités ou par les États. La misère générale fit partout augmenter la violence et le racisme. Les lynchages redevinrent nombreux, des émeutes éclatèrent dans plusieurs villes, beaucoup de Noirs tournèrent en criminels. Certes, on s'enthousiasma pour les exploits du prodigieux Jesse Owens aux Jeux olympiques de Berlin en 1936 et le boxeur Joe Louis devint une idole sportive ; mais ni l'un ni l'autre de ces grands athlètes ne purent ultérieurement trouver une profession vraiment lucrative.

En 1937, la chanteuse de blues Bessie Smith mourut des suites d'un accident de la route, parce que l'hôpital ségrégationniste où on l'avait conduite refusa de la traiter. Deux ans plus tard, la cantatrice noire mondialement connue Marian Anderson se vit interdire l'accès à la prestigieuse salle du Constitution Hall à Washington, par un groupe féminin patriotique appelé « les Filles de la Révolution Américaine ». Il fallut toute la détermination et la force des convictions égalitaires d'Eleanor Roosevelt, l'épouse du président, pour que soit organisé aussitôt un concert en plein air, devant le Lincoln Memorial, où se pressèrent 40 000 personnes, dont les plus hautes personnalités de la capitale fédérale. La même année, le président nomma le premier juge fédéral noir, William Hartie, en même temps que Hugo Black, un ancien membre du Klan, accédait à la Cour suprême.

La Seconde Guerre mondiale, durant laquelle se battirent plus d'un million de Noirs, amena enfin des changements plus énergiques du gouvernement, dans la reconnaissance des droits civiques de la communauté noire. En 1942, Roosevelt promulgua le « Fair Employment Practices Act » qui interdisait toute forme de discrimination dans les usines ou industries bénéficiant de contrats fédéraux. Des dispositions similaires furent prises dans tous les organismes gouvernementaux. Des diplomates noirs furent également promus, comme Ralph Bunche, qui allait obtenir le prix Nobel de la paix en 1950 et représenter les États-Unis aux Nations Unies. Cela n'empêcha toutefois pas des émeutes raciales spontanées dans les usines de Detroit, quand des ouvriers blancs s'en prirent à leurs collègues noirs qu'ils accusaient de voler les emplois des pères de famille blancs pour éviter l'enrôlement. Cela n'empêcha pas non plus 1 000 étudiants blancs d'un collège de l'Indiana de boycotter leurs cours pour exiger le déplacement de leurs quelques confrères noirs vers une autre institution. Enfin, cela n'empêcha pas des soldats de régiments sudistes de pratiquer en Europe la « chasse aux Nègres », au cours de laquelle des Noirs isolés étaient battus et émasculés.

Quand la guerre se termina, l'Amérique triomphante était la puissance dominante du monde. Mais elle souffrait aussi d'un mal social appelé racisme, qui prendrait bientôt la taille d'un problème national que nul ne pourrait plus feindre d'ignorer.

LA CONQUÊTE D'UNE FIERTÉ NOIRE

À partir de 1948, les administrations Truman, puis Eisenhower se lancèrent dans une lutte réelle contre la discrimination raciale, entre autres pour préserver un électorat noir de plus en plus actif. Toute ségrégation était désormais interdite dans l'armée et dans la fonction publique, malgré la résistance des élus du Sud. Parallèlement, la Cour suprême commença réellement à s'attaquer à toutes les lois discriminatoires ou ségrégationnistes du pays, particulièrement dans l'éducation et les droits civiques. Les affrontements allaient être terribles car, désormais, les Noirs osaient se dresser massivement.

En 1955, une femme de ménage noire de Montgomery en Alabama, Rosa Parks, refusa de céder son siège d'autobus à un Blanc. Elle fut arrêtée, conformément au règlement municipal, mais sa cause devint rapidement un enjeu national quand plusieurs associations luttant pour l'égalité raciale organisèrent le boycott du transport en commun de la ville, sous l'égide d'un jeune pasteur baptiste, Martin Luther King. Il fallut plus d'un an de menaces, de passages à tabac, d'arrestations et même de bombes, mais les Noirs l'emportèrent finalement. Martin Luther King était devenu une figure nationale, à mesure que sa croisade de justice et de non-violence s'étendait partout dans le pays. Pendant plusieurs mois de 1957, l'armée dut intervenir à Little Rock, en Arkansas, pour faire respecter la loi fédérale de déségrégation scolaire et protéger ainsi neuf enfants noirs inscrits à l'école publique mais constamment harcelés et menacés par la foule aussi bien que par les policiers. Pendant quelques années encore, il en fut de même à l'Université du Mississippi et dans la plupart des États du Sud. Le Klan reprenait passablement de vigueur, quitte à ouvrir ses rangs aux catholiques pour mieux lutter contre l'ennemi commun, le Nègre. Medgar Evers, James Meredith et plusieurs autres figures de proue de la communauté noire y laissèrent leur vie, tandis que leurs assassins étaient presque toujours acquittés triomphalement par des jurés blancs. Au début des années 1950, le très populaire chanteur Nat King Cole devint le premier Noir à animer une émission à la télévision. Malgré son succès, les commanditaires persuadèrent rapidement le réseau CBS de la retirer des ondes, car ils craignaient un boycott de leurs produits dans le Sud.

Pourtant, les mentalités commençaient à changer. Ainsi, la télévision diffusait désormais partout des images évocatrices, montrant l'attitude dégoûtante et haineuse des foules et gouvernants sudistes, face à la non-violence et à la dignité des disciples de plus en plus nombreux de Martin Luther King. Ces scènes répugnaient de plus en plus à une majorité d'Américains blancs, qui commencèrent à se demander qui avait finalement gagné la guerre de Sécession. À partir de 1960, l'administration du président John Kennedy puis celle de Lyndon Johnson firent de l'égalité raciale une priorité absolue, reprenant l'aphorisme de Robert Kennedy qui rappelait que «... les cimetières militaires n'ont pas de croix qui soient noires ou blanches...».

Bientôt, des gens de tous les horizons se joignirent à la croisade pour l'égalité des droits civiques. En 1963, 200 000 marchèrent sur Washington pour entendre Martin Luther King dire «J'ai un rêve». En 1964, le gouvernement fédéral établit un système de quotas dans l'emploi et dans l'éducation, système qui obligeait à réserver un certain pourcentage de postes à des Noirs. Cette politique de discrimination positive, ultérieurement élargie à d'autres minorités ou groupes sociaux victimes d'inégalité, principe généreux mais moralement discutable, puisqu'il semblait corriger une injustice en commettant une autre injustice.

En 1967, le juriste Thurgood Marshall devint le premier Noir à siéger à la Cour suprême. Mais, parallèlement, certains Noirs commencèrent clairement à se radicaliser, jusqu'à recourir à la violence, à l'intérieur de groupes activistes comme la Nation Islamique de Malcolm X, les Black Muslims de Louis Farrakhan et, surtout, le Black Power de Stokely Carmichael. Dans l'effervescence des années 1960, leur impatience séduisait des milliers de jeunes Noirs désœuvrés, qui n'en pouvaient plus de la pauvreté et du racisme, mais qui se reconnaissaient maintenant dans le discours virulent de ceux qui désormais s'appelaient «Brothers». En 1968, l'assassinat de Robert Kennedy et, surtout, celui de Martin Luther King mirent le feu aux poudres. Une centaine de villes s'enflammèrent dans des émeutes raciales qui firent plus de 200 morts et des milliards de dollars de dégâts. La même année, aux Jeux olympiques de Mexico, des athlètes noirs scandalisèrent et humilièrent l'Amérique blanche en se tenant sur le podium, déchaussés et dressant un poing ganté de noir vers le ciel, pendant que jouait l'hymne national. Eux, les descendants d'esclaves, venaient ainsi proclamer, à la face du monde entier, le défi plein de colère et de mépris qu'ils lançaient au pays qui les traitait encore comme des êtres inférieurs. « Black is beautiful » affirmait un slogan de l'époque, mais c'était rarement vrai dans les ghettos pauvres et criminalisés de toutes les grandes villes du pays ou dans les bourgades reculées du Sud profond.

La frange réactionnaire de la société américaine ne renonçait pas à ses convictions racistes. Mais le Klan était de plus en plus marginalisé et discrédité, de sorte que plusieurs cherchaient un nouveau mouvement, socialement plus acceptable, dans lequel ils pourraient se reconnaître. C'est ainsi que, en 1971, le gouverneur raciste de Géorgie, George Wallace, créa le Parti américain, voué à la préservation des valeurs et traditions blanches. Aux élections présidentielles de 1972, il obtint plus de deux millions de voix, et pas seulement dans le Sud profond. Moins de deux ans plus tard, le gouverneur Wallace était victime d'une nébuleuse tentative d'assassinat qui le laissa paralysé, tandis que ses partisans se joignaient peu à peu au Parti républicain, de plus en plus dominé par la droite religieuse et conservatrice.

Progressivement toutefois, la lutte contre le racisme avait cédé le pas, dans tout le pays, au mouvement contre la guerre du Vietnam. Suivant une fort curieuse arithmétique, les Noirs comptaient pour 25% des combattants, alors qu'ils ne formaient que 10% de la population des États-Unis. Quand la guerre se termina, en 1973, l'Amérique essoufflée s'efforçait de retrouver sa paix intérieure. Officiellement, la discrimination et la ségrégation n'existaient plus et la prospérité s'offrait à tous, sans distinction de sexe ou de couleur de peau. Pour une très grande majorité de gens, Blancs et Noirs confondus, les luttes pour l'égalité des droits civiques étaient histoire du passé et, d'ailleurs, la plupart des nouveaux leaders noirs, y compris le controversé Jesse Jackson, n'avaient ni l'envergure ni la crédibilité de Martin Luther King. En 1977, la téléserie *Racines*, bouleversa 80 millions de téléspectateurs, en racontant l'histoire de plusieurs générations d'esclaves d'une famille noire en Amérique. La généalogie, hier encore honteuse pour plusieurs Noirs favorisa l'implantation du vocable politiquement correct de «Afro-Américain» pour désigner un individu de race noire. À peu près à la même époque, l'Église mormone accepta enfin d'ordonner des prêtres de race noire, tandis que l'Agence spatiale nationale américaine (NASA) semblait soudain découvrir que des Noirs pouvaient être astronautes.

L'ILLUSION ÉGALITAIRE

À partir des années 1980, la révolution conservatrice instaurée par l'administration du président Ronald Reagan ne s'intéressa plus guère à la question raciale. Au nom d'un capitalisme triomphant, elle cherchait plutôt à sabrer dans les programmes sociaux jugés beaucoup trop généreux. Par un curieux hasard, un très grand nombre de pauvres et de nécessiteux étaient des Noirs. Possiblement pour se rallier un électorat afro-américain largement acquis au Parti démocrate, le président Reagan fit, en 1983, un jour férié de l'anniversaire de Martin Luther King. Et puis, la plus grande vedette populaire de l'époque était un artiste noir plutôt étrange, Michael Jackson: ironiquement, il allait passer les années suivantes à s'efforcer d'avoir la peau blanche.

Dans la dernière décennie du siècle, l'Amérique blanche essaya consciencieusement de croire que la question raciale avait cessé d'être un problème national et que seuls les pitoyables attardés encore au Klan défendaient le racisme primaire. L'image officielle était celle d'une nation égalitaire dans laquelle tous avaient les mêmes droits, les mêmes privilèges et les mêmes chances de réussite. Mais la réalité, pour la majorité des Afro-Américains, était peinte aux couleurs sordides de la pauvreté, de la violence et du désespoir des ghettos.

En 1998, selon les sources officielles du gouvernement fédéral, les Noirs américains représentaient un peu moins de 10% de la population totale, mais plus de 50% de la population carcérale. Une famille noire sur cinq vivait sous le seuil de la pauvreté, tandis qu'un enfant sur deux grandissait dans une famille monoparentale. Le tiers des adultes afro-américains ne trouvaient pas d'emploi, dans un pays où le taux de chômage n'atteignait pas 5%, alors même que leur espérance de vie était inférieure de deux ans à celle des Blancs.

On se souviendra qu'en 1992, des émeutes violentes secouèrent Los Angeles, après qu'un jury composé de Blancs eut acquitté plusieurs policiers accusés d'avoir brutalement et gratuitement battu un prévenu noir appelé Rodney King. En 1995, la population blanche fut scandalisée, après qu'un jury composé de Noirs eut acquitté l'ancien footballeur et acteur O.J. Simpson, accusé du meurtre de son épouse de race blanche. Dans les deux cas, les preuves déposées appelaient sans conteste un verdict de culpabilité, mais l'appartenance raciale des accusés, des victimes et des jurés finit par l'emporter sur la justice.

CONCLUSION

Être un Noir dans l'Amérique contemporaine continue de signifier une vie difficile pour la plupart. Bien sûr, la majorité des grandes villes ont eu, ou ont encore, des maires noirs. Bien sûr, les médias électroniques et le cinéma ont leurs figures de proue influentes, millionnaires et noires, comme Oprah Winfrey ou Denzel Washington. Bien sûr, le sport professionnel et le sport amateur sont dominés par des athlètes de race noire, comme Magic Johnson, Carl Lewis ou Tiger Woods.

Le véritable pouvoir, qu'il soit politique ou financier, continue d'échapper à la communauté afro-américaine. Certes, la fonction prestigieuse de Secrétaire d'État, responsable de toute la politique étrangère des États-Unis, est, pour la première fois dans l'histoire, actuellement occupée par un Noir. Mais le général à la retraite Colin Powell, ancien chef d'état-major de l'armée, semble de plus en plus mal à l'aise dans un rôle de faire-valoir au sein de l'administration la plus notoirement conservatrice et réactionnaire depuis près d'un siècle.

En 1992, la nouvelle sénatrice de l'Illinois était une jeune femme noire, Carole Mosseley-Braun. Dans une boutade évoquant son passé difficile de mère monoparentale ayant connu pauvreté et racisme, elle scandalisa les bien-pensants en s'appropriant avec humour la célèbre réplique de la blanche héroïne sudiste de *Autant en emporte le vent*: «Je jure que je n'aurai plus jamais faim!». Carole Mosseley-Braun fut battue par un conservateur blanc à l'élection suivante. Au 31 décembre 2000, aucun des 100 sénateurs américains n'avait la peau noire.

Les divisions du Pape

Le siècle de l'Église de Rome

En 1938, quand le pape Pie XI publia son encyclique contre le communisme, un homme de l'entourage de Staline demanda à son maître si on devait prendre cette menace au sérieux. Le dictateur ricana : « Ça dépend du nombre de divisions que possède le Pape. »

Staline pouvait, bien sûr, se moquer du pouvoir temporel, désormais insignifiant, de l'Église de Rome, mais il sousestimait ainsi terriblement l'incomparable puissance morale dont continue d'être investi le Vicaire du Christ sur Terre.

Il y a 2000 ans, le Fils de Dieu a confié son Église à l'apôtre Pierre pour enseigner une doctrine d'amour et de pardon à toutes les nations. À travers les siècles, elle a connu les persécutions et la toute-puissance, elle a été un symbole de paix mais aussi de tyrannie. En ce début de troisième millénaire, elle reste, après l'Islam, l'Église qui compte le plus de fidèles dans le monde, alors même que ses prises de position sur les grandes questions de société, d'éthique et de morale irritent ou rassurent, apparaissent audacieuses ou rétrogrades.

Quand Karol Wojtyla devint Jean-Paul II en 1978, il était le 264e successeur de saint Pierre en tant qu'évêque de Rome, ce qui fait de la papauté la plus ancienne dynastie régnante du monde. Son autorité morale touche directement les 900 millions de catholiques, soit plus de 15 % de l'humanité. Sa parole est entendue partout et son influence dans les affaires du monde demeure considérable. Et, pourtant, ce dernier monarque absolu ne règne que sur un État de 44 hectares, comptant à peine 1 000 habitants et fort d'une armée équipée de hallebardes.

Au cours de l'histoire, l'Église a connu de grands hommes et d'autres qui l'étaient beaucoup moins, des réformateurs audacieux et des traditionalistes réactionnaires, des gens de collégialité et des autocrates. Le XXe siècle lui-même est un reflet d'un peu tout cela. Mais l'Église est toujours là, comme un incontournable témoin, voire un acteur de notre temps.

L'ORGANISATION DE L'ÉGLISE

L'Église catholique est une organisation autocratique, hiérarchisée et essentiellement masculine. Elle n'a jamais prétendu être démocratique ni aspiré à le devenir. De bas en haut, les fidèles, laïcs et clercs sont regroupés en paroisses, dirigées par des prêtres et relevant de l'un ou l'autre des quelque 2 200 diocèses du monde, sous la tutelle d'un évêque ou d'un archevêque. Périodiquement, chacun de ces derniers est convoqué à Rome pour rendre compte de la bonne marche de son diocèse.

La gestion temporelle de l'Église, c'est-à-dire tout ce qui n'est pas du domaine spirituel, est assurée par la Curie romaine, véritable gouvernement chargé d'aider le souverain pontife à administrer ses États, afin de lui permettre de se consacrer davantage à son rôle apostolique. Forte de quelques centaines de secrétaires, archivistes, financiers et spécialistes divers, l'Église est dirigée par le secrétaire d'État, le camerlingue, qui agit comme premier ministre et ne rend compte qu'au pape. Elle compte aussi diverses commissions, toutes placées sous la gouverne d'un évêque ou d'un cardinal, dont la plus puissante est la Congrégation pour la doctrine de la Foi, l'ancien Saint-Office, responsable du magistère auprès du pape, c'est-à-dire de tout ce qui est relié au rituel et à l'enseignement de la doctrine catholique. Sur invitation, le synode des évêques peut aussi être appelé à conseiller le saint-père, selon le bon vouloir de celui-ci.

Le pape est élu à vie par le Sacré Collège des cardinaux, réunis en conclave dans les 15 jours suivant le décès de son prédécesseur. Les cardinaux électeurs doivent choisir, parmi eux, celui qui dirigera l'Église de Dieu sur Terre. Ils ont droit de vote jusqu'à l'âge de 80 ans. En mai 2001, le Sacré Collège comptait 183 cardinaux, de 68 pays, dont seulement 134 étaient cardinaux électeurs. En cas d'incapacité du souverain pontife, le Sacré Collègue ne peut administrer que la dimension temporelle et pratique du Vatican, sous la direction du secrétaire d'État. Dans un tel cas de figure, plus personne n'est autorisé à parler au nom de l'Église sur une dimension théologique ou éthique.

UN SURVOL HISTORIQUE

L'évêque de Rome n'a pas toujours été le chef incontesté des chrétiens. Si la succession de Pierre lui accordait une certaine autorité morale, il n'a été, jusqu'au début du IVe siècle, que le plus important des évêques d'Italie et des Gaules (l'actuelle France). D'ailleurs, le titre de pape, honorifique et respectueux, n'apparut que vers l'an 390, sous le pontificat de Sirice.

Le grand changement, en termes de pouvoir spirituel et temporel, se produisit en l'an 314 quand l'empereur Constantin accorda aux chrétiens une totale liberté de culte et la préséance sur toutes les autres religions de l'Empire. L'empereur lui-même agissait comme chef de l'Église, y compris sur des questions théologiques, bien qu'il n'eût accepté le baptême que sur son lit de mort. Cette reconnaissance officielle allait permettre au christianisme de s'étendre et de se renforcer dans tout l'Empire romain, jusqu'à ce que, en 392, l'empereur Théodose en fasse la religion de l'État. Par la même ordonnance, il interdisait toutes les autres formes de culte et confisquait aussitôt la totalité des terres, temples et biens divers qui appartenaient à d'autres religions, pour les donner à l'Église chrétienne. Ainsi, le fastueux palais du Latran devint le siège de la papauté durant près de 10 siècles.

Pendant plusieurs centaines d'années, les schismes furent nombreux entre les chrétiens, la plupart du temps sur des nuances théologiques passablement subtiles. Ces querelles souvent sanglantes traduisaient fréquemment des luttes de pouvoir et d'influence entre évêques, jusqu'à ce que les plus puissants en viennent à imposer leurs interprétations et leurs traditions comme étant des dogmes et des vérités : double nature du Christ, célibat des prêtres, masculinité du clergé, primauté de Rome, etc.

L'Église sortit de ces luttes intestines plus forte, plus unie et plus centralisée derrière l'autorité du pape. Elle commença même à se définir comme *catholique*, c'est-à-dire universelle. Cette obligation de la primauté romaine devait finalement créer un schisme durable avec l'Église orthodoxe d'Orient. Plus tard, les abus, le népotisme et les scandales favorisèrent l'émergence de la Réforme protestante au XVe siècle. Parmi d'autres événements troubles de l'histoire de l'Église, signalons que, au XIVe siècle, la papauté quitta Rome pour s'installer à Avignon, sous la pression et le patronage des rois de France. Pendant près d'une centaine d'années, les quelque 36 papes et antipapes ne furent que les marionnettes des différents princes d'Europe, chaque nouveau pontife condamnant et excommuniant son rival du moment pour complaire aux ordres de ses protecteurs.

Il y eut de grands papes, comme Innocent III (1198-1216), qui amena les princes et les rois à reconnaître la suzeraineté divine ; comme Grégoire XIII (1572-1585), qui réforma profondément le clergé et même le calendrier, et vida fréquemment les coffres de l'Église pour aider les pauvres, et comme Pie VII (1800-1823), qui résista à Napoléon Bonaparte et accepta toutes les humiliations personnelles pour préserver l'Église qu'on lui avait confiée. D'autres, hélas ! furent de mauvais papes, parce qu'ils étaient de mauvais hommes. Ainsi, Étienne VI (896-897) fit déterrer le corps de son prédécesseur, Formose, pour le faire juger comme hérétique ; Jean XII (955-963) fut élu à l'âge de 17 ans et mourut, dix ans plus tard, battu par le mari d'une de ses maîtresses ; Benoît IX (1032-1045), élu à 14 ans, vendit plus tard sa chaire à son oncle ; Paul III (1534-1549) créa l'Inquisition et autorisa toutes les formes de torture contre les hérétiques et les juifs et Léon XII (1823-1829), enfin, fit emprisonner ses opposants, mit les juifs dans des ghettos et interdit la vaccination antivariolique comme étant contraire à la Loi divine.

Au milieu du XIXe siècle, en 1846, monta sur le trône de saint Pierre celui qui allait connaître le plus long pontificat de l'histoire. Pie IX régnerait 32 ans. C'était un homme affable et pieux, mais terriblement réactionnaire, qui passerait sa vie à s'opposer à toute forme de modernisme. Il condamna le socialisme, l'évolutionnisme et le nationalisme. Dans *Le Syllabus,* il ordonnait une obéissance étroite et totale aux enseignements de l'Église, obligeant même les scientifiques chrétiens à faire approuver à l'avance les résultats et conclusions de leurs recherches. Il décréta le dogme de l'Immaculée Conception et, surtout, l'infaillibilité pontificale sur les questions spirituelles.

À partir de 1870, au moment de la lutte pour l'indépendance politique et l'unification italienne, le pape appela les catholiques du monde entier à venir combattre pour préserver les États de l'Église. Quelques centaines de morts plus tard, la résistance pontificale s'effondrait et Rome devenait la capitale de l'Italie laïque. Pie IX passa la fin de sa vie à se considérer comme prisonnier du Vatican, unique territoire laissé à l'Église. Il ne devait jamais comprendre que ce changement radical permettait au successeur de Pierre d'être enfin un pasteur spirituel essentiellement préoccupé des âmes et des hommes. Son successeur, lui, le comprendrait et amènerait l'Église dans le XXe siècle.

LA DIFFICILE MODERNITÉ

Léon XIII (1878-1903) était un homme bon. Il croyait au dialogue et acceptait le principe selon lequel le modernisme pouvait offrir certaines réponses valables. Son plus grand mérite fut de vouloir réconcilier l'Église avec le monde; la foi avec la science. Mais il fut davantage reconnu comme l'auteur de l'encyclique *Rerum Novarum* (1891), dans laquelle était affirmé haut et clair le droit à la dignité pour les ouvriers, et qui dénonçait les abus du capitalisme.

Son successeur, Pie X (1903-1914), était lui aussi un homme plein de bonté et de compassion pour les pauvres gens. Ce pape d'origine paysanne, derrière sa jovialité, était cependant obstiné, têtu et très conservateur. Il croyait sincèrement que la papauté devait se comporter en monarchie absolue, quitte à briser toute forme éventuelle de contestation ou de doute. Pie X réforma l'enseignement religieux, dans une perspective traditionaliste plutôt rétrograde que l'Église mettrait près de 70 ans à modifier. Il simplifia le catéchisme, favorisa l'apostolat missionnaire, encadra davantage les laïcs et le clergé et créa même une société secrète chargée spécifiquement de surveiller les théologiens, avant d'imposer à tout futur prêtre un serment anti-moderniste, même au prix de contre-vérités scientifiques. En fait, il détestait et combattit toute sa vie les États et gouvernements du monde qui prétendaient administrer sans se soumettre à la Loi divine incarnée par le pape.

Benoît XV (1914-1922) lui succéda quelques semaines après le début de la Première Guerre mondiale. Sensible et généreux, il n'avait rien de l'autoritaire Pie X et privilégiait le dialogue et la négociation ; il s'appliqua d'ailleurs pendant des années à faire cesser la tuerie. Malgré ses sympathies pour l'Autriche catholique, il proclama la neutralité de l'Église et mit ses immenses ressources au service des victimes de tous les camps. Ses initiatives de paix ne trouvèrent pas d'écho et, à sa grande tristesse, la guerre continua jusqu'en 1918. Lorsqu'elle s'acheva, les Alliés triomphants n'avaient guère besoin du pape et il ne fut même pas question d'observateurs du Vatican aux pourparlers de Versailles, ni de remerciements pour l'aide apportée aux victimes. Vers la fin de sa vie, ce pape ignoré découvrit avec horreur les crimes du bolchevisme en Russie et il en vint à voir dans le communisme le Mal absolu.

Pie XI (1922-1939) était d'une autre trempe. Homme d'action, courageux en même temps que généreux, il fut sans conteste le premier pape moderne et l'un des plus grands du siècle. Il n'avait peur ni du changement ni de la modernité et savait négocier et se faire entendre. Avec lui, l'Église deviendra véritablement universelle. Pie XI nommera les premiers évêques asiatiques et créera Radio-Vatican, tout en favorisant la science, pour le mieux-être physique de l'humanité.

C'est surtout dans ses rapports avec les gouvernements nationaux qu'il donnera sa pleine mesure. En 1929, il signa avec l'Italie fasciste de Mussolini les accords du Latran qui reconnaissaient la souveraineté absolue du territoire du Vatican et assuraient à l'Église une somme considérable en réparation des terres et des biens autrefois perdus. En 1933, il signa un concordat à l'amiable avec le régime allemand de Hitler mais, à mesure que se précisaient les exactions nazies, il comprit son erreur et passa aux actes. En 1937, l'encyclique *Mit brennender Sorge*, proclamant la condamnation du nazisme, fut secrètement expédiée en Allemagne et lue dans toutes les églises. Hitler, furieux, ordonna des mesures de rétorsion, mais Pie XI avait décidé que son devoir moral passait avant la protection de l'Église. L'année suivante, il condamnait le communisme avec la même vigueur, puis prépara une nouvelle encyclique dénonçant les théories racistes, mais il ne put jamais l'achever et mourut juste avant que débute une nouvelle guerre mondiale. Pie XI fut un homme de bien et d'honneur et n'eut jamais peur de se dresser contre le Mal.

Encore une fois, un pape faible succéda à un pape fort, comme si l'Église bégayait. Quand Pie XII (1939-1958) monta sur le trône de saint Pierre, la voix de la chrétienté allait changer de ton. Pie XII était un homme de paix, très dévot, formé à la diplomatie. Contrairement à son prédécesseur, ce n'était ni un lutteur ni quelqu'un capable de tenir tête à quiconque parlait plus fort que lui. À une époque où l'Église aurait dû plus que jamais se dresser courageusement contre le Mal, le nouveau pape se révélait paralysé et indécis. Une de ses premières décisions fut d'enterrer à jamais l'encyclique que préparait Pie XI contre les théories racistes du nazisme et du fascisme, jugées moins prioritaires que la lutte contre le communisme athée.

À l'aube de la Seconde Guerre mondiale, le nouveau pape s'efforça de réconcilier les ennemis et, devant son échec, se tourna vers la prière. Les preuves de génocide s'accumulaient, des millions de gens étaient assassinés ou gisaient dans la détresse. Alors que tous guettaient et espéraient le support, au moins moral, de ceux qui savaient, Pie XII préféra se taire, enjoignant même au clergé des pays occupés de se soumettre aux autorités allemandes. Il autorisa, par contre, un réel soutien au régime fasciste, officiellement très catholique, d'Ante Pavelic qui, en Croatie, massacrait les populations serbes et juives.

Contrairement à de nombreux prêtres et laïcs qui se dressèrent contre le Mal et qui sacrifièrent leur propre vie au nom du message évangélique, le vicaire de Dieu, lui, craignait les représailles allemandes s'il élevait la voix. Comme homme faillible, Pie XII avait peut-être des excuses mais, comme pasteur spirituel, il manqua à son devoir moral le plus fondamental. À Noël 1942, sous la pression de ceux qui n'en pouvaient plus du silence de l'Église, ce pape faible osa enfin, sur les ondes de Radio-Vatican, dire à demi-mots sa douleur... «pour les centaines de milliers d'hommes qui, sans faute de la plupart d'entre eux, uniquement du fait de leur nationalité et de leur race, sont, partout dans le monde, livrés à une mort rapide ou lente...». C'était bien peu.

L'année suivante, les Allemands raflèrent les juifs de Rome, une communauté qui datait de l'époque de saint Pierre. Pie XII débloqua des fonds et autorisa que quelques personnes se réfugient dans des institutions religieuses, mais il considéra que son devoir s'arrêtait là. Pourtant, quand la guerre s'acheva, le Vatican parrainait en secret des filières d'évasion vers l'Amérique du Sud pour des criminels de guerre nazis, par souci humanitaire, semblait-il. Dans les années qui suivirent, lorsqu'on osait questionner l'Église sur son épouvantable silence, le pape se taisait car «l'Église de Dieu n'a pas de comptes à rendre aux gouvernements des hommes». Ainsi fut écrite une page honteuse de l'Église de Rome au XXe siècle.

S'il s'était tu en ce qui concernait la guerre, Pie XII, en revanche, parla beaucoup contre l'ennemi communiste qui menaçait la foi. En 1956, il menaça même d'excommunication quiconque aurait voté communiste, ne serait-ce qu'une seule fois. La force de cette condamnation, même si elle s'inscrivait dans le contexte d'anticommunisme primaire de l'époque, ne laissait pas moins apparaître un autre paradoxe de la personnalité complexe de Pie XII. Cet homme dévot pouvait parfois tonner ses vérités, mais seulement lorsqu'il n'y avait pas de risques ou qu'il se savait en pleine autorité.

Car ce pape était d'une autorité absolue à l'intérieur de l'Église. Il disait lui-même n'avoir aucun collaborateur, seulement des exécutants. Traditionaliste sur les questions religieuses, il ne consultait que Dieu, par la prière, et en vint à s'isoler progressivement dans une sorte de tour d'ivoire où même les membres de la curie, son propre gouvernement, attendaient d'être convoqués. À la fin de sa vie, il affirma de plus en plus fréquemment qu'il recevait des visions et des révélations provenant de la Vierge Marie, à qui il vouait un culte profond. Pie XII mourut en 1958.

La révolution au sein de l'Église

Le conclave qui se réunit alors était profondément divisé entre traditionalistes, qui souhaitaient voir maintenue la politique de Pie XII, et réformateurs, qui aspiraient à des changements de plus en plus nécessaires. Devant l'impasse, les cardinaux électeurs s'entendirent finalement pour élire un homme âgé, question de gagner du temps. Celui qui ne devait être qu'un pape de transition fut un pape de révolution ! Durant les cinq années de son pontificat, il allait bouleverser et transformer l'Église comme elle ne l'avait pas été depuis des siècles. Il dira, en boutade, que, devant un problème, il se demandait toujours comment aurait réagi Pie XII, puis s'empressait de faire le contraire.

Jean XXIII (1958-1963) était tout un personnage. Par rapport au maigre et ascétique Pie XII, c'était un gros homme jovial, souriant et humble, qui aimait les gens. Dès ses premières semaines sur le Saint-Siège, il donna des migraines aux services de sécurité, parce que, se considérant comme un simple pasteur, il n'hésitait pas à quitter sans avertissement le Vatican pour visiter les hôpitaux, les prisons et les paroisses de Rome. Il voulait, plus que tout, que l'Église se rapproche des gens afin qu'on réapprenne à vivre ensemble, qu'elle s'ouvre sur le monde extérieur en partageant plutôt qu'en condamnant. Cette conviction, Jean XXIII l'appliqua très vite, amorçant un rapprochement avec l'Union soviétique et prêchant la coexistence pacifique des peuples dans l'encyclique *Pacem in terris* (1963).

Ne craignant, enfin, nullement de demander conseil, le souverain pontife souhaitait que les évêques du monde entier partagent avec le pape la direction de l'Église universelle. Trois mois après son élection, il convoqua donc un concile pour y débattre des grandes questions temporelles et spirituelles et pour élaborer ce que serait désormais la politique de l'Église. En 1962, Vatican II s'ouvrit donc, devant près de 3 000 participants et les caméras du monde entier, curieux de ce renouveau inattendu. Jean XXIII n'eut malheureusement pas le temps de voir les résultats de tout ce qu'il avait mis en branle. Épuisé et rongé par le cancer, il mourut en 1963. Des millions de gens pleurèrent celui qui fut, sans conteste, le pape le plus aimé de l'histoire, le bon pape Jean.

Son successeur allait être Paul VI (1963-1978), secrétaire et ami de Jean XXIII, qui était bien décidé à poursuivre les réformes amorcées. Le nouveau pape était d'ailleurs animé du même idéal de paix et de rapprochement humain que son prédécesseur et avait été l'organisateur occulte de Vatican II. Pourtant, malgré sa bonté profonde, peut-être voulait-il trop plaire et réconcilier, de sorte que ses méthodes étaient souvent contradictoires. Par exemple, chaque décision réformiste dans un domaine était aussitôt suivie d'une autre, nettement traditionaliste, dans un secteur différent. Cette attitude finit inévitablement par mécontenter tout le monde. L'Église devenait de plus en plus universelle, mais de moins en moins unie.

Cependant, Paul VI croyait aux notions, pour lui fondamentales, de rapprochement et de justice sociale. La tolérance devint une obligation morale qui devait même déborder la confession religieuse. Le pape se fit donc l'apôtre de la réconciliation, d'abord avec l'Église orthodoxe d'Orient, puis avec le judaïsme et enfin avec les Églises protestantes. Pour mieux faire passer son message, Paul VI voyagea à l'étranger, sur quatre continents, y compris à Jérusalem. Il écrivit aussi plusieurs encycliques humanitaires, mais une seule, plus traditionaliste, sembla retenir l'attention. *Humanae vitae* (1968) refusait, en effet, toute forme de contraception artificielle, ce qui entraîna la désillusion de millions de fidèles, tandis que des milliers de prêtres et de religieux, tentés par le vent de modernisme et de changement propre à l'époque, quittaient maintenant l'Église.

En un sens, Paul VI souffrait de la comparaison avec Jean XXIII, car il se voyait mal aimé et mal compris. De plus en plus solitaire, il se montrait autoritaire et moins enclin à écouter le synode des évêques, justement créé pour conseiller le pontife. Pourtant, Paul VI s'efforçait d'adapter l'Église aux réalités contemporaines. Ainsi, la messe était maintenant dite dans la langue de chaque pays et face aux fidèles. Pour que ceux-ci s'y sentent davantage concernés, les règles rétrogrades de Pie IX et de Pie X furent abolies ou assouplies. Une retraite obligatoire à 75 ans était fixée pour les évêques, afin de favoriser l'arrivée de nouveaux prélats et de nouvelles idées.

L'époque ne se prêtait-elle peut-être pas à une ouverture si pleine de nuances. Amer et triste, Paul VI mourut en 1978.

Celui qui avait commencé son pontificat en vendant la somptueuse tiare papale pour soulager la misère des pauvres fut, à sa demande, enterré dans un simple cercueil de bois. Paul VI aura été un grand pape que, ses contemporains apprécièrent bien mal.

Le nouveau pape s'appelait Jean-Paul Ier (1978), nom composé choisi en hommage à ses deux prédécesseurs. C'était un homme au grand sourire, plein de bonté et porté au dialogue. On le disait réformateur, mais personne n'en sut davantage. Trente-trois jours après son élection, il fut retrouvé mort dans ses appartements, victime d'un infarctus. La presse à scandale échafauda de bizarres théories d'assassinat, comme si la trop simple réalité ne pouvait convenir à un pape.

Le conclave avait élu un homme simple et bon, que Dieu avait aussitôt rappelé à Lui. Peut-être le message divin signifiait-il qu'il fallait à l'Église un pape autoritaire. C'est en tout cas ce que comprirent les cardinaux qui élirent Jean-Paul II (1978-). Premier pape non italien depuis 400 ans, le nouveau pontife était Polonais et avait vécu en terre communiste, dont il devait garder une méfiance absolue contre les régimes athées, laquelle méfiance allait marquer la politique du Vatican pendant plusieurs années. Élu à l'âge relativement jeune de 58 ans, Jean-Paul II devrait amener l'Église de Rome dans le troisième millénaire au cours de son existence.

UN PONTIFICAT PARADOXAL

Après plus de deux décennies, Jean-Paul II continue de surprendre, de ne laisser personne indifférent. Populiste et charismatique, il séduit les foules auxquelles il aime s'adresser et parler des droits de l'homme, dont il s'est fait le champion. C'est un ultra-orthodoxe, très conservateur, persuadé que Dieu l'a personnellement choisi pour diriger l'Église. Avec lui, il n'est guère question de dialogue ou de consultation, et ses jugements tombent, définitifs. La controverse ne le fait jamais douter et les récalcitrants sont vite convoqués et ramenés à l'ordre. Il œuvre pour le rapprochement œcuménique, mais est intraitable sur la primauté de l'Église de Rome.

Même son affirmation de faire de l'Église une force d'émancipation est contradictoire. Autant il a lutté contre le communisme, autant il refuse que des prêtres dénoncent les régimes dictatoriaux d'Amérique latine, bien souvent proches des autorités catholiques, au nom de la soumission légitime au pouvoir établi. Cette légitimité ne paraissait toutefois pas aussi claire quand les gouvernants étaient communistes.

En un sens, Jean-Paul II ressemble beaucoup à Pie X, voire même à Pie IX. Il a mis un frein à toute réforme libérale au sein de l'Église et a rétabli certaines règles traditionalistes. Il s'entoure de plus en plus d'hommes issus de l'Opus Dei, mouvement religieux de droite profondément traditionaliste fondé en Espagne, à la fin des années 1920, par monseigneur Escriva de Balaguer qui fut plus tard solidement associé au régime fort peu démocratique du général Franco. Désormais, la censure est réapparue au Vatican, particulièrement dans les médias.

Le pape est un grand voyageur ayant à son actif de nombreuses visites pontificales dans le monde entier. Partout, les foules l'acclament, mais on a l'impression qu'elles écoutent de moins en moins ce qu'il dit. Homme de son temps, sauf sur le plan des idées, il peut aussi bien esquisser un pas de danse que s'intéresser à Internet ou enregistrer un disque de prières et de chants. Certains l'appellent le *pape-star*. Mais la popularité a un prix : en 1981, Jean-Paul II a été victime d'un attentat sur la place Saint-Pierre. Il fut grièvement blessé par les balles d'un jeune activiste turc, Ali Agça, qu'on dit avoir été payé par le régime communiste de Bulgarie. Le pape s'est assez bien remis de ses blessures, tout en étant persuadé que la balle qui devait le tuer avati été déviée par Dieu.

Au début d'un nouveau millénaire, Jean-Paul II a beaucoup vieilli et sa santé inquiète. Atteint de la maladie de Parkinson, il éprouve des difficultés sans cesse plus grandes à exercer ses très éprouvantes fonctions. Beaucoup trop amoureux de sa mission pour ne point la poursuivre, il n'en demeure pas moins très conscient que la question de sa succession se pose avec de plus en plus d'à-propos.

Or, cela implique également pour l'Église de réévaluer les politiques et les orientations du plus long pontificat du XXe siècle. Ainsi, la popularité personnelle de Jean-Paul II auprès des foules et dans les médias semble, étonnamment, plus grande chez les non-catholiques que chez les baptisés. Dans un conclave exceptionnel tenu en mai 2001, le pape a d'ailleurs signalé aux évêques rassemblés que l'évangélisation devrait désormais s'adresser aux pays occidentaux, là où la pratique religieuse est presque devenue marginale et la morale éloignée des valeurs de l'Église. De même, le rapprochement œcuménique avec les autres grandes religions du monde se heurte au refus de compromis de Rome, malgré la reconnaissance fréquente et sincère par le saint-père des erreurs et des fautes commises par l'Église au cours de l'Histoire. Enfin, les catholiques du monde réclament vigoureusement du Vatican une position éthique et morale tenant compte des réalités contemporaines sur des problèmes comme la famille, la pauvreté, la paix et même la science. Or, en homme âgé, le pape leur propose plutôt des modèles de vie que sont les 443 saints et les 1271 bienheureux qu'il a proclamés depuis 1978.

En un sens, Jean-Paul II semble avoir été dépassé sur sa droite par une curie romaine conservatrice, qu'il a pourtant lui-même mise en place. Alors que plusieurs souhaitent une décentralisation progressive du pouvoir au sein de l'Église, l'administration vaticane resserre son contrôle bureaucratique et surtout doctrinal sur les diocèses du monde.

Le parcours terrestre de Jean-Paul II approche de sa fin et nul ne peut prévoir si son successeur sera réformiste ou conservateur. Au fond, cela n'a guère d'importance, car le pape n'est pas l'Église. Malgré les faiblesses humaines, malgré les erreurs et malgré les fautes, l'Église catholique continue d'être un point de référence et de réconfort pour ceux qui souffrent et qui doutent. D'une manière ou d'une autre, l'Église survivra.

La drôle de paix

L'entre-deux-guerres et la Grande Crise

C'était en 1919. La Grande Guerre était terminée. Les belligérants avaient enterré leurs morts et commençaient à relever leurs ruines. Le traité de Versailles avait décidé que les Allemands étaient seuls responsables de la tuerie et les avait sévèrement punis, en saisissant une partie de leur territoire et de leurs industries, puis en les forçant à payer des réparations colossales pendant les 50 années suivantes. Les anciens empires centraux avaient été dépecés, pour donner naissance à de nouveaux pays. Finalement, tout cela ne semblait apporter que déception, amertume et désir de revanche.

Personne alors n'aurait pu prédire que la paix, si chèrement acquise, ne durerait que 20 ans, le temps d'une seule génération, avant que le monde ne s'embrase de nouveau. Pour l'instant, les survivants devaient réapprendre à vivre, même si les années à venir allaient se révéler, pour la grande majorité des gens, un cauchemar de plus en plus atroce.

Bien qu'elles soient étroitement entremêlées, nous tenterons de distinguer trois périodes dans notre survol de l'entre-deux-guerres : les années folles (1919-1929), la grande crise économique (1929-1934), la marche à la guerre (1934-1939).

LES ANNÉES FOLLES

Un deuil profond et une tragédie humaine entraînent presque toujours, chez ceux qui les traversent, un intense besoin de vivre et une volonté puissante de s'éclater et de s'étourdir, comme pour oublier l'horreur, le chagrin, parfois même la culpabilité d'avoir survécu. L'Europe pleurait 9 millions de morts, presque tous des jeunes hommes, auxquels s'ajoutaient les 20 millions de victimes de la grippe espagnole à l'échelle du globe. Pour des millions de veuves, d'orphelins ou d'invalides, ainsi que pour des millions de personnes qui avaient perdu leurs biens, leur maison ou leur terre, le difficile réapprentissage de la paix se rapprochait davantage d'une lutte quotidienne pour la survie.

Pour une jeunesse plus aisée, voire plus inconsciente, les années qui suivirent le traité de Versailles furent une sorte de fête ininterrompue, une frénésie de danse, d'alcool, de sexe, de folies et de dépenses sans limites. Du moins, ce fut vrai en France, en Angleterre et, surtout, aux États-Unis. La Russie était en pleine guerre civile, l'Italie et l'Allemagne chancelaient entre démocratie et totalitarisme, les nouveaux petits pays commençaient déjà à se disputer sur leurs frontières. Mais pour qui avait de l'argent, les années 1920 étaient absolument merveilleuses.

Parmi les principaux changements sociaux qu'apportèrent les années folles, il y eut d'abord l'émancipation de la femme, de la jeune femme surtout. À cause des millions de jeunes hommes tués à la guerre, le rapport démographique entre masculin et féminin était désormais totalement déséquilibré, de sorte que quantité de jeunes veuves ou de jeunes célibataires n'avaient que bien peu de chances de trouver un mari. De plus, beaucoup des anciens soldats qui avaient survécu ne souhaitaient pas fonder trop rapidement une famille, comme s'il leur fallait d'abord apprendre à oublier les années cauchemardesques qu'ils avaient vécues au front. Et puis, bon nombre de jeunes femmes avaient connu une certaine autonomie durant la guerre, par leur entrée massive sur le marché du travail ou comme auxiliaires dans les armées. Maintenant, elles voulaient rire et s'amuser.

La guerre avait fait voler en éclats les valeurs traditionnelles et la moralité hypocrite de la Belle Époque, qui paraissaient maintenant bien désuètes à ceux qui avaient côtoyé la mort pendant quatre ans dans les tranchées. De même, le brassage culturel, provoqué par la présence quotidienne d'alliés d'autres pays, transformait la façon de penser et la façon de vivre chez des jeunes gens en quête constante de nouveauté. Les aînés s'en offusquaient, mais les plus jeunes en redemandaient.

Enfin, les progrès techniques, d'abord développés à des fins militaires, trouvaient maintenant des applications beaucoup plus plaisantes. L'aviation fascinait tout le monde : les démonstrations aériennes attiraient les foules, les premières lignes de transport de passagers s'organisaient et les records ainsi que les premières se succédaient. Quand Lindbergh traversa l'Atlantique en solitaire en 1927, il reçut un accueil délirant à l'aéroport français du Bourget. À son retour, New York laissa tomber 1 800 tonnes de confettis sur le chemin de son héros.

L'automobile, elle, était de plus en plus accessible et de plus en plus grisante. En 1925, il y en avait déjà 23 millions dans le monde, dont 75 % en Amérique. Enfin, la radio commençait à atteindre la plupart des foyers d'Amérique du Nord et d'Europe occidentale, ce qui contribuait à briser l'isolement et même l'ignorance de millions de gens auxquels elle apportait, en temps réel, les rythmes, les idées et les nouvelles du monde entier.

Les années 1920 furent aussi une ère glorieuse, et décadente, pour l'art et la culture. La musique donna Ravel et Stravinski, mais, encore plus populaire et durable, le jazz des Noirs américains. Malgré le racisme toujours présent, la jeunesse blanche des États-Unis se bousculait au Cotton Club de Harlem, pour s'encanailler sur cette musique diabolique avec des maîtres comme Duke Ellington, Louis Armstrong, Sidney Bechet et King Oliver. L'Europe aussi écoutait le jazz, et dansait le charleston, le fox-trot et le tango. Viendrait ensuite le swing avec Tommy Dorsey, Benny Goodman et Glenn Miller.

Les théâtres et les cabarets des deux continents ne désemplissaient pas. À côté de quelques œuvres sérieuses, on s'enthousiasmait pour la joie de vivre très dénudée de la belle noire Joséphine Baker, dont la *Revue nègre* triomphait à Paris. Les arts plastiques et l'architecture parlaient de déco et de surréalisme, tandis que l'école du Bauhaus, en Allemagne, redéfinissait le modernisme et l'art nouveau. La littérature foisonnait d'œuvres remarquables et dérangeantes d'auteurs désabusés et marqués par la guerre, dont beaucoup formaient une petite clique parisienne où se côtoyaient Jean Cocteau, Louis Aragon, Ernest Hemingway, F. Scott Fitzgerald et Henry Miller.

Mais c'est surtout le cinéma qui marqua profondément l'époque et y mérita vraiment sa qualification de 7e Art. On calcule que 150 000 films muets furent tournés, dont 50 000 sont disparus. L'image seule devant porter toute l'histoire et toutes les émotions, le cinéma était alors vraiment universel et à la portée de chacun. Peu coûteux, il était le divertissement populaire par excellence et ses vedettes étaient les idoles d'un monde de plus en plus porté par l'illusoire et le superficiel. Elles s'appelaient Rudolf Valentino, Max Linder, Douglas Fairbanks et Greta Garbo. Il y eut de très grands films, dont beaucoup dénonçaient la guerre, comme *La Grande Parade* et *À l'Ouest, rien de nouveau*. Les Soviétiques avaient le sens épique avec Sergei Eisenstein, mais les Français leur répliquaient avec Abel Gance, tandis que l'expressionnisme allemand faisait école avec Fritz Lang. Quant aux Américains et avec eux le monde entier, ils avaient Charlie Chaplin. Et puis, en 1927, il y eut *Le Chanteur de jazz*, premier film parlant. Et rien ne fut plus jamais pareil.

Pourtant, tout ne fut pas facile durant les années folles. La guerre avait fait de nouveaux riches et de nouveaux pauvres. Partout, les gens de gauche et ceux de droite s'affrontaient, souvent violemment. Les grèves étaient nombreuses et sanglantes, car elles opposaient des syndicats puissants et bien décidés à monter dans le train en marche de la prospérité à des patrons tout aussi décidés à préserver leurs bénéfices et leurs privilèges contre la vermine ouvrière assimilée aux communistes si dangereux.

En 1919, les États-Unis, toujours aussi puritains, avaient instauré l'interdiction absolue de vendre ou de consommer de l'alcool, y compris la bière et le vin. La prohibition engendra évidemment une industrie illégale extrêmement lucrative, avec ses gangsters richissimes, ses milliers de bars clandestins et sa corruption généralisée. Pour épurer les mœurs jugées immorales du monde du spectacle, on créa également le code Hays, du nom du haut fonctionnaire désormais responsable de censurer ou même d'interdire tous les films qui risquaient de troubler les âmes chastes ou d'offenser Dieu.

Car la religion se portait très bien dans la très pure Amérique, du moins dans sa frange la plus conservatrice et la plus bigote. Des évangélistes charismatiques, comme Aimee Semple McPherson, organisaient de grands spectacles itinérants, pour louer Dieu, accomplir quelques miracles et collecter beaucoup d'argent. D'autres, comme le père Coughlin, avaient compris le potentiel énorme de la radio et se servaient des ondes pour distiller l'intolérance, voire même la haine des Nègres et des juifs. Bien sûr, le racisme florissait, exacerbé par une courte récession au début de la décennie et par la résistance que les traditionalistes opposaient aux valeurs impies rapportées d'Europe. Chaque semaine, des Noirs étaient lynchés ou brûlés vifs. En 1925, 40 000 membres du Ku Klux Klan défilèrent à Washington, représentants d'un mouvement fort de 4 millions d'adhérents. La même année, un instituteur du Tennessee, J.T. Scopes, fut poursuivi en justice et condamné pour avoir enseigné la théorie de l'évolution dans son cours de biologie, alors que la loi n'autorisait que le fondamentalisme de la Bible.

Mais plus que tout autre symbole, ce fut la consommation à outrance qui caractérisa les années folles. En Europe mais surtout en Amérique, on assista à une débauche de dépenses, car tous, du banquier à l'ouvrier, voulaient tout posséder, abusaient du crédit et s'acharnaient à croire, contre toute logique, à une croissance économique permanente. En 1920, le vice-président Coolidge déclara même : « Civilisation et profits vont de pair. » Le réveil serait catastrophique.

LA GRANDE CRISE ÉCONOMIQUE

En 1929, l'économie américaine vivait une période de croissance continue depuis presque une décennie et servait de locomotive à celles de la plupart des pays d'Europe, ainsi qu'au Japon, à l'Australie et au Canada. Mais elle était fondée largement sur une consommation forcenée, basée sur le crédit abusif. Plusieurs experts financiers commençaient d'ailleurs à s'inquiéter d'une croissance jugée artificielle et prédisaient un ralentissement inévitable, sinon une réelle décroissance. Ils redoutaient également l'expansion anarchique du marché boursier, où la spéculation galopante et le manque concret de liquidités pouvaient avoir des effets désastreux en cas de dérapage.

À l'opposé, banquiers et hommes d'affaires ne voulaient même pas envisager l'hypothèse d'une baisse quelconque, pas plus que l'administration du président Hoover qui refusait d'instaurer le moindre contrôle gouvernemental et qui assurait que la prospérité était là pour durer.

Le 24 octobre 1929, appelé le «jeudi noir», Wall Street enregistra brusquement un baisse significative du marché boursier, avec des ventes massives et une perte de 30% de la valeur de certains titres. Après quelques heures de panique, un redressement se produisit, juste avant la clôture, et tout le monde poussa un soupir de soulagement, en expliquant qu'il s'agissait finalement d'un simple incident sans conséquence durable, que l'économie était saine et que tout était en train de se replacer naturellement. Personne ne semblait bien se rendre compte de la volatilité du marché, ni qu'on venait simplement d'assister à la première secousse du cataclysme.

Le mardi 29 octobre 1929, le «mardi noir», la Bourse plongea irrémédiablement. Les cours s'effondrèrent, les ventes furent massives, le manque de liquidités entraînant de nouvelles chutes. En un seul jour, les pertes s'établirent à neuf milliards de dollars. Pour soutenir leurs actions, les grandes compagnies tentèrent de rapatrier les sommes qu'elles avaient placées, et provoquèrent de nouvelles faillites. Des millions de petits épargnants se ruèrent alors dans les banques pour récupérer les économies de toute une vie, mais les coffres étaient vides.

Rapidement, les Américains réclamèrent des Européens les sommes prêtées, mais nul pays n'était en état de rembourser sans mettre aussitôt à mal sa propre économie, souvent établie sur la solidité du dollar américain. Les réserves fondirent partout et très vite. L'Allemagne fut certainement le pays d'Europe le plus affecté par la crise. Son économie, à peine convalescente et déjà fort hypothéquée par les réparations de guerre démesurées qu'elle devait payer, s'écroula complètement. Quelques mois plus tard, l'Allemagne comptait déjà neuf millions de chômeurs et la dévaluation de sa monnaie était entrée dans une spirale inflationniste phénoménale : un demi-kilo de viande correspondait désormais au salaire journalier d'un ouvrier... pour celui qui travaillait encore. Cette situation intenable favorisa donc l'émergence de partis politiques extrémistes, particulièrement des nationaux-socialistes d'Adolf Hitler.

Sans argent, les gens ne consommaient plus et, sans consommation, les industries ne produisaient plus. Elles fermèrent donc, les unes après les autres, créant un chômage effarant dans presque tous les pays, alors qu'il n'existait à peu près aucune protection sociale. Pourtant, aux États-Unis, le gouvernement Hoover ne bougea pas, mais continua d'affirmer que l'économie était toujours prospère et que la crise n'était qu'un absurde et temporaire manque de confiance. Pour aider ses amis banquiers et industriels, le président accepta seulement de baisser leurs impôts, le temps qu'ils recommencent à faire des profits.

Or, à la fin de 1930, il y avait six millions de chômeurs aux États-Unis et les fermetures de banques avaient complètement ruiné plus de neuf millions de petits épargnants. Sous la pression populaire, le gouvernement central accepta enfin, en octobre 1931, de débloquer un fonds de secours de 500 millions de dollars, mais réservé exclusivement aux banques, pour qu'elles investissent. Deux ans après le début de la crise économique, Hoover et ses conseillers croyaient toujours qu'aider directement les 12 millions de chômeurs ne ferait que les inciter à la paresse. Par comparaison, le Canada devait verser, en 4 ans, 83 millions pour des travaux publics et 143 millions en secours direct aux 27 % de travailleurs canadiens en chômage. La majorité des pays européens prirent des mesures similaires, qui n'éliminèrent évidemment pas la misère, mais permirent l'espoir et souvent même la survie.

En 1932, peut-être la pire année de toutes, il y avait 15 millions de chômeurs aux États-Unis et les soupes populaires ne suffisaient plus, ni même les quelques subsides (3 $ par semaine) qu'arrivaient encore à verser quelques villes et quelques États. Symboliquement, le président réduisit son propre salaire de 20 %, mais ordonna aussi à l'armée de déloger, par la force, les quelques milliers d'anciens combattants qui campaient dans un parc de Washington, venus, avec femmes et enfants, réclamer les primes qu'on leur avait promises mais dont le versement était constamment reporté. En juillet 1932, le gouvernement central accepta enfin le principe du secours direct et débloqua 1,8 milliard, dont une partie était applicable seulement à des investissements immobiliers. C'était trop peu trop tard. À leur tour, les Américains mirent Hoover au chômage, en élisant le plus grand président du siècle, Franklin Delano Roosevelt.

Cet homme exceptionnel revenait pourtant de loin. Resté paralysé à la suite d'une attaque de polio au début des années 1920, il avait surmonté toutes les épreuves pour devenir gouverneur de l'État de New York et finalement accéder à la fonction présidentielle. Dès son discours inaugural, Roosevelt invita les gens à ne rien craindre, excepté la peur même de ne pouvoir rien faire. Il lança aussitôt une politique nouvelle, le New Deal, par laquelle son gouvernement s'engageait à fond au côté des petites gens. Ainsi, il ferma temporairement les banques pour éviter de nouvelles faillites, puis instaura la garantie fédérale sur les dépôts bancaires. Ces mesures enrageaient profondément les gens d'affaires, qui ne pouvaient plus désormais spéculer librement avec les sommes qui leur étaient confiées. Pour plusieurs, le nouveau président était, de toute évidence, un communiste payé par Moscou pour écraser les libertés américaines.

Dans les premiers mois de 1933, Roosevelt et son équipe mirent en place toute une panoplie d'organismes et de commissions responsables de fixer les prix et les salaires, de supporter les agriculteurs, d'engager des chômeurs pour des travaux publics et de contrôler les opérations en Bourse. On créa également le premier programme de retraite garantie, un salaire minimum et un office de logements subventionnés.

Pour bien faire comprendre la nature et le fonctionnement de tous ces organismes officiels, le président lui-même commença à s'adresser mensuellement à la population, par le truchement de la radio. Ces «Causeries au coin du feu», pendant lesquelles Roosevelt venait expliquer tout naturellement et tout simplement la politique de son gouvernement à ses concitoyens, contribuèrent énormément à ramener l'espoir et la confiance dans la population. Bien sûr, les milieux financiers, les politiciens conservateurs et la droite religieuse réactionnaire dénoncèrent unanimement le complot communiste et l'œuvre du Diable. Même la Cour suprême invalida la plupart des lois du New Deal, ce à quoi Roosevelt répliqua en nommant progressivement des juges à tendance libérale. Mais la majorité des gens croyaient en leur président : en 1936, Roosevelt était réélu dans un triomphe sans précédent, de même qu'en 1940 et en 1944.

Peu à peu, le chômage se mit à décroître, tandis que l'industrie recommençait à tourner. De mieux en mieux portante, l'économie américaine renoua avec ses anciens partenaires européens. Il faut bien reconnaître que la majorité des pays touchés par la Crise n'avaient pas attendu le New Deal de Roosevelt pour préconiser l'intervention massive de l'État dans l'économie. Par conséquent, on constatait un peu partout que la Crise s'estompait et que la vie redevenait plus facile. Pourtant, on aurait bien peu de temps pour en jouir, car déjà, dans plusieurs pays, on assistait à la montée de périls annonciateurs de catastrophes encore plus épouvantables.

LA MARCHE À LA GUERRE

La Grande Guerre avait fait émerger, dans ses heures les plus sombres, des hommes forts, dont le charisme, la force des convictions et la capacité d'action avaient sauvé leurs pays respectifs du découragement et de la défaite finale. Beaucoup de gens avaient retenu la leçon et, quand la situation après la guerre commença à se dégrader, ils donnèrent leur confiance et leur vote à de nouveaux hommes forts. Malheureusement, ceux-ci n'eurent jamais la grandeur ni l'esprit démocratique d'un Roosevelt et plus tard d'un Churchill. La plupart sombrèrent dans des dictatures méprisables et sanguinaires ; d'autres dirigeants, plus naïfs ou plus lâches, ne firent rien pour les contrer.

À l'extrême gauche du spectre politique, l'ancienne Russie des tsars avait basculé dans la Révolution bolchevique dès 1917. Une atroce guerre civile et des millions de morts plus tard, la nouvelle Union des républiques socialistes soviétiques (URSS) s'efforçait de construire le paradis des travailleurs, quitte à l'imposer par la terreur. Lénine était mort en 1924 et le pouvoir avait été progressivement accaparé par Joseph Staline, l'un des plus grands tyrans de l'histoire, un homme secret, cruel et profondément paranoïaque, qui allait causer la mort de millions de ses concitoyens. De plus, le mandat fondamental du Parti communiste impliquait d'exporter la révolution prolétaire à tous les pays, de sorte que les agents de l'Internationale communiste (Komintern) s'efforçaient de déstabiliser les gouvernements étrangers, grandement aidés en cela par les affres de la Crise économique qui accablait les pays capitalistes.

Du côté de la droite, la marche des dictateurs vers l'abîme avait commencé en Italie, dès 1922, quand le Parti fasciste de Benito Mussolini s'empara du pouvoir, avec la bénédiction du roi Victor-Emmanuel III. Les Italiens sortaient amers de la guerre. Malgré le million de morts, ils se savaient considérés comme des partenaires mineurs par la France, la Grande-Bretagne et même les États-Unis, alors que toutes leurs revendications territoriales étaient rejetées. L'anarchie politique et économique qui régnait alors dans la péninsule italienne permit rapidement à Mussolini, journaliste fanfaron et démagogue, de séduire par son programme populiste et nationaliste, qui promettait de rétablir l'ordre, la prospérité et la fierté nationale des descendants de l'Empire romain.

Les première années du régime du Duce s'avérèrent positives pour les 36 millions d'Italiens, malgré la rudesse de ses méthodes et son refus musclé de toute forme d'opposition. En 1929, il réglait, par les accords du Latran, le vieux contentieux avec le Vatican, tandis que l'anticommunisme du régime en faisait un ténor important de la résistance aux idées soviétiques. De plus, l'ingérence gouvernementale, déjà présente dans la plupart des sphères d'activité, rendit l'Italie moins fragile à la crise économique, qui entraîna tout de même une réelle stagnation et une certaine lassitude du pouvoir.

Plusieurs autres pays d'Amérique du Sud et d'Europe se laissèrent rapidement séduire par la tentation du totalitarisme. Le Brésil, l'Argentine, le Portugal, la Hongrie, la Pologne et d'autres encore se donnèrent des dirigeants politiques inspirés du modèle mussolinien. La tentation fut également grande en Belgique et en France, où les affrontements sociaux furent rudes et fréquents, au point d'affaiblir la classe politique et de porter au pouvoir, comme en Angleterre, des hommes faibles qui se réveilleraient trop tard pour arrêter la guerre déjà en préparation. Finalement, c'est en Allemagne que l'absolu génie du Mal allait s'épanouir, à travers la terrifiante idéologie d'un seul homme, Adolph Hitler.

Anéantie par sa défaite de 1918, l'Allemagne s'était donné un gouvernement démocratique, et plutôt socialiste, connu sous le nom de République de Weimar. Sa situation économique et sociale était paralysée par les affrontements et les coups d'État répétitifs des groupes d'extrême gauche et d'extrême droite. Ces derniers, surtout, séduisaient par leurs idées revanchardes d'une armée trahie par l'arrière et d'un peuple humilié par les clauses du traité de Versailles. L'un de ces partis extrémistes, le national-socialisme, proposait en prime un bouc émissaire parfait pour tous les malheurs de l'Allemagne : les juifs.

Son chef était un peintre autrichien raté qui s'était battu courageusement comme simple caporal dans les tranchées de la Grande Guerre. Hitler se révéla pourtant un excellent organisateur et un tribun exceptionnel, capable de toucher l'essence même du nationalisme allemand. Après un coup d'État raté, il fut, en 1923, condamné à trois ans de prison, qu'il passa à rédiger *Mein Kampf*, une autobiographie brouillonne exaltant une idéologie antisémite aux mobiles confus. Puis, il reprit l'activisme politique, entouré d'opportunistes et de voyous organisés en troupes de choc à chemises brunes. Il s'allia aussi des génies de la propagande comme Joseph Goebbels, des héros de guerre comme Hermann Goering et des maîtres de l'organisation bureaucratique comme Heinrich Himmler. Avec l'appui des militaires et de plusieurs banquiers et industriels, Hitler mena son parti au succès. En 1933, il fut nommé chancelier.

Quelques mois plus tard, le Reichstag, le parlement allemand, brûlait dans des circonstances nébuleuses. Hitler en profita pour abolir la vie parlementaire, puis les autres partis politiques. Puis, ayant éliminé ou jeté dans des camps de concentration tous les ennemis réels ou imaginaires de son régime, Hitler s'en prit ouvertement aux juifs. Après des années de vexations, ceux-ci furent carrément soumis à des lois discriminatoires qui leur enlevaient progressivement tous leurs droits, et forcèrent les plus chanceux à émigrer.

Grâce à d'importants programmes de travaux publics et de militarisation, la nouvelle Allemagne nazie était sortie de la Crise et apparaissait comme une nation prospère, totalement dévouée à son chef incontesté, le «Führer» Adolf Hitler.

À partir de 1936, les événements se bousculèrent dans le monde entier. En Asie, la Chine était déchirée par une guerre civile atroce entre nationalistes de Tchang Kaï-chek (Jiang Jieshi) et communistes de Mao Zedong (Tsetung). Cette faiblesse du grand voisin excitait les visées expansionnistes du Japon, surpeuplé et militarisé, où l'agitation politique était telle que l'armée en était venue à diriger le pays avec l'appui des grands industriels. Durement secoué par la Crise, le Japon se convainquit que seule la conquête de nouveaux territoires le sauverait. Dès le début des années 1930, il avait déjà annexé la vaste province chinoise de Mandchourie et, sous des prétextes futiles, il commençait à porter la guerre dans toute la Chine.

En Europe, 1936 marqua le début de la guerre civile qui ensanglanterait l'Espagne pendant trois ans. Les soldats républicains, appuyés par l'URSS et par les volontaires socialistes de divers pays, regroupés dans les Brigades internationales, luttèrent courageusement mais en vain contre les troupes nationalistes du général Francesco Franco, cautionné par l'Église catholique et aidé par les Allemands et les Italiens. À la même époque, Mussolini faisait main basse sur l'Éthiopie, dont le Négus, son souverain légitime, vint inutilement réclamer l'aide de la Société des Nations, une coquille vide sans la moindre crédibilité.

Puis, en 1938, Hitler annexa l'Autriche, avec le consentement de celle-ci, et menaça aussitôt la Tchécoslovaquie pour qu'elle rende la partie de son territoire habité majoritairement par des Allemands d'origine. Les Tchèques souhaitaient résister, mais la France et l'Angleterre, même liées par traité, refusaient de risquer une guerre avec l'Allemagne jugée trop puissante. Aussi, les premiers ministres Édouard Daladier et Neville Chamberlain préférèrent se rendre à Munich, sans leurs alliés tchèques, pour traiter avec Hitler et Mussolini. Deux jours plus tard, la France et la Grande-Bretagne signaient un pacte autorisant l'Allemagne à annexer purement et simplement presque la moitié de la Tchécoslovaquie, dont le gouvernement fut sommé de laisser faire l'amputation de son petit pays. À leur retour, Daladier et Chamberlain reçurent un accueil triomphant des foules françaises et anglaises, convaincues que la paix était sauvée.

Dans toute l'Europe, un seul homme politique semblait avoir suffisamment de lucidité et de courage pour comprendre qu'il faudrait se dresser contre Hitler : Winston Churchill. Sur la déshonorante attitude de la France et de l'Angleterre à Munich, il déclara avec un certain mépris : « Un maître-chanteur leur a proposé le choix entre la lâcheté et la guerre. Ils ont choisi la lâcheté et ils auront la guerre en prime. » Six mois plus tard, l'Allemagne annexait effectivement le reste de la Tchécoslovaquie et se tournait vers la Pologne. Cette fois, Français et Anglais comprirent qu'ils devraient se battre et tentèrent un rapprochement de dernière minute avec l'URSS. Hitler, une fois de plus, se montra le plus brillant : à la fin d'août, il signa un inconcevable traité de non-agression avec l'Union soviétique.

Trois jours plus tard, le 1er septembre 1939, l'Allemagne envahissait la Pologne, ce qui déclencha la Seconde Guerre mondiale. L'horreur totale allait s'épanouir.

Afin que nul n'oublie jamais

La Seconde Guerre mondiale

La Seconde Guerre mondiale fut l'événement le plus important du XXe siècle, une tragédie planétaire, pleine de bruit et de fureur, où chancela la civilisation. Contre le racisme, la haine et le totalitarisme, elle fut la guerre du Bien contre le Mal, lesquels, parfois, changeaient de camp. D'elle allait naître un monde nouveau, qui ne pourrait ni ne devrait oublier. Mais la mémoire des hommes est courte !

Comment décrire cinq années d'horreur au quotidien ? Cette époque terrible s'est nourrie, en même temps, des passions les plus abjectes et les plus généreuses, de la dignité des victimes et de la bassesse des bourreaux, de la grandeur courageuse de certains et de l'immonde lâcheté de tant d'autres, de la dévastation, des ruines et des ténèbres, mais aussi de l'espoir.

Nous pourrions aligner nombre d'autres contradictions, mais comment faire comprendre en mots la souffrance et la mort ? Cinquante-cinq millions de morts dans le monde, mais aussi vingt et un millions de personnes déplacées, seulement en Europe ! Les chiffres sont tellement énormes qu'ils cessent d'avoir un sens.

Et puis, sous quel aspect traiter le plus important conflit de toute l'histoire de l'humanité ? Il y a, bien sûr, les batailles et les généraux. Mais il y a aussi les civils, dont le nombre de victimes l'emporte sur celui des soldats. Enfin, il y a l'Holocauste, cette volonté consciente d'extermination des juifs, mais aussi des Tziganes, des Russes et de bien d'autres groupes, au nom de la purification ethnique. Certains diront qu'on en a déjà trop parlé, mais au regard des génocides abominables que le monde entier a laissés se produire, dans la dernière décennie du siècle, en Bosnie, au Kosovo et surtout au Rwanda, qu'a-t-on finalement appris et retenu?

Le nazisme, cette doctrine idéologique primaire justifiant tout les excès au nom de la supériorité génétique d'une prétendue race de seigneurs, a été, et demeure, le cancer de l'âme humaine. C'est un mal ignoble qui consume toute vie et dont les métastases de haine essaiment dans le monde, sous différents noms. Nous méprisons passionnément le nazisme, mais aussi l'intolérance sous différentes appellations, quand les prétendues certitudes raciales, politiques ou religieuses légitimisent chez certains le fait d'humilier, d'abaisser et de tuer l'autre. C'est à leurs innombrables victimes, passées, présentes et, hélas! à venir, que nous dédions, bien humblement, ce document.

LES DICTATURES TRIOMPHANTES

De l'invasion de la Pologne à la chute de la France

Le 1er septembre 1939, l'Allemagne hitlérienne, rassurée par le traité qu'elle avait signé trois jours plus tôt avec l'Union soviétique de Joseph Staline, envahissait la Pologne. Cette agression entraîna l'entrée en guerre de la France et de l'Angleterre, enfin décidées à arrêter les nazis, après avoir déjà toléré qu'ils annexent l'Autriche puis la Tchécoslovaquie, l'année précédente. Le problème résidait toutefois dans le fait que la machine de guerre allemande était à ce moment à son maximum d'efficacité, alors que les alliés franco-britanniques n'étaient pas réellement prêts et, surtout, n'avaient pas vraiment le désir de se battre. Dès la première semaine de guerre, alors que 80 % de l'armée allemande se battait en Pologne, les Français osèrent à peine une petite pénétration de 25 km^2 du territoire ennemi, où ils ne rencontrèrent aucune résistance, mais s'arrêtèrent après 3 jours, puis revinrent à leur point de départ. Les Anglais, eux, décidèrent de bombarder la ville de Hambourg... avec des tracts demandant au peuple de faire renoncer Adolf Hitler à ses projets de conquête.

Pendant ce temps, les troupes hitlériennes s'en donnaient à cœur joie contre un adversaire courageux mais infiniment plus faible, et la malheureuse Pologne fut complètement écrasée en moins d'un mois. Dans la troisième semaine de la bataille, les Russes, conformément à une clause secrète de leur traité avec l'Allemagne, s'étaient joints à la curée et s'emparaient eux aussi d'une petite partie du pays, laissant les nazis assassiner qui ils voulaient dans le reste de la Pologne. Le premier massacre, connu et documenté, de populations juives eut lieu le 5 septembre 1939 : il y en aurait désormais constamment.

La différence d'efficacité, entre Alliés et Allemands, tenait alors à des facteurs stratégiques et politiques. D'abord, les nazis étaient motivés et agressifs. Soumis à une propagande efficace, ils étaient sûrs d'eux et favorisaient le blitzkrieg, la guerre éclair et offensive. De leur côté, Français et Anglais étaient entrés en guerre par obligation, à cause de traités d'alliance qu'ils regrettaient fort d'avoir signés. Animées d'un moral défaillant et menées par des chefs mous, leurs armées ne pensaient qu'à la défensive, repliés derrière la ligne Maginot, une spectaculaire série de fortifications érigée sur la frontière franco-allemande et jugée imprenable mais jamais terminée.

Après la chute inévitable de la Pologne restée seule, chaque camp demeura tranquillement sur ses positions pendant plusieurs mois, dans ce qu'on appela la « drôle de guerre ». Entre octobre 1939 et avril 1940, il ne se passa rien, sinon quelques navires coulés en mer et beaucoup de grands discours patriotiques. Autour de la mer Baltique par contre, le dictateur soviétique Staline annexa la Lituanie, l'Estonie et la Lettonie dans l'indifférence générale. L'émotion fut à peine plus intense lors de l'attaque hivernale de la Finlande par les Soviétiques, qui perdirent quelque 100 000 hommes devant la remarquable résistance des Finlandais, que tout le monde admirait mais que personne n'aidait, sauf quelques centaines de volontaires étrangers.

Le 9 avril 1940, Hitler envahit le Danemark et la Norvège, en même temps que s'effectuaient quelques débarquements franco-britanniques dans ce dernier pays. Mal préparée, l'offensive des Alliés s'avéra rapidement un échec et les troupes furent rapatriées au début du mois de mai, laissant ces deux pays scandinaves sous occupation militaire allemande. Le seul effet positif de cette campagne fut de provoquer la démission du premier ministre anglais Neville Chamberlain, qui fut remplacé par un des plus grands hommes politiques de ce siècle, Winston Churchill. Celui-ci allait devenir l'ennemi le plus acharné de Hitler. Il serait également celui qui sauverait l'Angleterre dans les heures les plus noires de la guerre et qui, par son courage, sa détermination et son refus de baisser les bras, redonnerait l'espoir à ceux qui luttaient et à ceux qui souffraient. À la Chambre des communes, puis sur les ondes de radio relayées partout dans le monde, Churchill déclara : « Je ne puis vous promettre que du sang, de la sueur et des larmes... Nous nous battrons partout où il y aura l'ennemi ; nous nous battrons sur terre et sur les mers ; nous nous battrons dans le ciel ; nous nous battrons sur les plages et dans les collines ; nous nous battrons dans les champs et nous nous battrons dans les villes ; nous ne nous rendrons jamais. » Soixante ans plus tard, ces paroles résonnent toujours comme le plus noble et le plus courageux défi lancé au visage d'un implacable ennemi.

Le jour même où Churchill devenait premier ministre, le 10 mai 1940, les Allemands passèrent à l'attaque, cette fois contre la Hollande, la Belgique et la France. Le blitzkrieg, combiné à une remarquable coordination des chars et de l'aviation, se révéla foudroyant. Il ne fallut que six semaines pour écraser la puissance française et forcer une humiliante capitulation, dans ce même wagon où les Allemands avaient dû signer l'armistice de 1918. Entre-temps, les Britanniques étaient parvenus à sauver 400 000 hommes coincés à Dunkerque et se préparaient maintenant à l'invasion probable de leur île.

Dix jours avant la chute de la France, le dictateur italien Mussolini, jaloux des succès militaires de son allié allemand, décidait à son tour d'entrer en guerre contre son voisin français déjà battu. Il poussa même la fanfaronnade jusqu'à informer les États-Unis que l'Italie renonçait à les envahir s'ils restaient neutres. La France entrait dans des années sombres de son histoire. À côté de la honteuse collaboration de plus en plus étroite avec l'occupant allemand du nouveau gouvernement installé à Vichy par le vieux maréchal Philippe Pétain et son premier ministre Pierre Laval, il y aurait le courage d'un simple général, Charles de Gaulle, réfugié en Angleterre et qui appellerait à la résistance, au nom de la France libre qu'il animera magnifiquement jusqu'à la victoire finale.

De la bataille d'Angleterre à l'opération Barbarossa

L'Angleterre était seule à continuer la lutte et bien peu de gens croyaient qu'elle survivrait. Retardant un débarquement risqué sur les côtes britanniques, Hitler décida plutôt de soumettre la Grande-Bretagne par la terreur aérienne. Pendant des mois, les bombardiers allemands vinrent, toutes les nuits et souvent le jour, écraser les villes anglaises, faisant des milliers de victimes civiles. On appela cette période le Blitz. Ce fut l'heure de gloire des pilotes de chasse britanniques, mais aussi canadiens, australiens, français, polonais, hollandais ou norvégiens qui, à un contre cinq, résistèrent et abattirent des centaines d'avions allemands, tandis que Churchill galvanisait le peuple et ordonnait même quelques bombardements de représailles sur les villes allemandes. Au printemps de 1941, Hitler renonça aux raids aériens, bien que des bombardements plus ou moins réguliers se fussent poursuivis pendant toute la guerre.

Parallèlement, le courage britannique et l'horreur de plus en plus évidente du nazisme dans les pays occupés entraînèrent peu à peu un changement dans la perception et l'attitude des États-Unis face à la guerre en Europe. L'Amérique était alors très fortement dominée par un courant isolationniste qui exigeait que le pays reste en dehors du conflit. Cette attitude était née en bonne partie des déceptions de la Grande Guerre, mais aussi, chez beaucoup d'Américains, d'une certaine fascination pour le régime nazi, considéré comme brutal mais extrêmement efficace.

Toutefois, le président Roosevelt avait compris le danger que représentait Hitler pour le monde entier et il s'efforçait maintenant d'en convaincre les gens, tout en préparant son pays à la guerre. En conséquence, il grossit progressivement les rangs dégarnis de l'armée américaine, multiplia la production de matériel militaire et chercha des moyens d'aider l'Angleterre, tout en préservant une apparence de neutralité. Il fit adopter par le Congrès le *Cash and Carry Bill.* D'après cette loi, l'Amérique pouvait vendre des armes à quiconque pouvait les payer et les transporter, ce qui favorisait outrageusement l'Angleterre qui disposait de nombreux navires. De plus, comme les sous-marins allemands coulaient tous les bateaux à leur portée, sans égard à leur nationalité, les morts américains étaient de plus en plus nombreux et l'opinion populaire commençait à changer.

En janvier 1941, Roosevelt réussit à imposer le prêt-bail, un chef-d'œuvre de manipulation politique. Selon ses termes, l'Amérique, qui se considérait désormais comme l'arsenal des démocraties, mettait toutes ses ressources à la disposition de ceux qui, dans le monde, luttaient contre le totalitarisme. Les États-Unis leur fourniraient donc gratuitement camions, avions, chars, canons, fusils et munitions, contre l'engagement de tout rendre après la guerre. Des personnalités isolationnistes et même pro-allemandes, comme l'aviateur Charles Lindbergh et l'ancien ambassadeur millionnaire Joseph Kennedy, eurent beau rager, le peuple était maintenant largement derrière son président. Il était désormais clair que l'Amérique s'était franchement rangée derrière la Grande-Bretagne et l'aiderait de toutes les manières, sauf par l'entrée en guerre... pour le moment. Les Allemands et les Italiens étaient évidemment furieux, mais ne pouvaient à peu près rien faire. Ils répliquèrent, dans les premiers mois de 1941, en formant l'Axe, une alliance militaire avec le Japon, déjà en guerre contre la Chine que soutenait plus ou moins l'Amérique.

Au printemps de 1941, la guerre avait atteint l'Afrique. Les Italiens occupaient l'Éthiopie et rêvaient de s'emparer de la Somalie, du Kenya et du Soudan, mais leurs soldats étaient loin d'être à la hauteur des vantardises de Mussolini. En fait, les Anglais les taillèrent en pièces et reprirent tout ce que l'Italie contrôlait sur le sol africain, à l'exception d'une partie de la Libye. Hitler fut forcé de venir en aide à son allié en envoyant des troupes en Afrique, commandées par son meilleur général, Erwin Rommel. Pendant plus d'un an et malgré des moyens réduits, celui qu'on surnommait «le Renard du désert», battra tous ses adversaires et forcera même l'admiration de Churchill.

Humilié par son fiasco africain, Mussolini décida alors de s'emparer de l'Albanie et de la Grèce, mais en trois semaines, au mois d'avril 1941, ses armées furent encore une fois écrasées et Hitler dut de nouveau intervenir. Il ordonna à ses satellites roumains et hongrois d'attaquer les Grecs et il somma la Yougoslavie de laisser passer les armées allemandes. Les Yougoslaves refusèrent fièrement, enrageant ainsi Hitler qui écrasa Belgrade sous les bombes et envahit le pays avec une violence et une barbarie encore jamais atteintes. Les Allemands créèrent alors en Croatie un État fantoche, qui dirigé par le fasciste pro-nazi Ante Pavelic, reçut pourtant la caution morale et l'appui financier de l'Église catholique, au nom de la lutte contre le communisme athée. Commença alors une guerre d'épuration ethnique et religieuse contre les Serbes orthodoxes et les Bosniaques musulmans, qui poussa des centaines de milliers de Yougoslaves vers la guerre de partisans, regroupés derrière le communiste Joseph Tito. En mai, les Allemands contrôlaient tous les Balkans et Hitler pouvait enfin se retourner contre le seul adversaire qui lui restait vraiment, la Russie, officiellement appelée l'Union des républiques socialistes soviétiques (URSS).

De l'invasion de la Russie à Pearl Harbor

Le 22 juin 1941, Hitler déclencha l'opération Barbarossa. Près de deux millions d'hommes, des Allemands mais aussi des Finlandais, Roumains, Hongrois et Italiens, attaquèrent l'Union soviétique. Pour le tyran nazi, le pacte conclu avec Staline n'avait été qu'un moyen de gagner du temps, pour en finir d'abord à l'Ouest. Hitler abhorrait les communistes et considérait les Russes comme des sous-hommes occupant un espace jugé vital pour l'Allemagne. Staline aussi avait voulu gagner du temps, pour réorganiser l'Armée rouge saignée par les purges ; mais il n'était pas encore prêt et n'avait pas voulu croire les informations transmises de Tokyo par son espion Richard Sorge, qui l'avertissant d'une attaque imminente des Allemands.

Ce fut une épouvantable débâcle pour les Russes qui, en six mois, perdirent des millions d'hommes, morts, blessés ou prisonniers, ainsi qu'un territoire presque aussi grand que tout le reste de l'Europe. À la fin de l'année, Leningrad était encerclée, les Allemands se trouvaient aux portes de Moscou et le Caucase était menacé. Tout le monde croyait inévitable la victoire nazie, mais Churchill ne s'y trompait pas. Il comprenait surtout que l'Angleterre n'était plus seule dans la lutte et que les nazis iraient finalement se perdre en Russie, comme d'autres conquérants avant eux. Alors lui, l'anticommuniste absolu, s'allia avec Staline en disant: «Si Hitler envahissait l'enfer, je trouverais des mots aimables à dire du diable.» Peu après, les États-Unis accordaient les privilèges du prêt-bail aux Soviétiques.

Au début de l'avancée allemande, bien des gens, en Ukraine, en Biélorussie et dans les Pays Baltes, accueillirent les envahisseurs comme des libérateurs. Opprimés depuis deux décennies par la tyrannie communiste, ils voyaient enfin l'occasion de se défaire des Russes qu'ils haïssaient. Devant les massacres, les crimes et les dévastations froidement perpétrés par les Allemands, chacun comprit que la barbarie nazie était une abomination absolue qu'il faudrait éradiquer à n'importe quel prix. À la fin de l'année 1941, plus de 100000 partisans, des civils et des militaires, des femmes et des hommes, se battraient derrière les lignes allemandes. La guerre à l'Est devait atteindre un niveau de haine et de cruauté jamais égalé dans l'histoire.

Au début de novembre 1941, la puissante machine de guerre allemande se trouva brusquement stoppée par le froid et par la neige de l'impitoyable hiver russe. Dans leur suffisance, les stratèges nazis avaient parié sur une victoire rapide et négligé les enseignements de la défaite de Napoléon en 1812. À mesure que la température chutait, les véhicules s'embourbèrent, les armes s'enrayèrent et, surtout, les fiers conquérants germaniques se mirent à grelotter, puis à geler et à mourir dans leurs minces manteaux estivaux. Les Russes, eux, étaient équipés et bien décidés à anéantir les Allemands. En décembre 1941, ils lancèrent une gigantesque contre-attaque sur tout le front.

À l'autre bout du monde, le Japon semblait incapable d'écraser la Chine, malgré presque une décennie de guerre. Les généraux nippons croyaient le moment venu de faire main basse sur les autres pays d'Asie, en profitant de l'incapacité des puissances européennes à défendre leurs colonies. En fait, ils ne redoutaient que l'intervention militaire des États-Unis, seule puissance susceptible de s'opposer à l'hégémonie japonaise dans le Pacifique. Les militaristes japonais souffraient du même complexe de supériorité que les nazis, car ils considéraient leurs voisins comme des sous-hommes destinés à devenir esclaves ou à mourir. Des millions de Coréens et de Chinois avaient déjà péri et l'avenir ne s'annonçait guère souriant pour les autres peuples asiatiques.

Tout au long de 1941, la tension monta entre Japonais et Américains, jusqu'à ce que ces derniers bloquent les ventes de pétrole au Japon, pour l'obliger à se retirer de la Chine et de l'Indochine française récemment occupées. Au début du mois de décembre, les Japonais envoyèrent des diplomates négocier à Washington, mais ce n'était qu'un leurre. Le 7 décembre 1941, leurs avions bombardaient la flotte américaine à Pearl Harbor. Cette attaque-surprise, jugée sournoise et infâme, enragea l'ensemble du peuple américain qui entra en guerre contre le Japon avec le goût de la vengeance et un profond sentiment de haine à connotation raciale. De façon peu honorable, le gouvernement américain, rapidement imité par le gouvernement canadien, interna tous ses citoyens d'origine japonaise dans des camps militaires où ils croupirent pendant toute la guerre, sans procès, sans droits et sans biens. Le 10 décembre 1941, Hitler et Mussolini déclaraient unilatéralement la guerre à l'Amérique, au grand soulagement de Churchill et de Staline dont le nouvel allié constituait la plus puissante et la plus riche nation du monde.

Le dieu des victoires allait maintenant changer de camp.

LA GUERRE DES CIVILS

La Seconde Guerre mondiale a le honteux privilège d'avoir été le premier conflit où le nombre des victimes civiles l'emporta largement sur les pertes militaires. Les idéologies nazies et japonaises faisaient peu de cas de la vie humaine et considéraient que la terreur absolue était un moyen valable pour asservir les populations qu'elles voulaient dominer. Les civils d'Europe et d'Asie en firent donc l'infernale expérience. Ainsi, les Pays-Bas perdirent 14 000 soldats mais 242 000 civils ; la Yougoslavie, 305 000 soldats et 1 400 000 civils ; la Pologne, 600 000 soldats et 6 millions de civils ; la Chine, 1 500 000 soldats et 20 millions de civils. L'horreur appelant l'horreur, un million de civils japonais et deux millions de civils allemands moururent également.

Durant des années, les raids aériens sur les villes, tout comme le torpillage des paquebots non armés en mer, tuèrent des innocents. Dans les pays occupés, des otages de tous âges furent quotidiennement fusillés, des villages rasés, des travailleurs déportés comme esclaves et des populations vouées à la famine. Les habitants d'Ouradour-sur-Glane, en France, et ceux de Lidice, en Tchécoslovaquie, furent exterminés, hommes, femmes, enfants et vieillards, en guise de représailles exemplaires pour la mort de soldats nazis. Les bombardements aveugles feront des victimes dans les deux camps : Belgrade perdra 20 000 habitants en un seul raid, Dresde 135 000 et Tokyo 150 000. En janvier 1945, le paquebot *Wilhelm Gustoff*, chargé à bloc de femmes, de vieillards et d'enfants allemands réfugiés, sera torpillé ; ses 7 000 morts en firent le naufrage le plus coûteux en vies humaines de toute l'histoire maritime.

Pour des millions et des millions d'autres personnes, la guerre devait aussi signifier les restrictions, le froid, la faim, la misère et la maladie, souvent aussi la déportation. Cela se traduisait par la dispersion des familles au gré des combats, des bombardements ou des déplacements. La plupart du temps, on ne revoyait jamais ceux que l'on avait perdus. Enfin, dans presque tous les pays, chaque famille allait porter le deuil d'un proche.

Pourtant, la vie continuait et les gens tentaient de s'adapter à la guerre. Dans les pays occupés, certains choisirent la collaboration plus ou moins étroite avec les Allemands, comme les quelque 250 000 hommes qui s'engagèrent dans les *Schutzstaffel* (SS), les troupes d'élite du régime nazi. D'autres, moins nombreux, préférèrent la résistance armée ou passive. En Allemagne même, plus de 200 000 Allemands luttèrent à leur façon contre le nazisme ; près de la moitié d'entre eux allaient disparaître à jamais, éliminés dans le cadre d'un décret cyniquement appelé « la nuit et le brouillard ».

L'HOLOCAUSTE ET LE GRAND SILENCE

L'horreur absolue de l'idéologie nazie fut l'immolation systématique des juifs, mais aussi des Tziganes et de nombreux Slaves, simplement parce qu'on les considérait comme de la vermine. L'Holocauste a existé, comme ont existé les chambres à gaz et les fourneaux des camps de la mort tels que Auschwitz et Treblinka, créés essentiellement pour tuer des êtres humains. Les premiers massacres systématiques et les premières déportations dataient de septembre 1939 en Pologne. Les premiers ghettos, ces quartiers emmurés pour grouper les juifs avant de les exterminer, datent de la même année funeste. À partir de 1944, il y avait plus de trains en direction des camps de la mort que pour les besoins militaires.

À une seule exception près, le Danemark, les juifs de tous les pays contrôlés par les nazis furent raflés et quasi exterminés. À une exception près, la France, aucun pays ne livra volontairement ses citoyens juifs à leurs bourreaux, même dans les États alliés de l'Allemagne. Dans tous ces pays toutefois, des citoyens ont individuellement et volontairement collaboré à cette mise à mort. Mais dans tous ces pays également, d'autres citoyens ont plutôt dénoncé la persécution et aidé les victimes, souvent au prix de leur propre vie. Dans tous les pays enfin, la plupart des gens se sont tus, préférant croire que tout cela n'existait pas. Jusqu'après la guerre, aucune pièce de théâtre ni aucun film, à l'exception notoire du *Dictateur* de Charlie Chaplin (1940), n'osèrent aborder les persécutions subies par les juifs.

Toutefois, le silence le plus terrible fut celui du Vatican et, plus personnellement, celui du pape Pie XII, qui écrivit ainsi la page la plus honteuse de l'histoire de l'Église catholique pendant ce siècle. Pourtant, des prêtres et des pasteurs, quelques évêques aussi, osèrent dénoncer à haute voix la persécution des juifs, y compris en Allemagne, et beaucoup en moururent. Les églises protestantes officielles des Pays-Bas et du Danemark condamnèrent sans équivoque la terreur nazie, parce que c'était leur devoir de conscience. Rome préféra se taire, sauf pour protester énergiquement contre les confiscations des biens de l'Église dans la Pologne catholique. Le Vatican fut toutefois beaucoup plus actif dans son appui à l'enrôlement de volontaires dans les armées nazies pour aller écraser le communisme en Russie. À la fin de la guerre, l'Église catholique allait fournir identités nouvelles, passeports et argent à des centaines de criminels nazis recherchés par les Alliés, leur permettant ainsi de se réfugier en Amérique du Sud, au nom de la miséricorde et du pardon.

Le grand silence de tant de gens attendra encore quelques années la condamnation corrosive du dramaturge allemand Berthold Brecht :

Quand ils arrêtèrent les juifs, je ne m'en fis pas ; après tout, qu'étaient quelques juifs de plus ou de moins.

Quand ils arrêtèrent les communistes, je ne m'en fis pas ; après tout, qu'étaient quelques communistes de plus ou de moins.

Quand ils arrêtèrent les intellectuels, je ne m'en fis pas ; après tout, qu'étaient quelques intellectuels de plus ou de moins.

Quand ils vinrent pour m'arrêter, il n'y avait plus personne à s'en faire pour moi.

TECHNIQUE ET ARMEMENT

Le second conflit mondial a, comme toute guerre, favorisé l'essor remarquable de la science et de la technologie, bien évidemment dans le but premier de maximiser les moyens de tuer. Il n'en demeure pas moins que, une fois la guerre achevée, les applications civiles des techniques nouvelles eurent un impact direct, voire même quotidien, sur l'ensemble des êtres humains.

Bien sûr, il est difficile de reconnaître des applications autres que militaires aux chars d'assaut, aux sous-marins, aux porte-avions et aux lance-roquettes russes Katiouchkas, qui ont tous connu un développement spectaculaire lors de la Seconde Guerre mondiale. Mais il en est bien autrement de l'avion à réaction (le premier étant l'appareil allemand Me262), de l'hélicoptère, de la Jeep (de ***G****eneral* ***P****urpose*), du radar, ainsi que des fusées volantes V1 et V2, conçues, à l'origine, par les savants allemands de Peenemünde pour détruire les villes alliées et qui allaient éventuellement permettre la conquête spatiale.

Les recherches de pétrole synthétique ont indéniablement conduit aux différents plastiques disponibles et la médecine contemporaine doit beaucoup au louable souci de soigner les grands blessés de ce conflit mondial. L'ordinateur est également né au milieu de la guerre, par besoin de percer les codes ennemis. Il faudra attendre encore plus d'une génération avant que son usage généralisé n'en fasse l'outil universel et essentiel que nous connaissons aujourd'hui. Toutefois, c'est sans conteste la recherche atomique, menée parallèlement par les Allemands et par les Alliés, qui marquera la deuxième moitié du siècle, pas toujours, hélas ! pour le mieux-être de l'humanité.

Dès le début des années 1920, les physiciens du monde entier considéraient la fissure de l'atome comme le grand défi de l'époque. Devant la montée des dictatures fascistes, bon nombre des savants les plus éminents se regroupèrent aux États-Unis. Au début de la guerre, Einstein, Fermi et quelques autres remirent au président Roosevelt un mémorandum dans lequel était décrit le concept d'une bombe atomique. Pour contrer la recherche allemande, les Américains, associés aux Britanniques et aux Canadiens, développèrent alors le programme le plus secret et le plus dispendieux de l'histoire moderne : le Projet Manhattan. Pendant toute la guerre, les scientifiques nucléaires les plus compétents travaillèrent en vase clos, sur la base secrète de Los Alamos au Nouveau-Mexique. Sous la responsabilité militaire du général Leslie Groves et la direction scientifique du physicien Robert Oppenheimer, ils allaient, malgré les réserves morales exprimées par Einstein et quelques autres, fabriquer une bombe 10 000 fois plus puissante que tout l'arsenal connu... et ouvrir les portes de l'enfer.

SECRET, PROPAGANDE ET CULTURE

La guerre secrète est une composante essentielle de tout conflit. Avec le raffinement des techniques, la Seconde Guerre mondiale allait révolutionner le monde de l'espionnage et des communications. Les Allemands étaient passés maîtres dans ces deux domaines, mais ils furent battus par l'opiniâtreté et le génie d'improvisation des Britanniques. La mise au point de la machine à coder Énigma permettait aux Allemands de communiquer sans danger avec leurs armées et surtout leurs sous-marins, lesquels faillirent bien gagner la Bataille de l'Atlantique en coulant suffisamment de navires pour mettre en grand danger le ravitaillement minimal de l'Angleterre. Des savants polonais réfugiés réussirent à faire passer une de ces machines en Grande-Bretagne où, réunis à Bletchley Park, les chercheurs alliés purent progressivement briser les codes et contrer les Allemands. Le secret de cette opération ne fut révélé qu'après la guerre.

La radio joua également un rôle militaire essentiel, en trompant l'ennemi sur les positions des troupes et sur les objectifs réels des opérations. Elle permettait aussi de maintenir le contact avec les agents infiltrés ou avec les groupes de résistance et s'efforçait de saper le moral de l'ennemi en les inondant de fausses ou de mauvaises nouvelles. À l'inverse, elle servait à encourager les populations asservies, en leur permettant d'entendre leurs chefs et monarques exilés et leur rappelant que la guerre tournait progressivement en faveur des Alliés. Les Anglais devinrent si efficaces à ce jeu qu'écouter la BBC, la radio nationale britannique, devint bientôt un crime punissable de la peine de mort pour les Allemands surpris à le faire : la première personne exécutée n'avait que 16 ans. De même, l'utilisation de la lettre V, comme signe de résistance et d'espoir, allait connaître un succès que les nazis ne parvinrent jamais à contrer. En code morse, cette lettre correspond aux quatre premières notes de la *Cinquième Symphonie* de Beethoven, devenue le symbole musical de la Victoire.

Bien sûr, les artistes, par la culture, furent rapidement appelés à soutenir la cause de leurs pays respectifs. Les propagandes allemande et soviétique étaient lourdes et pompeuses, axées sur le patriotisme et la haine de l'ennemi ; celles des Américains et des Anglais, légèrement plus subtiles, misaient sur les buts de la guerre et les valeurs humaines. La situation était plus délicate dans l'Europe occupée, où les écrivains et les journalistes, entre autres, durent choisir quelle cause servir. Certains mirent leurs talents parfois remarquables au service de l'idéologie nazie, y perdant leur conscience et leur âme, dans la défense d'un anticommunisme primaire et, surtout, d'un antisémitisme haineux qui justifiait l'horreur : de très grands artistes, comme Céline, Brasillach et Drieu la Rochelle furent de ceux là. Beaucoup d'autres se contentèrent de jouir au maximum des avantages de la collaboration avec l'occupant, sans jamais se poser de questions éthiques ou morales, quitte à jouer ensuite les vierges offensées quand on leur demanda des comptes à la fin de la guerre : Maurice Chevalier, Hergé et Simenon appartenaient à cette catégorie. D'autres artistes toutefois choisirent l'honneur, malgré le risque : Marlène Dietrich et Konrad Veidt refusèrent de servir l'Allemagne nazie et se dévouèrent pour la cause alliée, même si leur tête était mise à prix ; Jean-Pierre Aumont et André Malraux joignirent la France libre du général de Gaulle plutôt que de servir d'alibi au régime de Vichy.

En Angleterre et en Amérique, des artistes firent vendre des millions de bons pour la victoire et divertirent les troupes, parfois bien près du front, quand ils ne s'enrôlèrent pas carrément, comme James Stewart, David Niven ou Clark Gable. Le cinéma de tous les pays ne tourna pas beaucoup de chefs-d'œuvre durant ces années de guerre (sauf peut-être *Casablanca, Les enfants du paradis, Mrs Miniver* et *In which we serve*), mais il était surtout là pour détendre une population fatiguée ou pour renforcer un patriotisme parfois défaillant ; même Donald Duck combattit Hitler et y gagna un oscar.

DU REFLUX À LA VICTOIRE

Le vent tourne

L'année 1942 marqua précisément la période de la guerre où la victoire commença à changer de camp. Jusqu'à l'été de cette année-là, l'initiative des combats restait clairement aux forces de l'Axe. Dans le Pacifique, les Japonais avaient conquis, en moins de six mois, les Philippines, la Malaisie, Singapour, Hong Kong, les Indes néerlandaises (l'Indonésie actuelle), une grande partie de la Chine et de la Birmanie, ainsi que tous les atolls et les archipels du Pacifique central, à l'exception d'Hawaii et de Midway. En Afrique du Nord, Rommel venait frapper aux portes de l'Égypte et menaçait le canal de Suez. En Russie, malgré une contre-offensive importante des Russes durant l'hiver, les Allemands reprenaient leur marche triomphante vers l'Est, attaquant le Caucase et visant la ville de Stalingrad, clé de la Russie d'Asie. À tous ces endroits, les Alliés allaient pourtant arrêter les forces de l'Axe, puis les battre.

À la fin de mai 1942, la marine américaine, commandée par l'amiral Nimitz, infligea une cinglante défaite à la flotte japonaise de l'amiral Yamamoto, à Midway, coulant quatre porte-avions en quelques heures. Deux mois plus tard, les Américains et les Australiens débarquaient à Guadalcanal et commençaient la reconquête du Pacifique sous le commandement du général américain MacArthur. Parallèlement, les Britanniques du général Slims bloquaient la route de l'Inde à l'armée japonaise et entamaient la difficile campagne de Birmanie.

Durant l'automne, le général anglais Montgomery battait Rommel à El Alamein, près de la frontière égyptienne, et commençait à le poursuivre à travers tout le désert, pour enfin faire sa jonction avec les troupes anglo-américaines qui avaient débarqué au Maroc et en Algérie, avec leur nouveau commandant, le général américain Eisenhower.

C'est en Russie, plus exactement à Stalingrad, que l'armée allemande devait connaître une défaite dont elle ne se relèverait jamais. Le général soviétique Joukov, imperturbable devant ses millions de morts, ordonna la résistance dans la ville devenue symbole, puis contre-attaqua. En janvier 1943, 100 000 Allemands, affamés et découragés, capitulèrent dans Stalingrad encerclée, ajoutant aux 2 millions de morts que l'Allemagne avait déjà perdus sur le front de l'Est. Le rouleau compresseur russe ne s'arrêta pas là et, durant le reste de la guerre, reprit tout son territoire national, avant de pénétrer en sol allemand. Churchill déclara, cette même année : « Ce n'est pas encore la fin, ce n'est même pas le commencement de la fin ; mais c'est, du moins, la fin du commencement ! »

En 1943, les Alliés, depuis l'Afrique du Nord qu'ils contrôlaient, envahirent la Sicile puis l'Italie, ce qui provoqua la chute de Mussolini et le basculement de l'Italie dans leur camp. Au même moment, les Allemands, qui avaient misé toutes leurs forces sur la bataille de Koursk dans la steppe russe, y subirent une terrible défaite et commencèrent à reculer sur tout le front. Les Finlandais, les Bulgares et les Roumains décidèrent de prendre leurs distances et d'envisager la paix avec les Russes, avant que ceux-ci ne les écrasent. Voulant s'associer à une victoire probable des Alliés, mais également sous la pression économique et politique des États-Unis, plusieurs autres pays dans le monde entrèrent en guerre contre l'Axe et certains, comme le Brésil, envoyèrent des troupes combattre en Italie.

La marche vers la victoire

Parallèlement au déroulement des combats, l'année 1943 vit aussi des grèves générales et des émeutes anti-nazies éclater dans la plupart des pays occupés, y compris en Allemagne. Elles furent durement réprimées, mais marquèrent quand même un tournant majeur en montrant que, malgré la peur, les simples gens osaient maintenant se dresser contre la tyrannie. Le régime nazi devait également composer avec le sabotage systématique de son industrie de guerre dans les pays occupés, alors que le territoire allemand subissait le bombardement presque quotidien de ses grandes villes, ce qui affectait sa production et ses réseaux de transport, tuait des milliers de gens et forçait des centaines de milliers d'autres à fuir.

En décembre 1943, Roosevelt, Churchill et Staline se réunirent pour la première fois à Téhéran, afin de partager leurs stratégies respectives et d'explorer ce que serait l'après-guerre. Les Occidentaux obtinrent même de Staline qu'il accepte le principe de Nations Unies que Roosevelt et Churchill avaient énoncé dans le traité de l'Atlantique Nord, lors d'une réunion secrète au large de Terre-Neuve, en août 1941.

En janvier 1944, l'Armée rouge libéra Leningrad, après 900 jours de siège par les Allemands ; 1 million de civils et 150 000 soldats y étaient morts de faim, de maladie et de froid. Les nazis appliquèrent dès lors une politique de la terre brûlée, qui consistait à tout détruire sur le chemin de leur retraite, afin que les soldats russes ne trouvent que mort et dévastation. La haine et les atrocités ne firent que s'accroître et, de chaque côté, on fit de moins en moins de prisonniers, car on préférait les exécutions sommaires. Contre les Allemands en déroute, les partisans russes étaient maintenant plus de 1 million; ailleurs, les mouvements de résistance armée s'étoffaient constamment, jusqu'à totaliser 300 000 combattants en Yougoslavie et environ 175 000 en France.

Pourtant, alors même que l'empire nazi rétrécissait et que les besoins militaires de l'Allemagne augmentaient, Hitler et sa clique choisirent de privilégier l'extermination des populations juives. Dans toute l'Europe encore occupée, on rafla tous les juifs qu'on put trouver et on mobilisa des trains entiers pour les conduire dans les camps d'extermination principalement situés en Pologne. Un de ces trains de la mort emporta un jour une jeune adolescente juive des Pays-Bas. Comme presque tous les membres de sa famille, Anne Frank allait mourir, mais son *Journal* resterait pour toute l'humanité un déchirant témoignage de la dignité des innocentes victimes de ce que la barbarie nazie appelait la «solution finale».

Le 5 juin 1944, Rome était libérée par les troupes alliées du général américain Clark. Mais cette victoire fut aussitôt reléguée dans l'ombre par la nouvelle d'une opération militaire alliée absolument spectaculaire.

Au matin du 6 juin 1944, le plus grand débarquement militaire de l'Histoire se produisit sur la côte normande. Il impliquait 6 000 navires, 14 000 avions, 180 000 hommes avec 200 000 autres en renfort, 20 000 véhicules de tous genres, un pipeline de caoutchouc sous la Manche, 2 ports artificiels Mulberries hâlés vers les plages. Les Alliés avaient bien fait les choses, largement grâce aux leçons apprises lors du raid sur Dieppe en août 1942 où près de 3 000 Canadiens furent sacrifiés. Ils étaient prêts. Depuis les plages du débarquement, les Américains, les Anglais et les Canadiens progressèrent peu à peu en France. Le 25 août 1944, Paris était libérée.

Pourtant, les Allemands n'étaient pas encore battus. Autant ils avaient été remarquables dans l'offensive, autant ils se révélèrent des maîtres dans la guerre défensive. Ainsi, le maréchal allemand Kesselring bloquera les Alliés dans le nord de Italie jusqu'à la capitulation finale. Même la campagne de Normandie s'avéra sanglante et, à l'automne, une opération terrestre et aéroportée dans les Pays-Bas occupés fut un désastre. Déjà, les premières fusées V1, puis V2, avaient commencé à s'abattre sur l'Angleterre, semant de nouveau la mort et la terreur. Mais, au bout du compte, l'armée hitlérienne été désormais mortellement blessée et ne pouvait que retarder son inévitable anéantissement.

L'ÉCRASEMENT DE LA TYRANNIE

Le 20 juillet 1944, Hitler échappa par miracle à une bombe, placée à son état-major par le colonel von Stauffenberg, âme d'un complot de militaires de haut rang qui souhaitaient éliminer le Führer pour négocier la paix. La vengeance fut terrible, des milliers d'opposants furent exécutés ou, comme Rommel, invités à se suicider. Les autres clamèrent leur loyauté au régime et retournèrent au combat avec acharnement.

En août 1944, la capitale polonaise, Varsovie, se souleva. Pendant trois semaines, les insurgés se battirent désespérément, alors que l'Armée rouge, pourtant à portée de canon, refusait d'intervenir. Par choix politique, les Russes préférèrent laisser tuer d'éventuels opposants au régime communiste qu'ils prévoyaient installer après la guerre. Quand la ville capitula, les Soviétiques reprirent l'offensive. Ils pénétrèrent aussi dans les Balkans, où ils installèrent, de force, des gouvernements fantoches, sauf en Grèce où les Anglais avaient débarqué et où commença une sanglante guerre civile entre monarchistes et communistes. En Yougoslavie, Tito et ses partisans reprirent Belgrade, se donnant ainsi une crédibilité nationale et internationale qui permettrait plus tard aux communistes yougoslaves de bénéficier d'une relative autonomie par rapport aux ordres de Moscou.

Pendant l'automne 1944, les Anglo-Canadiens libérèrent la Belgique et une partie des Pays-Bas, tandis que les Américains se préparaient à entrer en Allemagne. Dans un sursaut désespéré, les Allemands jetèrent toutes leurs forces dans la gigantesque contre-offensive des Ardennes de décembre 1944. Profitant du mauvais temps qui immobilisait au sol l'aviation alliée, ils bousculèrent les lignes alliées. C'était pourtant trop peu et trop tard. Après quelques jours de flottement, le général américain

Patton parvint à repousser complètement les troupes allemandes, leur infligeant des pertes épouvantables. Désespérés et épuisés, les Allemands se rendaient désormais par dizaines de milliers, tandis que le gouvernement nazi était maintenant contraint d'envoyer sur le front des enfants de 15 ans.

À l'autre bout du monde, dans le Pacifique, les Japonais reculaient également sur tous les fronts en cette fin d'année 1944. Les Philippines avaient été reprises, comme la Birmanie et une partie de la Chine. Les Américains progressaient d'île en île et, bientôt, leurs avions commencèrent à bombarder systématiquement les villes nippones, totalement vulnérables aux bombes incendiaires puisqu'elles étaient surtout construites en bois. Toutefois, à mesure que les combats se rapprochaient du Japon, la résistance devenait de plus en plus acharnée et les pertes augmentaient dramatiquement de part et d'autre. Ainsi, la prise de la grande île d'Okinawa, au printemps 1945, fit 149 000 victimes américaines, tuées ou blessées, et plus d'un demi-million de victimes japonaises. Or, les Japonais disposaient encore de millions de soldats prêts à se sacrifier pour leur empereur, comme les «kamikazes», ces pilotes-suicide qui écrasaient leur avion sur les grands navires américains. N'ayant jamais connu la défaite dans toute l'histoire de leur pays, les généraux nippons n'envisageaient même pas l'hypothèse d'une reddition.

En février 1945, l'Allemagne était en ruine et ses villes, anéanties les unes après les autres, comme Hambourg (130 000 morts) et Dresde (135 000 morts). Les Russes avaient libéré Auschwitz et d'autres camps de la mort, de sorte que l'horreur éclata au grand jour. Ce même mois de février, Roosevelt, Churchill et Staline se rencontrèrent pour la seconde fois, à Yalta. Le président américain, alors gravement malade, se laissa subjuguer par Staline à qui il accorda tout contre la promesse de participer aux Nations Unies et, surtout, contre l'engagement de déclarer la guerre au Japon, trois mois après la fin des combats en Europe. Roosevelt rentra ensuite en Amérique, où il mourut, le 12 avril 1945, pleuré par le peuple entier.

C'était pourtant bien la fin de l'Allemagne nazie. Trahi par la plupart de ses lieutenants, Hitler vivait désormais dans un bunker souterrain, alors que la bataille de Berlin se livrait juste au-dessus de sa tête, entre Russes et Allemands. Le 30 avril 1945, comprenant enfin que tout était terminé, il épousa sa maîtresse Eva Braun, dicta son testament politique dans lequel il tenait les juifs responsables de la guerre, puis se suicida. La veille, Mussolini avait été fusillé par des partisans communistes en Italie du Nord. Le 8 mai 1945, les Allemands capitulaient sans condition. Le cauchemar nazi était terminé.

Restait le Japon, où les généraux défendaient un suicide collectif de la nation plutôt que l'humiliation d'une reddition. Les Alliés savaient maintenant qu'il leur faudrait encore sacrifier des millions de vies et des années de combats pour faire plier l'empire nippon... à moins que...

Le 6 août 1945, le bombardier Enola Gay largua une curieuse bombe surnommée «Little Boy» sur la ville d'Hiroshima. En un instant, moururent 100 000 personnes, mais les autorités japonaises refusaient encore de se rendre. Le 8 août, conformément aux engagements pris à Yalta, Staline déclara la guerre au Japon. Les Américains n'avaient plus qu'une seule bombe atomique, «Fat Man», qu'ils lancèrent finalement sur Nagasaki, le 9 août. Cette fois, l'empereur Hirohito lui-même ordonna que cessent les combats, malgré la résistance de plusieurs généraux qui tentèrent, sans succès, un coup d'État.

Le 15 août, le Japon capitula, ce qui mettait fin, définitivement, à la Seconde Guerre mondiale.

BILAN D'UNE GUERRE

Cinquante-cinq millions de morts; les autres chiffres sont inutiles.

En novembre 1945, s'ouvrit à Nuremberg le procès des dirigeants nazis. Pour la première fois dans l'histoire, on utilisa l'accusation de crime contre l'humanité. Mais Hitler était déjà mort et la majorité de ses principaux complices avaient également préféré le suicide ou la fuite en Amérique du Sud. Ceux qui restaient, dont le coloré mais sinistre maréchal Hermann Goering, se contentèrent de dire qu'ils n'avaient rien su des atrocités, ou qu'ils n'avaient qu'obéi aux ordres du Führer, seul vrai responsable. La cour internationale prononça quelques peines de mort, des emprisonnements à vie, mais le cœur n'y était plus.

L'Amérique et l'URSS émergeaient comme les deux grands vainqueurs et l'alliance d'hier commençait déjà à se transformer en une guerre froide qui allait durer plus de 40 ans.

Mais cela, c'était déjà une autre histoire.

Citius, altius, fortius

Le siècle de l'olympisme

Plus vite, plus haut, plus fort! Telle est la devise qui traduit l'esprit olympien, cette fête du sport qui, tous les quatre ans, «... convie la jeunesse du monde entier à s'assembler pour rivaliser amicalement dans des compétitions athlétiques, pour la plus grande gloire de la grande famille humaine...». Bien sûr, l'idéal un peu utopique imaginé par le baron Pierre de Coubertin a perdu passablement de panache en un siècle, mais il continue pourtant d'être une source d'inspiration durable pour tous les peuples du monde.

LES MODÈLES ANTIQUES ET LES ORIGINES

Près de 1 000 ans avant notre ère, les Cités-États de la Grèce antique avaient accepté de conclure, tous les quatre ans, une trêve dans leurs guerres constantes, afin de s'affronter plutôt pacifiquement dans des épreuves athlétiques dédiées au grand dieu Zeus et tenues au pied du mont Olympe. Selon la légende, l'idée en avait été proposée par le demi-dieu Héraclès qui souhaitait ainsi rendre hommage à la parfaite combinaison d'un esprit sain dans un corps sain. Ces Jeux devinrent sacrés au point que le temps était désormais calculé en termes d'Olympiades.

Quelques siècles plus tard apparurent également les Jeux de la déesse Héra, réservés aux femmes, mais qui ne connurent qu'un rayonnement assez limité.

Quand, au troisième siècle avant l'ère chrétienne, la civilisation grecque s'effondra devant la puissance romaine, les Jeux olympiques perdirent leur caractère sacré, pour s'assimiler progressivement à des compétitions sportives périodiques. Signalons toutefois que la dimension politique y tenait un rôle important, puisque des athlètes représentant diverses provinces orientales de l'Empire romain y avaient l'occasion de défier, voire d'humilier la toute-puissante Rome. Mais, en l'an 393, l'évêque Ambroise de Milan convainquit l'empereur latin Théodose que ces jeux n'étaient que l'inacceptable survivance d'anciens rites païens que l'Église chrétienne ne pouvait tolérer. Après plus de 12 siècles d'existence, les Jeux olympiques furent brusquement abolis par décret impérial, puis sombrèrent peu à peu dans l'oubli.

Plusieurs siècles s'écoulèrent. Puis, en 1889, le gouvernement français confia à un éducateur renommé, le baron Pierre de Coubertin (1863-1937), le mandat d'étudier la condition physique des Français et de dégager les méthodes pouvant favoriser une amélioration du mieux-être général. Pendant trois ans, Coubertin observa ce qui se faisait dans d'autres pays, et interrogea de nombreux spécialistes de la santé physique et mentale, mais aussi des domaines éducatif, religieux et philosophique. Enfin, en 1892, il proposa officiellement l'organisation régulière de compétitions sportives internationales, susceptibles de favoriser l'émulation et de rapprocher les peuples.

L'idée fit lentement son chemin et, le 23 juin 1894, lors d'une conférence internationale à Paris, son programme de Jeux internationaux, calqués sur les Jeux olympiques antiques, fut adopté avec enthousiasme par les 14 pays présents. On créa même aussitôt un Comité international olympique (CIO), présidé par le Grec Démétrios Vikélas ; Coubertin en était le secrétaire général, spécifiquement chargé de l'organisation concrète des Jeux olympiques modernes.

Le premier règlement de la Chartre olympique déclarait que «... des athlètes du monde entier s'affronteront dans de nombreuses disciplines, quelle que soit leur race, leur couleur, leur croyance, leur classe sociale... sans la moindre récompense financière». Toutefois, seul Coubertin lui-même semblait vraiment croire à cet idéalisme, du moins quant à la couleur de la peau. La Grèce, berceau historique de l'olympisme, souhaitait recevoir les Jeux de façon permanente, mais il fut plutôt décidé qu'ils se déplaceraient chaque fois dans un nouveau pays. En consolation, Athènes se vit attribuer les premiers Jeux et, depuis, son drapeau précède toujours ceux des autres pays aux cérémonies d'ouverture.

L'accueil populaire au projet fut enthousiaste. Des campagnes de souscription donnèrent d'excellents résultats et un millionnaire grec, Georgeos Averoff, finança la construction d'un stade de marbre blanc comptant 50 000 places.

LES PREMIERS JEUX

Se rendre en Grèce, à l'époque, n'était pas à la portée de toutes les bourses et les gouvernements n'offraient guère de financement. En conséquence, la plupart des participants étrangers étaient des membres de diverses ambassades à Athènes, ou encore des voyageurs et des étudiants se trouvant déjà dans la région. Un candidat anonyme marcha même, pendant plusieurs mois, de Milan à Athènes, afin d'y représenter l'Italie. Il ne fut, hélas, pas accrédité et ne put participer aux compétitions. L'histoire ne dit malheureusement pas s'il regagna son pays à pied.

Le 6 avril 1896, Pierre de Coubertin, devenu président du CIO, inaugura, avec le roi Georges Ier de Grèce, les Jeux de la Ire Olympiade où 311 athlètes, dont 230 Grecs, tous masculins, s'affrontèrent dans 43 épreuves, pour la gloire du sport et, bien sûr, des 12 pays qu'ils représentaient. Une bonne part des compétition furent remportées par des Américains, dont le 100 mètres, couru en 12 secondes par un certain Thomas Burke. Mais le marathon, l'épreuve la plus spectaculaire, qui reprenait le parcours exact fait en 490 avant J.-C. par un soldat athénien portant à son peuple la nouvelle d'une grande victoire militaire, marqua la victoire du berger grec Spiridon Louys.

À l'époque, il n'y avait que deux récompenses par épreuve, soit une médaille d'argent et un couronne d'olivier pour le gagnant, une médaille de bronze et une couronne de laurier pour le second. La première médaille de l'histoire moderne fut accordée à l'Américain James Connolly, vainqueur au triple saut.

Quatre ans plus tard, en 1900, les Jeux de la IIe Olympiade se tinrent à Paris, dans le cadre de l'Exposition universelle, et s'appelèrent les «Championnats du Monde amateurs», une précision qui voulait justifier l'obligation pour les participants de pratiquer le sport par plaisir et non par profession. Beaucoup moins improvisés et beaucoup plus imposants que ceux d'Athènes, les Jeux de Paris accueillirent 1066 athlètes de 20 pays différents, ainsi que 6 femmes autorisée à s'affronter dans des épreuves hors compétition en tennis et en tir à l'arc.

Au programme officiel, on trouvait l'athlétisme (dont la lutte à la corde), la natation (dont le 60 mètres sous l'eau), le tir (dont le tir au pigeon vivant), l'haltérophilie (dont la levée répétée à une main), ainsi que la gymnastique, la voile, l'aviron, l'escrime, le tir à l'arc, le cyclisme, les sports équestres, le tennis et le football. Il y avait désormais trois médailles par épreuve.

Les États-Unis dominèrent avec une récolte de 42 médailles dont 39 en athlétisme. La grande vedette fut l'Américain Alvin Krainzlein qui remporta quatre fois l'or. Le 100 mètres, couru en 11 secondes, couronna Francis Jarvis, un autre Américain. Mais l'épreuve-reine, le marathon, revint au Français Michel Théato, en 2 heures 59 minutes 45 secondes.

LA TRADITION S'INSTALLE

En 1904, les Jeux se transportèrent en Amérique, à Saint-Louis au Missouri, dans le cadre de l'Exposition universelle. Mais ils étaient noyés parmi d'autres événements et présentés de façon discontinue entre les mois de juillet et de septembre. À peine 496 athlètes masculins s'y mesurèrent, représentant seulement 11 pays. Incluant des épreuves comme le saut du tonneau percé, ces jeux tenaient plutôt du cirque et vinrent bien près de tuer l'olympisme. Les Américains dominèrent outrageusement, avec leur vedette Archie Hahn qui récolta 3 médailles en athlétisme, suivis par les Allemands et les Anglais. Étienne Desmarteaux, un policier de Montréal, récolta l'or au lancer du poids.

En 1908, Londres accueillit les Jeux de la IVe Olympiade, avec plus de 2 000 athlètes représentant 22 pays, dont une douzaine de femmes pour des épreuves hors concours. Le Japon fut le premier pays non blanc à y participer, tandis qu'Anglais et Américains s'y partageaient les médailles. Le grand moment fut l'arrivée du marathon dans un stade bondé et survolté : émus de voir tituber le premier arrivant, l'Italien Dorando Pietri, plusieurs spectateurs sautèrent sur la piste pour l'aider à franchir le fil d'arrivée, et entraînèrent sa disqualification. Le parcours traditionnel de 42 kilomètres avait été porté à 42,195 kilomètres, pour se terminer juste devant la loge royale. Il gardera désormais cette longueur.

Stockholm prit la relève en 1912. Ce furent les Jeux du romantisme et du premier véritable scandale. En plus des compétitions sportives proposées aux 2 541 athlètes de 28 pays, on introduisit 5 concours d'art célébrant l'esprit sportif. Au concours littéraire, la médaille d'or revint à l'auteur de *l'Ode au sport*, un certain Pierre de Coubertin ! Sur les pistes, pour la première fois, quelques épreuves étaient officiellement ouvertes aux athlètes féminines. Dans la course aux médailles, devenue de plus en plus une affaire de prestige national, ce furent encore une fois les Américains qui dominèrent, talonnés par les Scandinaves, dont le remarquable coureur de fond Kalehmainen de Finlande, précurseur d'une exceptionnelle et longue domination de ce petit pays dans les longues courses.

La grande vedette fut le jeune Américain d'origine amérindienne Jim Thorpe, qui enthousiasma les foules en remportant, pour l'unique fois dans l'histoire olympique, les médailles d'or du décathlon et du pentathlon. Mais, peu après les Jeux, quand un journal à scandales révéla que le jeune homme avait déjà reçu quelques dollars pour jouer au base-ball durant l'été 1909, toutes ses médailles lui furent retirées et tous ses records effacés, sous prétexte qu'il n'était pas un amateur. Thorpe ne fut réhabilité qu'en 1983, près de 30 ans après sa mort.

C'est également à Stockholm que Berlin fut choisie pour accueillir les Jeux de 1916. La guerre en empêcha la tenue, même si le calendrier olympique a conservé la VIe Olympiade. La même chose devait d'ailleurs se reproduire pour les Jeux prévus à Rome en 1940 et à Tokyo en 1944. C'est durant la

Première Guerre mondiale, en 1915, que le CIO installa son siège permanent à Lausanne en Suisse.

L'ENTRE-DEUX-GUERRES ET LES PREMIERS JEUX D'HIVER

Encore meurtrie par la guerre, la Belgique accepta pourtant d'accueillir les Jeux de la VIIe Olympiade en 1920, à Anvers. Pour la première fois, le serment olympique fut prêté à haute voix par l'escrimeur belge Victor Boin et on hissa le drapeau créé personnellement par Pierre de Coubertin, avec les cinq anneaux de couleur représentant les cinq continents. Les Russes, en pleine guerre civile, ne participèrent pas aux Jeux, dont ils furent d'ailleurs absents jusqu'en 1952. Les Allemands, les Autrichiens, les Hongrois, les Bulgares et les Turcs, vaincus dans la guerre, n'y furent même pas invités. Les Américains dominèrent largement mais la grande vedette fut le remarquable coureur de fond finlandais Paovo Nurmi, un des plus grands athlètes de l'histoire.

Depuis le début des années 1910, plusieurs pays nordiques avaient commencé à réclamer la tenue de Jeux célébrant les sports d'hiver. Ce à quoi résistait le CIO, sous prétexte que l'esprit universel de l'olympisme n'était pas compatible avec un type de compétitions dont seraient exclues plusieurs nations au climat tropical. Sur le fond, cette position était effectivement très défendable, mais, dans les faits, la quasi-totalité des pays d'Afrique, d'Asie ou des Antilles ne participaient déjà pas à des Jeux qui ressemblaient encore étrangement à une fête pour l'Homme blanc.

Sous la pression toutefois, le CIO consentit à un essai peu engageant et laissa s'organiser en 1921 une «semaine internationale des sports d'hiver» dont le succès amena, en janvier 1924, la tenue des premiers Jeux olympiques d'hiver, à Chamonix, en France. Quelque 258 athlètes de 16 pays y participèrent, et y fut consacré le triomphe scandinave, particulièrement celui des Norvégiens et de leur champion skieur Thorleif Hang, qui rafla 4 médailles.

Six mois plus tard, Paris accueillait une nouvelle fois les Jeux olympiques. La machine des Jeux étaient maintenant bien huilée et Pierre de Coubertin en était à sa dernière année au poste de président du CIO, car il avait convenu de céder sa place au Belge Henri de Baillet-Latour. Les 3 000 athlètes présents participèrent aux compétitions sous une chaleur caniculaire qui aggrava l'étrange agressivité manifestée par le public. Cette fois encore, les Américains dominèrent les Jeux, surtout grâce au splendide nageur Johnny Weissmuller, futur Tarzan du cinéma. Pour la première fois, le 100 mètres fut remporté par un Européen, l'Anglais Harold Abraham, en 10,6 secondes. Mais l'idole de tous fut, encore une fois, Paovo Nurmi et ses cinq médailles d'or. Le Canada, qui brilla en aviron et dans la discipline du canoë-kayak, récolta sept médailles.

Les Jeux de la IXe Olympiade devaient se dérouler à Amsterdam, en 1928. Mais, pour les Jeux d'hiver, les Pays-Bas ne disposaient d'aucune montagne susceptible de permettre la tenue des compétitions de ski. Il fut donc convenu que, désormais, l'attribution des jeux d'été et d'hiver d'une même olympiade se ferait séparément. Saint-Moritz, en Suisse, accepta donc de présenter les seconds Jeux d'hiver, lesquels suscitèrent finalement un intérêt mitigé mais permirent de découvrir l'adorable Sonja Henie, la petite Norvégienne de 15 ans qui donna ses premières lettres de noblesse au patinage artistique.

L'été suivant, la grande nouveauté des Jeux d'Amsterdam fut l'ouverture de presque toutes les épreuves aux femmes, lesquelles brillèrent particulièrement en athlétisme. Ainsi, le 100 mètres féminin fut couru en 12,2 secondes par une athlète américaine, tandis que le 100 mètres masculin était remporté en 10,8 secondes par le Canadien Percy Williams qui gagna aussi le 200 mètres. Comme à l'habitude, les Américains dominèrent la plupart des compétitions. Mais la foule n'en avait que pour le grand Paovo Nurmi, encore éblouissant à ce qui serait ses derniers Jeux. Plus discrète, une première fut réalisée au marathon, avec la victoire du Français d'origine algérienne El Ouafi, qui démontra le potentiel remarquable du continent africain pour l'avenir des Jeux. Enfin, pour la première fois, une flamme apportée d'Olympie vint briller au-dessus des stades.

Les Jeux d'hiver de 1932 se déroulèrent aux États-Unis, à Lake Placid, sur fond de crise économique mondiale. Seulement

17 pays purent envoyer des athlètes et l'absence de compétition véritable permit une domination américaine, malgré les efforts de la poignée de Norvégiens présents.

Les Jeux de la Xe Olympiade, toujours en 1932, ne furent pas la grande fête qu'on aurait voulu. Comme l'hiver précédent, plusieurs pays n'avaient tout simplement pas les moyens d'envoyer des athlètes à Los Angeles. L'Amérique en profita pour mettre en scène une sorte de cirque médiatique terriblement chauvin, laissant bien peu de place aux performances des athlètes étrangers. Les seules surprises de ces jeux vinrent de l'étonnante domination du Japon dans les épreuves de natation et l'émergence, en athlétisme, de certains athlètes noirs appelés à marquer considérablement cette épreuve dans les années à venir.

En 1936, la XIe Olympiade allait constituer un moment clé du mouvement olympique et, en un sens, de tout le XXe siècle. Cette fois, les Jeux d'hiver et d'été se tenaient en Allemagne, désormais dirigée par Adolph Hitler. Or, le gouvernement nazi souhaitait faire de ces Olympiques une tribune mondiale exaltant la suprématie raciale du peuple allemand et la supériorité morale de leur idéologie politique. Les Jeux d'hiver, tenus à Garmisch-Partenkirchen, dominés par les Allemands et les Norvégiens, apparurent comme une assez terne répétition pour les Jeux d'été, prévus à Berlin.

Ceux-ci furent indéniablement les plus politisés de l'histoire. Les symboles nazis étaient omniprésents, tandis que les athlètes étrangers d'origine juive et ceux de race noire subissaient des vexations et des humiliations nombreuses. Le CIO refusa pourtant d'intervenir et plusieurs délégations choisirent même de défiler devant la tribune d'honneur en faisant le salut hitlérien. Enfin, la controversée cinéaste allemande Leni Riefenstahl réalisa, sur commande personnelle d'Hitler, un film documentaire intitulé *Les Dieux du stade,* qui s'avéra un chef-d'œuvre sur le plan technique mais une gênante apologie de l'idéal nazi.

Les Allemands dominèrent largement ces Jeux, mais deux éléments tout à fait différents allaient prendre un aspect symbolique exceptionnel. D'abord, Spiridon Louyis, le vainqueur du marathon des premiers Jeux à Athènes en 1896, maintenant un vieil homme, vint remettre à Hitler une branche d'olivier prise à Olympie, en signe de cette paix mondiale que le Führer s'engagea à préserver. Ensuite, les athlètes allemands furent presque tous battus sur pistes par les exceptionnels coureurs noirs américains, menés par le remarquable Jesse Owens et ses quatre médailles d'or. Hitler préféra quitter la tribune plutôt que d'avoir à serrer la main d'un Nègre. Des années plus tard, Owens refusa de commenter l'évènement en disant simplement : « Lui est mort et je suis toujours là ; il n'y a rien d'autre à ajouter. »

Douze années et une guerre mondiale allaient passer avant qu'il y ait de nouveaux Jeux.

UN MONDE NOUVEAU AVEC DE NOUVEAUX DÉFIS

Quand la Seconde Guerre mondiale s'acheva, en 1945, le monde avait terriblement changé. L'Europe se relevait difficilement, tandis que les États-Unis et l'Union Soviétique émergeaient comme deux super-puissances rivales qui allaient passer les 40 années suivantes à se défier et à s'opposer sur toutes les scènes du globe. Enfin, la majorité des anciennes colonies d'Afrique et d'Asie commençaient à réclamer et à obtenir une indépendance politique qui n'avait que trop tardé.

Au CIO aussi, les choses avaient changé. Pierre de Coubertin était mort en 1937, demandant que son cœur soit enterré dans un boisé d'Olympie. Son épitaphe rappelait ce qu'il avait dit à Londres en 1908 : « Ce n'est pas la victoire mais la lutte qui est importante. L'essentiel n'est pas d'avoir gagné mais de s'être bien battu. » Puis, en 1942, son successeur à la présidence du mouvement olympique, le comte de Baillet-Latour, mourut également. Comme la guerre avait interrompu toute activité réelle de l'olympisme, il fallut attendre 1946 avant que soit nommé un nouveau président, le Suédois Sigfried Edström. Son mandat, comme celui de son successeur, l'Américain Avery Brundage, serait de diriger le CIO entre les écueils politiques de l'affrontement Est-Ouest et d'accueillir les nouvelles nations dans la grande famille olympienne qui les avait indéniablement ignorées jusqu'à ce moment.

À la fin de 1946, un neurologue anglais, le docteur Ludwig Guttman, cherchait une manière d'améliorer la condition physique et mentale de ses patients, tous d'anciens soldats que la guerre avait rendus paraplégiques. S'inspirant de la tenue des futurs Jeux d'été à Londres, il eut l'idée de créer des compétitions parallèles adaptées aux personnes confinées à un fauteuil roulant. Le projet s'avéra une exceptionnelle source de motivation et même une remarquable occasion de favoriser la réinsertion sociale des personnes handicapées. Bien qu'en harmonie totale avec l'idéal olympien, les Jeux paralympiques ne furent réellement reconnus par le CIO qu'en 1960. Aux Jeux de Sidney en 2000, plus de 4000 athlètes handicapés, provenant de 125 pays différents, compétitionnèrent sportivement «... pour la plus grande gloire de la famille humaine».

En février 1948, les Jeux de la XIVe Olympiade revinrent, dans leur version hivernale, à Saint-Moritz en Suisse. Ce furent des cérémonies modestes, ainsi que des compétitions sans éclat, d'où étaient exclus les Allemands et les Japonais. Dans un contexte d'après-guerre difficile et malgré les spectaculaires skieurs de fond finlandais, ils apparaissent surtout comme une sorte de répétition générale avant les grandes retrouvailles olympiques de l'été suivant. Quelques mois plus tard, à Londres, les Jeux d'été furent outrageusement dominés par des Américains pleins d'arrogance, qui profitaient totalement de l'absence de leurs rivaux soviétiques. Mais les performances les plus mémorables furent celles d'une ménagère hollandaise, Fannie Blankers-Koen, qui enleva quatre médailles d'or en athlétisme, ainsi que celles d'un exceptionnel coureur de fond tchécoslovaque, Emil Zatopek, qui arracha le 10 000 mètres puis le 5 000 mètres devant une foule en liesse et qui devint une légende olympique comme l'avait été Paovo Nurmi.

En 1952, Oslo, en Norvège, présenta des Jeux d'hiver sans éclat et dominés par les Scandinaves, dans une atmosphère lugubre de méfiance et d'incompréhension entre représentants des deux grands blocs politiques du monde. Au cours de l'été, Helsinki en Finlande marqua l'entrée des Soviétiques dans la famille olympique. Malgré l'image émouvante de Paovo Nurmi allumant la flamme olympique, toutes les compétitions semblèrent se résumer à un grand affrontement entre l'Est et l'Ouest, sur fond de guerre froide. Au chapitre des médailles, les Américains l'emportèrent de peu devant les Soviétiques, mais la grande vedette fut de nouveau Emil Zatopek, qui rafla trois médailles d'or, dont celle du marathon. La scène la plus cocasse des Jeux fut, sans conteste, le moment où le vieux père du nageur français Boiteux sauta tout habillé dans la piscine, béret sur la tête, pour congratuler son fils, vainqueur en natation.

La petite ville italienne de Cortina d'Ampezzo présenta les jeux hivernaux en 1956, plus chaleureux sur le plan humain que les précédents. Les Soviétiques dominèrent largement, malgré une éblouissante performance individuelle du jeune skieur autrichien Toni Sailer, qui gagna trois médailles d'or. Enfin de retour au mouvement olympique, les Allemands, politiquement séparés en États rivaux, furent contraints de compétionner en une même équipe bien peu unie.

Cette même année, la XVIe Olympiade se déroula sur le plus lointain des continents, plus précisément à Melbourne en Australie. Les Australiens avaient bien fait les choses et, malgré l'étrangeté de tenir des Jeux d'été au mois de décembre, l'organisation fut une impeccable réussite. Mais les compétitions ne pouvaient que traduire les tensions politiques mondiales, à ce moment fort vives. Comme à Helsinki, la lutte se faisait entre Soviétiques et Américains, chacun essayant de promouvoir son idéologie politique à coup de médailles. Cette fois pourtant, la suprématie américaine fut clairement battue, pour la première fois dans l'histoire des Jeux modernes, les Russes récoltant une trentaine de médailles de plus que leurs rivaux américains et 80 de plus que les Australiens, bons troisièmes. Selon les épreuves, le clivage apparaissait encore plus clairement, avec les Américains dominant l'athlétisme, les Australiens la natation et les Soviétiques tout le reste. Aucun athlète ne se détacha comme la grande vedette des Jeux, sinon le Français Alain Mimoun, dont la victoire au marathon ressemblait plutôt au triste chant du cygne d'Emil Zatopek, qui termina sixième.

DE L'ÉTÉ ROMAIN AUX TERRORISTES DE MUNICH

Les Jeux d'hiver de 1960 eurent lieu aux États-Unis, dans le cadre magnifique de Squaw Valley, et furent moins marqués par les affrontements politiques que par de fétides relents de mainmise financière et de corruption. L'octroi de ces Jeux avait beaucoup ressemblé à un cadeau personnel fait par le CIO au millionnaire américain Alec Cushing, propriétaire du site choisi et généreux donateur de subsides individuels. Cushing entendait régenter ces Jeux à sa convenance et quand il choisit de ne pas construire une piste de bobsleigh qu'il jugeait trop onéreuse, le Comité olympique annula tout simplement ce type de compétition. Outre les exploits du skieur français Vuarnet, seule l'étonnante victoire de l'équipe américaine de hockey sur glace sur les Soviétiques anima un peu les épreuves tenues.

Aidés par un dégel relatif de la guerre froide et sans doute adoucis par la joie de vivre italienne, les Jeux de la XVIIe Olympiade s'ouvrirent à Rome, pendant l'été de 1960, dans un climat général fort serein. Ils furent marqués par l'éveil du sport africain. Le monde entier applaudit les coureurs de fond du Kenya et de l'Éthiopie, particulièrement le vainqueur du marathon, l'Éthiopien Abebe Bikila qui courait pieds nus. Bien qu'Américaine, la sprinteuse noire Wilma Rudolph enthousiasma les foules en raflant trois médailles d'or. En boxe, chez les poids lourds, un autre Noir américain impressionna malgré ses 18 ans : il s'appelait Cassius Clay. Si les Australiens continuaient de dominer toutes les épreuves de natation, ce furent les Soviétiques qui sortirent gagnants de ces Jeux, écrasant les Américains également battus par les surprenants Allemands de l'Est.

En 1964, les Jeux d'hiver d'Innsbruck en Autriche marquèrent l'arrivée du support technologique de pointe, cadeau de la firme américaine IBM. Mais la nouveauté qui allait avoir l'influence la plus phénoménale sur l'avenir du mouvement olympique fut incontestablement l'achat des droits de retransmission des Jeux par le réseau national américain de télévision, pour la somme de un million de dollars. Les téléspectateurs durent toutefois se contenter de regarder les Soviétiques dominer presque toutes les compétitions. Ce furent cependant les skieurs français qui marquèrent clairement la décennie. Après Vuarnet, à Squaw Valley en 1960, les sœurs Geitschel se partagèrent les podiums d'Innsbruck en 1964 et, finalement, Jean-Claude Killy s'offrit la triple couronne à Grenoble en 1968. Ici également, les Soviétiques commencèrent à maîtriser les Jeux, particulièrement en patinage artistique et en hockey sur glace.

En octobre 1964, l'Asie, à son tour, accueillait la famille olympique pour les Jeux de Tokyo. Placée sous le signe de la rigueur et du sérieux japonais, la XVIIIe Olympiade fut libérée de presque tout affrontement politique, mais manquait hélas aussi de chaleur et de spontanéité. Au tableau des médailles, les Américains reprirent légèrement la tête du palmarès, devant les Soviétiques. Encore une fois, l'Éthiopien Abebe Bikila remporta le marathon et les athlètes africains continuèrent d'impressionner. Pourtant, les Jeux de Tokyo laissaient un peu l'impression du calme avant la tempête… laquelle surviendra à Mexico.

Les Jeux d'hiver de Grenoble virent essentiellement la domination, en ski alpin, du prodigieux Jean-Claude Killy de France, qui rafla l'or trois fois. Pour le reste, ils se limitèrent à un duel entre les Soviétiques et les Norvégiens. Le contexte général allait être totalement différent quelques mois plus tard à Mexico.

L'année 1968 fut celle de tous les dangers. Les États-Unis, embourbés au Vietnam, étaient contestés partout, alors que les Soviétiques avaient perdu leur crédit moral en envahissant la petite Tchécoslovaquie. La Chine communiste était toujours absente des Jeux à cause du refus obstiné des Américains d'en reconnaître le gouvernement. La contestation étudiante était à son comble en Europe comme en Amérique et même le Mexique, hôte des Jeux, était en proie à l'instabilité politique et sociale. C'est dans cette atmosphère survoltée que la contestation gagna également les Jeux : l'athlète noir américain Tommy Smith, vainqueur du 200 mètres, se déchaussa sur le podium et, pendant que jouait l'hymne national, baissa la tête et dressa un poing ganté de noir en signe de colère et de mépris face au racisme dont les siens étaient victimes en Amérique. Dans les jours suivants, une demi-douzaine d'athlètes afro-américains imitèrent son geste, humiliant les États-Unis à la face du monde.

À ces Jeux de Mexico, les athlètes noirs dominèrent d'ailleurs partout et brisèrent de nombreux records. La finale du 100 mètres, remportée par l'Américain Jim Hines en 9,99 secondes, ne comptait que des Noirs. Les Kenyans Kitchoge Keino et Naphtali Temu partagèrent les honneurs des courses de fond avec les Éthiopiens. L'Américain Bob Beamon fracassa la marque du saut en longueur qui passa subitement de 8,07 mètres à 8,90 mètres. Il est probable que l'altitude élevée de Mexico ait favorisé l'atteinte de nouveaux records, mais c'est ailleurs qu'il faut, par contre, chercher l'explication à la surprenante montée des nageurs et surtout des nageuses est-allemandes. Un nouveau danger à parfum de scandale pour l'olympisme commença vraiment à poindre à Mexico. Le problème du dopage était appelé à un bel avenir.

Les Jeux d'hiver de 1972, à Sapporo au Japon, soulevèrent, pour le mouvement olympique, un autre problème de crédibilité que, une fois de plus, le CIO ne jugea pas pertinent de régler. Feignant d'ignorer que la complète prise en charge par l'État des athlètes soviétiques et de ceux de nombreux autres pays de l'Est rendait non seulement absurde mais profondément injuste le maintien de la fiction d'«amateurisme», le Comité olympique ne trouva rien de mieux que de suspendre, juste avant la compétition, l'Autrichien Karl Schranz, favori pour remporter les épreuves de ski. Le scandale n'était pas sans rappeler l'affaire Jim Thorpe, en 1912, mais rien ne paraissait pouvoir ébranler les convictions du vieillissant et très conservateur président du mouvement olympique, Avery Brundage.

Avec l'organisation des Jeux de la XXe Olympiade à Munich, les Allemands voulaient faire oublier le désastreux souvenir de Berlin. Mais 1972 vit plutôt le terrorisme international venir ensanglanter l'olympisme. En plein milieu des Jeux, un commando palestinien accéda aux sites pendant la nuit et enleva l'équipe israélienne d'haltérophilie, tuant 11 athlètes et entraîneurs. Le groupe terroriste «Septembre Noir» réclamait la libération de plusieurs détenus en Israël et ailleurs dans le monde, menaçant d'exécuter tous ses otages. Le ministre allemand de l'Intérieur se livra personnellement à eux et négocia la libération des Israéliens en échange d'un sauf-conduit vers un pays étranger, ainsi qu'une probable rançon en argent. La crise se dénoua finalement, mais l'atmosphère avait entièrement changé, tandis que le drapeau olympique restait en berne et que les compétitions reprenaient.

Pourtant, sur le plan sportif, Munich fut spectaculaire. L'exceptionnel nageur américain Mark Spitz rafla sept médailles en piscine, la ravissante Russe Olga Korbut éblouit le monde en gymnastique pendant que son colossal compatriote Alexiev brisait tous les records en haltérophilie et que les coureurs du Kenya dominaient les pistes. Plus gênant toutefois, les nageuses est-allemandes, aux statures de lutteuses, abaissèrent de façon spectaculaire toutes les marques établies. Finalement, les Soviétiques sortirent gagnants de ces Jeux, devant les Américains et les athlètes des deux Allemagnes. Quand s'éteignit la flamme olympique, tout le monde poussa un soupir de soulagement.

DE LA POLITIQUE, DE L'ARGENT, DES DROGUES ET DES JEUX

En 1972, Avery Brundage quitta enfin la présidence du CIO, pour céder sa place à l'Irlandais Lord Killanin, lui-même remplacé, en 1980, par l'Espagnol Juan Antonio Samaranch. Le mouvement olympique avait bien changé depuis l'époque de Pierre de Coubertin. C'était maintenant une institution gigantesque disposant de budgets énormes, une sorte de multinationale du sport qui avait finalement bien peu à voir avec l'idéal amateur. Le CIO lui-même comptait 113 membres, tous cooptés, dont 15 pour son seul comité exécutif. Les clivages politiques affectaient constamment son fonctionnement, l'éthique de ses membres se relâchait, l'attribution des Jeux répondait à des normes moins pures et on y avait tendance à glisser prestement sous le tapis tout ce qui pouvait éventuellement ternir l'image sacrée du mouvement.

Depuis un moment déjà, les coûts d'organisation des Jeux étaient tels que nombre de villes et de pays hésitaient à poser leur candidature pour les accueillir. C'est ainsi que la ville américaine de Denver renonça à la dernière minute à organiser les Jeux d'hiver de 1976, qui furent finalement tenus encore une fois à Innsbruck. Ils furent impeccables, mais aussi sans surprise ni vedette, couronnant les Soviétiques et les Allemands de l'Est.

Les Jeux de la XXIe Olympiade à Montréal furent, à la fois, un épouvantable gouffre financier et une fort jolie fête du sport et de la fraternité. Ils furent toutefois ternis par le boycott de la plupart des pays africains, en protestation contre la présence de la Nouvelle-Zélande qui maintenait des liens sportifs étroits avec l'Afrique du Sud raciste. Montréal fut un triomphe pour les Soviétiques en particulier, et les pays de l'Est en général. Les nageuses est-allemandes, menées par Cornelia Ender et Ulrika Richter, écrasèrent leurs rivales en natation, dédaignant, comme le CIO, toutes les rumeurs terriblement plausibles de dopage systématique. La reine des Jeux de Montréal resta sans conteste la petite Roumaine de 14 ans, Nadia Comaneci, qui obtint, pour la première fois de l'Histoire, une note parfaite de 10 en gymnastique, ainsi que 4 médailles.

Quatre ans plus tard, alors que Lake Placid s'apprêtait à accueillir les Jeux d'hiver de 1980, la récente invasion militaire de l'Afghanistan par les troupes soviétiques incita le président américain à s'inspirer du boycott africain à Montréal, pour appeler au boycott international des Jeux d'été prévus à Moscou. La manœuvre politique, en pleine année électorale américaine, était, au mieux, infiniment discutable. C'est ainsi que les Soviétiques le comprirent, car ils crurent que leur présence à Lake Placid tuerait dans l'œuf cette grotesque proposition. Les Jeux eurent lieu, marqués par une course aux médailles entre Soviétiques et Allemands de l'Est, ainsi que par l'étonnante victoire américaine sur l'équipe russe en hockey sur glace.

Mais le président Carter persista dans son intention de boycott, probablement aussi encouragé par une nouvelle vague d'anticommunisme primaire d'une majorité d'Américains voulant s'éviter une nouvelle humiliation sportive en terre russe. En août 1980, Moscou accueillait les Jeux de la XXIIe Olympiade ; elle n'avait nullement regardé à la dépense pour en faire les plus grandioses de l'Histoire. Mais, avec le boycott des États-Unis et de plusieurs pays occidentaux, les Jeux ne furent plus qu'une formalité peu inspirante pour les athlètes soviétiques et leurs alliés de l'Est, malgré une remarquable performance de sprinters britanniques comme Sebastian Coe. Quant au Comité olympique, il se contenta de prendre acte des faits et de déplorer l'ingérence de la politique dans le sport amateur.

Moins frappés de gigantisme et beaucoup moins politisés que leurs grands frères estivaux, les Jeux d'hiver commencèrent alors à susciter de plus en plus d'intérêt et cessèrent bientôt d'être les parents pauvres de l'olympisme. Peut-être aussi donnaient-ils l'impression de préserver davantage l'idéal olympique, une sorte de fraternité d'athlètes, parfois même de grands enfants turbulents. Mais ils n'en conservaient pas moins leur contradiction interne fondamentale d'États relativement riches et majoritairement blancs, célébrant l'olympisme universel en l'absence des continents et pays les plus pauvres.

Les Jeux d'hiver de 1984, à Sarajevo en Yougoslavie, comblèrent les vœux d'à peu près tout le monde, quant à l'idéal olympique de fraternité sportive. Un nombre record de 1274 athlètes, représentant 49 pays, s'affrontèrent généralement en toute amitié dans des compétitions dont on avait enfin expurgé une bonne part des ridicules et obsolètes critères d'amateurisme. Encore une fois, les Soviétiques l'emportèrent, mais nul ne savait exactement s'ils avaient pardonné à l'Occident le coup du boycott des Jeux de Moscou. La réponse allait rapidement venir.

Les Jeux de la XXIIIe Olympiade s'ouvrirent à Los Angeles en 1984, en l'absence des Soviétiques et de tous les pays de l'Est, sauf la Roumanie et la Yougoslavie. Criant aux scandale, les Américains se consolèrent en montrant au monde des cérémonies d'ouverture et de fermeture hollywoodiennes, tandis que les médias nationaux semblaient considérer les athlètes étrangers comme des figurants engagés pour mettre en valeur les éblouissantes stars américaines. Il est vrai que, en athlétisme, Carl Lewis se révéla comme étant l'un des plus grands athlètes de tous les temps, avec quatre médailles d'or, dont celle du 100 mètres couru pour la première fois sous la barrière des 10 secondes. La souriante Mary-Lou Ritten obtint aussi quatre médailles en gymnastique, mais en l'absence des grandes championnes soviétiques. Avec ses 34 médailles, le Canada brisa tous ses records, mais la surprise vint de l'étonnante seconde place de la Roumanie.

Pourtant, deux premières, encore plus importantes pour l'avenir du mouvement olympique, marquèrent finalement les Jeux de Los Angeles. D'abord, la Chine, et ses millions d'athlètes, entra enfin dans les stades. Mais surtout, à cause de commandites fort importantes provenant du secteur privé, ces Jeux furent les premiers à être rentables. Le problème du déficit chronique semblait donc avoir trouvé sa solution, mais celle-ci ouvrait désormais la porte aux pressions financières, à la recherche du gain et à la corruption.

En 1988, les Jeux d'hiver de Calgary, au Canada, profitèrent de la générosité de nombreux bailleurs de fonds et engrangèrent des profits de 90 millions de dollars. Le CIO était absolument ravi, mais pour beaucoup de gens, y compris de nombreux athlètes, le cercle fermé de ses membres paraissait désormais beaucoup plus préoccupé de commercialisation à outrance que d'idéal olympien et de recherche de solutions véritables à des problèmes pourtant criants comme le dopage. Par ailleurs, l'atmosphère conviviale régnant à Calgary rejaillit sur les athlètes et sur les Jeux, lesquels furent certainement les plus réussis à s'être tenus jusqu'alors. Soviétiques et Allemands de l'Est se livrèrent un dernier duel, mais les yeux du monde entier restaient entièrement tournés vers l'éblouissante patineuse artistique est-allemande Katharina Witt.

À Séoul en Corée du Sud, les Jeux de la XXIVe Olympiade furent les derniers à être marqués par la rivalité entre l'Est et l'Ouest. Avant les Olympiades suivantes, le régime communiste serait tombé presque partout, l'Allemagne serait réunifiée et l'URSS n'existerait plus. Mais pour l'heure, les Soviétiques et les Allemands de l'Est allaient, dans un dernier tour de piste, triompher des Américains. Mais beaucoup plus, hélas, que pour les performances de milliers d'athlètes ou l'impeccable organisation coréenne, Séoul allait demeurer dans les mémoires comme étant l'année du dopage des héros.

À l'exception du CIO, tout le monde savait pertinemment que seul l'usage systématique, régulier et prolongé de drogues de plus en plus complexes pouvait permettre des performances aussi fréquentes qu'éblouissantes. Pour le président du Comité olympique Juan Antonio Samaranch, il semblait que ce qu'on ne prouvait pas devant les caméras du monde n'existait tout simplement pas. Mais quand le vainqueur du 100 mètres, le Canadien Ben Johnson, échoua un banal test d'urine, le scandale prit des proportions spectaculaires. Or, Johnson avait battu le grand Carl

Lewis, qui jurait, la main sur le cœur et les larmes aux yeux, que jamais ni lui ni aucun autre athlète américain de sa connaissance n'avaient fait usage de drogues. Les Américains devinrent hystériques dans leur recherche de coupables: Johnson fut disqualifié et Lewis sacré champion. On chassa également quelques Bulgares et quelques Turcs pour faire bonne mesure, tandis que le CIO, bouleversé mais pur de toute tache, enjoignait aux fédérations nationales de faire le grand ménage parmi leurs athlètes et entraîneurs, au nom de l'idéal olympique.

Sur un registre nettement plus positif, Séoul innova également en proposant une thématique spécifique au grandiose spectacle présenté lors des cérémonies d'ouverture. Désormais, il serait l'occasion, pour le pays hôte, de raconter son histoire ou ses légendes et de présenter sa culture au monde entier. Le principe en fut d'ailleurs repris par les organisateurs des Jeux d'hiver de 1992, à Albertville en France. Impeccables dans leur déroulement, ces Jeux permirent de retrouver une équipe allemande de nouveau unifiée et de faire connaissance avec un curieux regroupement des anciens Soviétiques dans une sorte de collectif d'athlètes peu homogène mais fort efficace en compétition.

À Barcelone, en Espagne, les Jeux de la XXVe Olympiade, en 1992, furent probablement les plus beaux de l'histoire contemporaine, en termes d'esthétisme et d'harmonie. Les images les plus symboliques furent celles de la flamme olympique allumée par la flèche d'un archer et l'entrée dans le stade d'une «Équipe unifiée» formée des républiques maintenant indépendantes de l'ancienne Union soviétique, avec leurs multiples drapeaux flottant au vent. Ce seront toutefois des Jeux largement américains, avec les exploits répétés de Carl Lewis et de sa compatriote Florence Griffith-Joyner en athlétisme, mais également l'arrivée de sportifs professionnels, comme le fameux «Dream Team» de basket-ball, dont les capricieuses vedettes réussirent à irriter tout le monde.

Le problème du dopage de nombreux athlètes de pointe ne pouvait plus être ignoré, même par le CIO, que la crédibilité entachée forçait désormais à réagir avec un peu plus de vigueur. On annonça, en grande pompe, la mise en place de nouveaux tests permettant de dépister quelques substances illicites supplémentaires, le tout assorti de pénalités un peu plus sévères en cas de dopage manifeste. Peu après, Florence Griffith-Joyner annonça que, encore une fois, elle se retirait temporairement de la compétition. Quand elle affirma farouchement que sa décision n'avait strictement rien à voir avec les nouvelles mesures de dépistage et jura qu'elle ne pourrait jamais échouer un test de dopage parce qu'elle était pure de toute drogue, le monde entier s'écroula de rire, à l'exception du CIO et des Américains. Elle eut toutefois raison sur un point, elle n'échoua jamais un test, puisqu'elle mourut subitement en 1998, à l'âge de 34 ans.

Toujours en 1992, le CIO annonça que, dorénavant, Jeux d'hiver et Jeux d'été alterneraient aux deux ans, ce qui respecterait davantage le concept d'Olympiades. Le mobile réel, beaucoup moins noble, était essentiellement l'incapacité absolue du Comité olympique à résister aux arguments financiers des télédiffuseurs américains, soucieux de mieux fidéliser un auditoire volatile et de mieux répartir les coûts de diffusion. La transition s'opéra donc dès 1994, avec les XVIIes Jeux d'hiver, présentés à Lillehammer en Norvège, pour lesquels le réseau américain CBS versa au CIO des droits de diffusion évalués à 295 millions de dollars. Indéniablement séduisants et bien rodés, les Jeux de Lillehammer, comme ceux de Nagano au Japon en 1998, confirmèrent aux yeux de beaucoup de gens, dont bien des athlètes, à quel point le spectacle et la visibilité des commanditaires semblaient désormais, pour les dirigeants du mouvement olympique et pour les diffuseurs, primer la détermination et la volonté de dépassement de soi.

En 1996, la présentation des Jeux du Centenaire aurait dû revenir à Athènes, le berceau de l'olympisme. Mais Atlanta, berceau de Coca-Cola, était plus riche. Seule puissance mondiale, les États-Unis, par commanditaires et diffuseurs interposés, firent des Jeux de la XXVIe Olympiade un cirque monumental et démesuré, destiné à applaudir la splendeur de l'Amérique. Ignorant avec arrogance et mépris le monde entier qu'ils croyaient venu les défier, les Américains reproduisirent, à Atlanta, les mêmes excès égocentriques que les Allemands en 1936 à Berlin, ou qu'eux-mêmes à Los Angeles en 1984.

Quand le Canadien Donovan Bailey remporta brillamment le 100 mètres, les médias décrétèrent que l'homme le plus rapide du monde était, en fait, le vainqueur du 200 mètres et du 400 mètres, l'Américain Michael Johnson. Le monde entier fut irrité du parti pris de la télévision, des cafouillages de la logistique et de l'électronique, du chauvinisme outrancier des spectateurs : mais pour les Américains, ces Jeux restèrent les plus réussis de l'histoire.

Quatre ans plus tard, en l'an 2000, les Jeux de la XXVIIe Olympiade eurent lieu à Sidney en Australie. Avec la participation record de 10 200 athlètes et officiels provenant de 198 pays, ces Jeux furent tout aussi grandioses et spectaculaires que ceux d'Atlanta. Mais les Australiens réussirent remarquablement à préserver le caractère sportif de l'événement et la dimension humaine des athlètes. À Sidney, on retrouva enfin l'esprit olympien, dépouillé de chauvinisme, capable d'applaudir, avec le même enthousiasme, le Russe Alexei Nemov et ses cinq médailles en gymnastique ou l'Américaine Marion Jones et ses cinq médailles en athlétisme. Mais l'image durable de ces Jeux restera à jamais le tour de piste de la merveilleuse athlète aborigène Cathy Freeman, après sa convaincante victoire au 400 mètres : pieds nus, portant le drapeau de sa nation trop longtemps humiliée et méprisée, Cathy Freeman recevait enfin, comme le croyait Pierre de Coubertin, le triomphe que mérite tout athlète, moins pour avoir gagné que pour s'être bien battu.

AUJOURD'HUI ET DEMAIN

En 1998, le Comité international olympique a été éclaboussé par un nouveau scandale, quand des journalistes américains ont étalé au grand jour le mécanisme de collusion, de favoritisme, de fraude et de corruption qui avait entouré la nomination de Salt Lake City comme hôtesse des Jeux d'hiver de 2002. La controverse a rapidement touché les comités organisateurs de Nagano et de Sidney, en démontrant l'existence d'un véritable système occulte de corruption. Soudainement inquiet d'éventuelles poursuites criminelles devant les tribunaux américains, le CIO a aussitôt réagi en créant une sorte de comité d'enquête interne, essentiellement composé des membres déjà en place, mais pourtant chargé de découvrir et de sanctionner les quelques pommes clairement pourries. On a également établi de nouvelles règles d'éthique et modifié quelques règlements mineurs.

Pourtant, dans cet aréopage international dédié à la promotion de l'idéal olympique, personne ne semble s'être rendu compte à quel point le CIO a perdu presque toute forme de crédibilité, à quel point il est profondément malade de son gigantisme et de sa corruption endémique. En juillet 2001, le très contesté Juan Antonio Samaranch, maintenant octogénaire, a enfin accepté de céder la présidence de l'organisme, après 21 ans de pouvoir absolu. Son influence sur le CIO, dont il a lui-même nommé la quasi-totalité des membres actuels, est tellement déterminante que le vieil aristocrate espagnol a veillé à ce que sa succession soit assurée par un de ses plus fidèles lieutenants, le Belge Jacques Rogge. Sans surprise, le nouveau président s'est aussitôt fait le champion d'une harmonieuse continuité, alors même que le Comité olympique a fondamentalement besoin de retrouver sa conscience et son intégrité morale.

Mais il est également possible que les Jeux olympiques ne survivent pas à l'hégémonie américaine et à ses dollars. Déjà, la défection de plusieurs athlètes de toutes les épreuves a commencé, tandis qu'on constate que les divers championnats mondiaux attirent de plus en plus de gens. Plusieurs pays remettent également en question leur volonté de continuer à jouer les figurants de service pour la télévision américaine. Enfin, ni l'Afrique, ni l'Amérique du Sud n'ont encore pu trouver les milliards suffisants pour recevoir et présenter des Jeux correspondant aux critères du CIO et de ses commanditaires.

L'idéal olympique de Pierre de Coubertin, follement utopique, ne reviendra jamais sous sa forme originale. Mais il peut encore, après une bonne cure d'amaigrissement et d'humilité, redevenir un symbole de fierté, pour les prouesses physiques de l'être humain devant ses limites. C'est ce qu'on appelle le sport!

Nkosi Sikelel'i Afrika !

L'Afrique du Sud et l'apartheid

Les Européens qui virent cette terre pour la première fois l'appelèrent cap de Bonne-Espérance. De fait, elle promettait tous les espoirs avec sa beauté, son climat idyllique, ses terres fertiles et ses ressources naturelles innombrables. Pourtant, pendant plus de 300 ans, les préjugés, l'avidité et les haines en firent un pays d'esclavage et d'humiliation pour des millions de ses enfants qui n'avaient pas la même couleur de peau que ceux qui les gouvernaient.

UNE COLONIE BLANCHE SUR UN CONTINENT NOIR

Depuis les débuts de l'humanité, les terres d'Afrique australe avaient été habitées par les peuples Khois (*Hottentots*) et Sans (*Bochimans*), puis par quelques tribus descendues du cœur du continent noir, les Bantoues. Pourtant, jusqu'au début des années 1990, la classe dominante blanche soutenait avec conviction que l'histoire du pays avait réellement commencé en 1652, avec l'arrivée du Hollandais Jan Van Riebeeck et 60 de ses compatriotes venus établir un comptoir permanent de ravitaillement maritime pour la Dutch East India Company.

La colonie prospéra en s'emparant des terres, du bétail et de la liberté des Noirs... sauf pour les Sans qui furent tirés à vue étant jugés à peine humains. Bientôt, des Allemands puis des huguenots, protestants français réfugiés aux Pays-Bas pour fuir l'intolérance religieuse, vinrent s'unir aux Hollandais pour se forger une nouvelle vie sur la terre d'Afrique. En une génération, ils se définirent comme des Afrikaners, avec leur langue propre, leur culture et leur puritanisme religieux sans nuance.

À mesure que les Blancs remontaient à la recherche de terres fertiles, ils affrontèrent les Bantous (Xhosas, Sothos, Zoulous, etc.) soucieux de préserver leur territoire et leur mode de vie. En 1779, ce fut la première guerre cafre, ainsi nommée par référence méprisante à l'une des plus petites tribus. Désormais, il y aura une de ces guerres presque tous les 10 ans.

Au début du XIXe siècle, les Anglais cherchaient désespérément à protéger la route maritime vers l'Inde contre les attaques de la flotte française de Napoléon Bonaparte. Ils comprirent rapidement l'importance stratégique du cap de Bonne-Espérance et, en 1805, s'emparèrent de la colonie que la Hollande n'avait pas les moyens de défendre. Alors commença une pénible cohabitation entre les deux groupes de Blancs, ce qui n'empêchait nullement les nouveaux maîtres anglais de s'en prendre allègrement aux populations bantoues à mesure qu'ils recherchaient de nouvelles terres ou une main-d'œuvre à bon marché, voire servile.

Pourtant, à la même époque, les territoires encore mal connus du Nord étaient largement organisés entre deux puissants royaumes noirs. Près de l'actuelle frontière avec le Zimbabwe, vivait la redoutable et riche nation des Matabélés. Éleveurs et agriculteurs, ils contrôlaient largement le commerce fluvial et terrestre avec le cœur du continent africain, échangeant cuir et or contre ivoire et esclaves. Les Matabélés possédaient également une grande renommée guerrière qui leur permettait de maintenir, sans trop de heurts, leur domination sur une assez vaste région qui n'avait encore jamais vu d'hommes blancs.

Puis, vers 1815, le trône revint à un certain Mzilikazi, violent, intelligent et complètement fou. En peu de temps, il commença à faire régner la terreur sur les tribus voisines, ordonnant qu'on pille, qu'on viole ou qu'on tue en son nom, car ainsi le voulaient les dieux ancestraux qui avaient créé l'Afrique. Après une dizaine d'années de cauchemar permanent, quelques princes et quelques guerriers eurent la bonne idée d'envoyer Mzilikazi retrouver ses étranges dieux. Les Matabélés ne devaient jamais retrouver la puissance qu'ils avaient connue.

À la même époque, plus au sud, la petite tribu bantoue des Zoulous commença une terrifiante guerre d'expansion aux dépens de toutes les petites nations voisines, sous la conduite d'un des plus remarquables et des plus cruels chefs de guerre de l'histoire moderne, Chaka. Par une intégration forcée ou par des massacres systématiques, celui que les Anglais surnommèrent rapidement le «Napoléon noir» régna bientôt sur un territoire plus grand que la Belgique, tandis que ses redoutables régiments de guerriers, les impis, semaient partout la terreur et la dévastation.

En fait, Chaka était un fou paranoïaque qui vouait un culte absolu à sa mère Nandi et refusait d'avoir lui-même des enfants qui seraient susceptibles de le renverser un jour. En 1827, Nandi mourut et Chaka décréta que toute la nature devait prendre le deuil pendant un an. En conséquence, les femmes enceintes, les bébés et les jeunes animaux furent tués, les récoltes brûlées et toute personne osant rire ou chanter risquait d'être empalée. Devant cette folie, le prince Dingané, frère de Chaka, se laissa convaincre d'assassiner le roi et de devenir lui-même souverain des Zoulous, en 1828.

L'expansionnisme militaire était achevé et la nation zouloue se pacifia, sans toutefois perdre l'exceptionnelle aptitude guerrière que lui avait inculquée Chaka. Pendant plus de 60 ans encore, l'innombrable «Marée noire» des Zoulous allait être le plus farouche et le plus redoutable ennemi des Blancs d'Afrique.

LE FUSIL ET LA SAGAIE

En 1834, les Anglais abolirent l'esclavage dans leur colonie du Cap. C'en était trop pour les Afrikaners, qui affirmaient que même la Bible recommandait l'esclavage des Noirs, puisque ceux-ci étaient, suivant un obscur passage du Livre divin, les fils de Cham à la peau sombre destinés à n'être que les serviteurs des serviteurs. Commença alors la grande migration vers le nord, appelée le «Grand Trek», l'épopée mythique du peuple afrikaner et la clé de voûte de son nationalisme très xénophobe.

Le Trek ne fut pas une aventure pacifique et pittoresque, mais bien une conquête sanglante et systématique, au nom de Dieu et de la suprématie blanche, des territoires et des richesses de nombreuses petites nations jugées inférieures et inutiles. Après de sanglantes batailles contre les Xhosas, les Zoulous et les Matabélés, les Boers, un terme afrikaner signifiant cultivateurs, se taillèrent, en moins d'une génération, un État blanc et prospère, composé du Natal, du Transvaal et de l'État libre d'Orange.

Bien qu'affaiblie par les incessantes guerres contre les envahisseurs blancs, la tribu des Xhosas restait toutefois une force avec laquelle il fallait compter, car elle menaçait aussi bien les colonies boers que les Anglais du Cap. Soudain, en 1857, une vieille prophétie tribale refit surface, qui affirmait que tout ce qui était possession xhosas devait mourir pour ensuite ressusciter 100 fois plus fort et plus nombreux. Ce fut un moment de folie hystérique, où tout le bétail fut tué et toutes les récoltes brûlées, tandis que des centaines de personnes furent assassinées. La famine et la dévastation qui s'ensuivirent briseront à jamais les xhosas.

Quand, à leur tour, les Matabélés furent finalement écrasés, il ne restait plus que les Zoulous. Vers 1880, les Anglais décidèrent de mettre la main sur leurs terres et de les pacifier. La guerre qui en découla fut féroce, mais le fusil des Blancs se révéla toujours plus puissant que la sagaie des Noirs. Les Zoulous, malgré quelques grandes victoires, finirent par être battus, ce qui marquait la fin des guerres cafres. Désormais, l'Afrique du Sud serait blanche.

La dernière composante de la mosaïque humaine du pays fit son entrée en scène vers 1860. Les Anglais, qui possédaient maintenant les provinces du Cap et du Natal, décidèrent d'importer une main-d'œuvre indienne, jugée plus facile et plus laborieuse que les Noirs. Ces travailleurs immigrés furent bientôt plusieurs centaines de milliers, mais, comme les Noirs et les Métis, restèrent sans pouvoirs ni droits.

LA GUERRE DES BOERS ET L'UNION SUD-AFRICAINE

En 1890, la découverte d'importants gisements de diamants et d'or au Transvaal augmenta les tensions latentes et les problèmes de frontières entre Afrikaners et Anglais. Cecil Rhodes, le gouverneur du Cap, voulait annexer les républiques indépendantes, mais il se heurta à Paul Kruger, président boer du Transvaal. Quand, en 1899, des colons anglais, installés au Transvaal, réclamèrent des droits égaux que leur refusaient les Afrikaners, ce fut la guerre.

Ce terrible conflit fut la première guerre impériale à laquelle participèrent des troupes canadiennes, australiennes, néo-zélandaises et indiennes. Les Britanniques allaient y engager 500 000 hommes et en perdre 100 000. Les Boers espérèrent longtemps l'intervention des Allemands rivaux des Anglais et, dans l'attente d'alliés extérieurs, alignèrent une armée mobile de 100 000 hommes. Malgré un fort courant de sympathie populaire en France, en Allemagne et aux États-Unis, l'aide militaire et même financière ne se matérialisa jamais beaucoup.

Courageux jusqu'à l'héroïsme, les soldats afrikaners infligèrent défaites après défaites aux Anglais, mais ceux-ci minèrent le moral de l'ennemi en brûlant les fermes et en créant les premiers camps de concentration de l'histoire. Près de 100 000 vieillards, femmes et enfants y moururent de misère, de faim et de maladie.

En 1902, les Boers capitulèrent à Vereeniging. Ils avaient perdu la guerre mais, sans qu'on s'en rende vraiment compte, gagné la paix. Ils avaient humilié la Grande-Bretagne, obtenu tous les droits civiques des Anglais et, même si leurs petites républiques indépendantes étaient devenues des colonies britanniques, ils y avaient toujours la majorité des voix électorales. Ils apprirent rapidement à se servir du jeu démocratique.

En 1910, le Cap, le Transvaal, le Natal et l'Orange s'unirent pour former l'Union sud-africaine, un dominion indépendant, membre du Commonwealth. Le sentiment anti-anglais restait vif et, durant les deux guerres mondiales, beaucoup d'Afrikaners allaient afficher des opinions pro-allemandes, voire pronazies. Par contre, plusieurs autres se rallièrent à la Couronne britannique, dont l'ancien général boer Jan Smuts, devenu premier ministre en 1919. À compter de cette date, tous les premiers ministres d'Afrique du Sud allaient être des Afrikaners.

L'APARTHEID

Même si les premières lois ségrégationnistes dataient de 1913, la notion de développement séparé en fonction de la couleur de peau, «apartheid» en langue afrikaner, aurait pu rester une idéologie limitée au programme politique du Parti national, d'inspiration nazie, dirigé par un certain docteur D.F. Malan. Pourtant, en 1948, le Parti national parvint à séduire une majorité des électeurs afrikaners et forma le nouveau gouvernement d'Afrique du Sud. Il devait rester au pouvoir jusqu'en 1993. Le racisme organisé et codifié avait désormais force de loi.

La population de tout le pays était divisée en quatre catégories rigides, selon son pourcentage de pureté ethnique : on était Blanc, Métis, Indien ou Noir. Chaque groupe devait vivre à part des autres catégories, tandis que les couples mixtes étaient séparés et les rapports sexuels interraciaux punis de sept ans de prison. Des territoires noirs, les bantoustans, furent progressivement créés pour les différentes ethnies, auxquelles le pouvoir blanc promettait une éventuelle indépendance... dès que les Noirs auraient enfin appris à se gouverner seuls.

Dans la vie de tous les jours, il était interdit à un Noir d'occuper un poste de cadre, d'acheter ou de posséder des terres en dehors de son bantoustan, d'habiter les villes blanches ou même d'y être à la tombée du jour. Chacun devait avoir sur soi un passeport de déplacement permettant d'entrer dans une ville blanche. Si son bantoustan tribal était trop éloigné de son travail, il était obligé de résider dans une sorte de bidonville grillagé appelé *township*, sans sa famille, et sans retourner auprès d'elle à moins d'obtenir l'autorisation écrite de son employeur blanc.

Malgré que les différentes communautés eussent inévitablement à se côtoyer, chacune possédait ses transports, ses écoles, ses hôpitaux, ses restaurants, ses plages, et ses cimetières. Les Métis et les Indiens connaissaient des règles plus souples, mais seuls les Blancs, cinq fois moins nombreux, disposaient de pleins droits sociaux et de représentation politique. Plus de 85 % des terres du pays, les meilleures, leur étaient réservées et le gouvernement était seul autorisé à décider de l'attribution des subsides à chaque catégorie de personnes.

Soweto, à 15 kilomètres de Johannesburg, représentait un exemple parfait du système. Son nom signifie *SOuth WEst TOwnship*. En 1986, il s'y trouvait pourtant 850 000 personnes. Un enfant y naissait toutes les 30 minutes, mais un crime violent y était commis toutes les 5 minutes. On y comptait 400 écoles, la plupart sans matériel, et quelques hôpitaux guère mieux équipés. L'espérance de vie y était inférieure à 60 ans.

L'apartheid fut une tragédie humaine pour des millions de Noirs, mais également pour les Métis et pour les Indiens d'Afrique du Sud. Elle fut aussi une souillure morale pour les Blancs qui l'appliquèrent et pour tous ceux, à l'intérieur ou à l'extérieur du pays, qui préférèrent se taire devant l'iniquité.

LA LONGUE LUTTE POUR LA DIGNITÉ

La résistance des Noirs s'organisa pourtant assez tôt face au racisme des Blancs. En 1912, des élites de la communauté noire avaient créé l'African National Congress (ANC), dédié à promouvoir les droits de leurs populations. L'ANC allait finalement être en lutte pendant plus de 80 ans, d'abord pacifiquement puis, à partir de 1960, par des moyens plus radicaux.

En 1960, près de Sharpville, la police blanche ouvrit le feu sur des étudiants qui réclamaient de meilleures écoles. Il y eut 69 tués et, de façon assez incroyable, 18 000 arrestations en 6 mois. Le gouvernement interdit alors l'ANC, accusé de sédition et de communisme, ce qui assurait le silence des États-Unis alors en pleine guerre froide avec l'Union soviétique. Parmi les dirigeants emprisonnés, il y avait Nelson Mandela.

Mandela naquit en 1918 dans une hutte de boue. À force d'efforts, il poursuivit des études de droit dans des collèges noirs. Peu avant la prise du pouvoir par le Parti national, il ouvrit le premier cabinet pour les Noirs du pays. De plus en plus proche de l'ANC, il en créa l'aile jeunesse, fut arrêté à quelques reprises et, devant l'insuccès des revendications légales, devint plus radical.

En 1962, en tant qu'un des chefs en vue de l'ANC, il fut condamné à la prison à vie. À son procès, Mandela déclara: «J'ai dédié ma vie à la lutte pour le peuple africain. Je me suis battu contre une domination blanche, mais aussi contre une domination noire. J'ai chéri un idéal de société libre et démocratique dans laquelle tous vivraient en harmonie, avec les mêmes droits et les mêmes possibilités. C'est un idéal que j'espère voir se réaliser et que j'espère vivre personnellement. Si c'est nécessaire, c'est aussi un idéal pour lequel je suis préparé à mourir.»

Pourtant, les clameurs contre le système d'apartheid devenaient de plus en plus fortes, à l'intérieur comme à l'extérieur du pays, tandis que des sanctions économiques, politiques, artistiques et sportives commençaient à isoler l'Afrique du Sud. Plutôt que de s'assouplir, le gouvernement se durcit davantage. En 1960, un référendum gagné à 55% avait fait de l'Afrique du Sud une république, sans le moindre lien avec la Grande-Bretagne. Officiellement, le pays était au ban de l'humanité, mais comme il était anti-communiste et occupait une position géographique importante, l'Occident ne bouscula pas trop le régime, du moins jusqu'à la chute de l'Union soviétique.

En 1966, le premier ministre Verwoerd, responsable de Sharpeville et raciste notoire, fut assassiné en plein Parlement par des Blancs qu'on disait payés par Moscou. Cette affirmation permit à son successeur, Vorster, d'accroître les pouvoirs de la police. Plusieurs dirigeants anti-apartheid, Noirs mais aussi Blancs, des politiciens, des écrivains et des activistes furent condamnés à la prison, contraints à l'exil, parfois même tués. Les auteurs André Brink et Alan Paton gagnèrent une crédibilité internationale à dénoncer le racisme institutionnalisé, un geste courageux qui leur valu beaucoup de souffrances.

En 1976, Soweto se souleva. L'émeute et la répression firent 600 morts, mais les caméras de télévision du monde entier étaient présentes et la réprobation internationale ne tarda pas à venir. En Afrique du Sud, les différents groupes anti-apartheid, longtemps rivaux, amorcèrent un processus de fusionnement, tandis que les Églises aussi bien que les associations majoritairement anglaises de Blancs libéraux réclamèrent publiquement la disparition d'un système politique aussi infâme.

Au début des années 1980, l'édifice de l'apartheid commença enfin à se fissurer. En 1984, les Métis et les Indiens obtinrent une petite représentation au Parlement et des droits civiques un peu plus concrets. De même, l'Afrique du Sud accorda une indépendance toute théorique à quelques bantoustans. Surtout, les autorités permirent à l'ANC de reprendre une existence politique légale quoique fort encadrée. Par contre, le gouvernement s'appliqua à favoriser indûment le parti zoulou Inkhata, rival avoué de l'ANC majoritairement xhosa.

Nelson Mandela, le prisonnier politique le plus connu du monde, vit s'assouplir ses conditions de détention. Durant ses premières années au bagne de Rodden Island, il avait été maintenu en cellule 24 heures sur 24, sans journaux ni radio ni visiteur. Il lui avait fallu huit ans pour rencontrer son avocat et obtenir le droit de s'échiner avec les autres détenus dans les carrières de calcaire. À Rodden Island, les portions alimentaires différaient selon la couleur de peau des prisonniers.

L'APPRENTISSAGE DE LA DÉMOCRATIE

En 1990, le premier ministre Frederik de Klerk, ancien ségrégationniste dont le père avait été ministre du docteur Malan en 1948, commença pourtant à démolir l'apartheid. Avec l'appui des partis d'opposition anglais et afrikaners, ainsi que celle de l'aile plus à gauche du Parti national, il abrogea plusieurs lois ségrégationnistes, dont le port du passeport intérieur et l'obligation de résidence. Il fit également libérer Mandela et entama, avec tous les groupes concernés, des pourparlers pour une passation progressive du pouvoir exclusif des Blancs vers une démocratie véritable. Son courage lui valut une haine absolue des purs de l'apartheid, et même la méfiance de certains milieux noirs.

Par ailleurs, les négociations restaient difficiles. L'extrême droite de Eugène TerreBlanche refusait de céder et organisa plusieurs attentats. Les tensions étaient également énormes entre l'ANC et l'Inkhata du chef zoulou Buthelesi. Malgré la médiation de l'archevêque anglican du Cap, Desmond Tutu, figure de proue mondialement respectée, plusieurs affrontements violents entre les deux groupes allaient faire des centaines de morts.

En 1993, les sanctions économiques mondiales furent levées et de Klerk et Mandela reçurent conjointement le prix Nobel de la paix. En mai 1994, les premières élections multiraciales de l'histoire de l'Afrique du Sud firent de Nelson Mandela le président et de Frederik de Klerk le vice-président d'un pays ayant enfin retrouvé sa dignité et son honneur.

L'année suivante, commencèrent les séances de la Truth Commission chargée de lever le voile sur les délits et crimes commis sous l'apartheid. Les résistances et tensions étaient énormes, car on y sentait parfois le règlement de compte partisan. Quelques anciens dirigeants gouvernementaux refusèrent de venir témoigner, d'autres apportèrent des témoignages accablants, y compris pour certains chefs de l'ANC ou de l'Inkhata. Il y eut aussi des gens, comme Winnie Mandela, l'épouse du président, qui profitaient de la très large audience de la Commission pour essayer de se refaire une image politique qui ne soit pas entachée d'illégalités. Bientôt accusée d'enlèvement, de complicité de meurtre, de malversation et de fraude, Winnie réussit à éviter la prison en payant une amende de deux millions de dollars, soit un peu moins que la moitié de sa fortune personnelle. Les Mandela devaient divorcer en 1995. Deux ans plus tard, la Truth Commission, discréditée par trop de silences complaisants, ajournait ses travaux, dans l'amertume pour certains, dans le soulagement pour bien d'autres.

Sur le plan politique, le premier mandat de l'ANC au pouvoir s'avéra difficile. Rapidement, de Klerk passa dans l'opposition parlementaire et l'Inkhata zoulou de Buthelesi collabora fort peu. Mandela, par son autorité morale et sa rigueur éthique, continua à préserver le flambeau de la démocratie, arrivant à éviter l'anarchie et le bain de sang que plusieurs prédisaient.

Pourtant, le contexte social et économique n'avait vraiment rien de réjouissant. Si relativement peu de grands propriétaires terriens ou d'industriels blancs avaient finalement quitté l'Afrique du Sud, le nouveau partenariat multiethnique demandait du temps. La plus grande partie de la population noire restait nettement défavorisée, en termes d'instruction et de spécialisation professionnelle, tandis que la jeunesse des anciens *townships* piaffait d'impatience. Dans les faits, la réorganisation de l'État se heurtait quotidiennement à des luttes de pouvoir et à une corruption étendue, alors qu'une inflation galopante ralentissait considérablement la reconstruction économique du pays. Dans certaines provinces, le chômage des Noirs culmina à 60%, alors qu'on assistait à une ghettoïsation des populations blanches.

En juin 1999, les secondes élections multiethniques de l'Afrique du Sud paraissaient bien devoir aboutir à l'anarchie et au chaos. Elles furent, en réalité, une marque de confiance en la démocratie. Le retrait récent de toute vie politique d'un Nelson Mandela âgé et fatigué inquiétait la communauté internationale, ainsi que les élites sud-africaines. Pourtant, son successeur à la tête de l'ANC, et donc candidat à la présidence, n'était certes pas un débutant. Thabo Mbeki, vice-président en titre, collaborait étroitement avec Mandela depuis plusieurs années et était déjà responsable d'une bonne part des réalisations de son gouvernement. Moins charismatique que son prédécesseur, il était, par contre, plus pragmatique que politique, une qualité essentielle pour diriger un État terriblement fragile.

Les résultats de l'élection furent une énorme surprise. L'ANC remporta la victoire avec plus de 80% des suffrages. La formation au pouvoir triomphait partout, sauf dans le Kwazulu et dans la région du Cap. Mbeki était toutefois fort conscient que le peuple avait donné, malgré les problèmes endémiques, une autre chance au gouvernement et, surtout, à la démocratie. Il lui faudrait donc poursuivre les réformes mais, plus encore, trouver des solutions efficaces et durables aux maux qui menaçaient la survie sociale, économique et démocratique du pays.

NKOSI SIKELEL'I AFRIKA

En ce début de troisième millénaire, l'Afrique du Sud affronte encore quotidiennement des problèmes qui minent le fragile édifice de la démocratie, voire le maintien de l'État. En dépit d'une aide internationale massive, l'économie sud-africaine ne montre qu'une modeste croissance annuelle de son produit national brut, légèrement supérieure à 3%. En 2001, les chiffres officiels font état d'un chômage de 25,8%, à peu près stable depuis deux ans, tandis que l'exode des professionnels s'accélère.

De telles conditions économiques contribuent à exacerber les tensions sociales, voire raciales. Alors que l'Afrique du Sud détient le taux de criminalité urbaine le plus élevé du monde, les affrontements ethniques augmentent en nombre et en violence, pour le bonheur des extrémistes de tous bords. De plus en plus de Blancs pleins d'amertume organisent, dans l'arrière-pays, des communautés interdites aux autres races, tandis que sans cesse plus de Noirs exaspérés revendiquent la création de l'Azanie, nom mythique d'une Afrique essentiellement noire.

Le pays doit faire face à une tragédie humaine et sociale que les préjugés et les tabous ont longtemps permis de nier : le sida. En fait, un Sud-Africain sur neuf, race, sexe et âge confondus, est porteur du VIH. En juillet 2000, il a fallu l'exceptionnel courage d'un enfant de 11 ans, Nkosi Johnson, qui monta à la tribune de la Conférence internationale sur le sida et affronta les dirigeants de son propre pays et du monde entier avec un cri du cœur : « Vous ne pouvez pas attraper le sida en nous embrassant ou en nous tenant la main. Nous sommes des êtres humains. »

Le président Mbeki a d'ailleurs soulevé une controverse mondiale en prétendant que le VIH n'est pas nécessairement la cause du sida. Plus qu'un signe d'ignorance, cette étonnante conclusion semble servir d'alibi à un gouvernement sans le sou qui n'a donc pas, dans un tel cas, à payer les trop coûteux médicaments génériques que la cupidité des multinationales empêche souvent de reproduire à moindre coût. Nkosi Johnson s'est éteint au début du mois de juin 2001, quelques semaines après que les pays africains furent venus à un compromis honorable avec la majorité des grandes firmes pharmaceutiques.

L'Afrique du Sud est un géant affaibli tourmenté par les terrifiants fantômes de son passé. L'espoir et la détermination, qui lui ont permis de survivre à l'apartheid, doivent maintenant se mesurer à l'extrémisme de ceux qui n'ont rien à perdre.

Pendant toutes ses années de lutte, l'ANC eut un cri de ralliement, qui est devenu celui de tout le pays : « *Nkosi Sikelel'i Afrika*! Que Dieu protège l'Afrique ! »

Le joyau de la Couronne

Le siècle de l'Inde

Il y a quelques centaines de milliers d'années, la dérive des continents fit se détacher une immense masse de terre qui deviendrait l'Antarctique. Après quelques siècles, elle vint heurter l'Asie, dressant l'Himalaya sous le choc et créant la péninsule indienne que nous connaissons maintenant.

Cette terre est gigantesque, presque un sous-continent, avec ses quatre millions de kilomètres carrés, ses montagnes, ses vallées, ses plaines et ses grands fleuves. Elle abrite aujourd'hui cinq États indépendants (l'Inde, le Pakistan, le Bangladesh, le Bhoutan et le Népal). Pendant très longtemps, elle fut un joyau unique, la pièce la plus scintillante de l'Empire britannique. Pendant des siècles aussi, on a parlé des Indes, au pluriel, parce qu'il y avait trop... de tout.

On y retrouve presque 20 % de la population mondiale et la progression démographique donne un million de nouveaux habitants chaque mois. C'est le constant et déroutant contraste entre l'extrême misère et la fabuleuse richesse, entre la mendicité chronique et la puissance nucléaire, entre la sous-alimentation et le cheptel bovin le plus important du monde (200 millions de têtes), entre la spiritualité millénaire et le fanatisme religieux. L'Inde est la terre des paradoxes et des absolus !

LES ORIGINES

Dès la préhistoire, la péninsule indienne était déjà habitée par des populations de types négroïde ou birman qui développèrent une première civilisation, urbaine et connaissant l'écriture, il y a près de 4 000 ans. C'est vers 1500 avant notre ère qu'apparut la première référence à la culture indienne, avec la conquête du pays par les Aryans venus d'Asie centrale. Ce peuple apportait sa langue (le sanskrit), sa religion (le védisme) et sa structure sociale (les castes), d'où allait naître l'hindouisme.

Cette religion de symboles et de mysticisme pose que «Dieu est tout et tout est Dieu», chaque créature se rapprochant de la perfection par des réincarnations successives, à condition de respecter toutes les contraintes de sa condition. La société hindoue est fondamentalement divisée en castes fermées, selon qu'on est brahmane (prêtres et enseignants), kshatriya (rois et guerriers), vaisiya (marchands et agriculteurs), sudra (artisans et serviteurs) ou intouchable, les plus humbles et les plus bas, à qui on interdit même de souiller l'ombre des membres des autres castes. Par un curieux hasard, plus la peau d'un individu est sombre, plus sa caste est basse.

Vers l'an 560 avant notre ère, une dissidence de l'hindouisme donna naissance au bouddhisme, promis à un grand avenir, mais qui disparut rapidement de son Inde natale. Signalons que Alexandre le Grand atteignit la vallée de l'Indus vers 325 avant J.-C. et y fonda des colonies grecques. Une centaine d'années plus tard, l'empereur Ashoka unifia la péninsule dans l'empire maurya, qui survécut quelques siècles avant de se morceler en plusieurs petits royaumes rivaux.

Au XIIIe siècle, les hordes mongoles de Tamerlan déferlèrent sur la péninsule et favorisèrent progressivement l'expansion de l'islam. Cette nouvelle religion, faite de tolérance et d'égalité, avait tout pour plaire aux plus humbles des castes inférieures qui se convertirent en masse, ce qui provoqua les premiers heurts violents avec les élites hindoues qui méprisaient ces parias maintenant devenus des traîtres aux dieux ancestraux. Les guerres religieuses aboutirent finalement, en 1525, à la création de l'Empire moghol, âge d'or de l'Inde musulmane et sommet de la splendeur culturelle et artistique pendant plus de deux siècles, comme en témoigne encore le fabuleux Taj Mahal érigé par l'empereur Jahan comme mausolée funéraire pour son épouse.

À la même époque, une autre religion, dissidente de l'hindouisme, naissait au Pendjab : le sikhisme, qui rejetait également le principe des castes. Puis viendraient les missionnaires chrétiens car, déjà, l'Europe redécouvrait la richesse somptueuse de l'Inde, oubliée depuis des siècles.

Dans les dernières années du XVe siècle, les navigateurs portugais avaient découvert la route maritime des Indes, un terme qui recouvrait tous les territoires mal connus et un peu mythiques de l'Asie, au sud et à l'ouest de la Chine. Ce furent surtout les marchands hollandais qui développèrent rapidement le commerce florissant des épices. Ce monopole irritait particulièrement les commerçants anglais qui, en 1599, créèrent la East India Trading Company. S'appuyant sur la cupidité des empereurs moghols de plus en plus décadents et sur les rivalités entre divers princes ou maharadjas, les marchands britanniques en vinrent à éclipser tous leurs compétiteurs, particulièrement les Français. En 1757, Sir Robert Clive battit ces derniers à Plassy et, désormais, l'Inde devint britannique. Considérant la mosaïque politique extrêmement complexe des diverses petites principautés hindoues ou musulmanes qui se partageaient désormais la péninsule depuis l'effondrement moghol, vers 1730, les fonctionnaires anglais recommencèrent à parler des Indes.

LES INDES BRITANNIQUES

Il est fondamental de rappeler que, jusqu'en 1858, les Indes n'étaient pas une colonie de la Couronne comme les autres, mais bien la responsabilité exclusive, pour ne pas dire la propriété, de la East India Trading Company. C'est la Compagnie elle-même qui recrutait et y envoyait ses marchands, ses fonctionnaires, ses représentants, ses ingénieurs et même ses missionnaires. Elle enrôlait aussi ses officiers et militaires, lesquels, sous l'uniforme de Sa Majesté très britannique, protégeaient le commerce et les privilèges anglais. Contre redevances, le gouvernement se contentait de représentants diplomatiques qui devenaient, bien sûr, gouverneurs ou conseillers spéciaux, à mesure que la plupart des petits États princiers tombaient sous l'influence, puis la tutelle de la Grande-Bretagne.

Il est paradoxal de reconnaître que, avec tous ses défauts et ses préjugés, la colonisation britannique allait permettre une unification des Indes et, surtout, un apaisement des violences raciales et religieuses endémiques qui existaient dans le sous-continent depuis des siècles. Considérant que le Indian Civil Service ne compta jamais plus de 2 000 fonctionnaires et que l'Armée des Indes ne dépassa jamais 60 000 hommes, il faut reconnaître l'exceptionnelle efficacité de cette administration, qui vivait pourtant à l'écart presque complet de la population locale.

En 1857, les tensions latentes, en grande partie religieuses, explosèrent soudain en une série d'émeutes et de massacres dont les premières cibles furent les familles blanches et les chrétiens locaux. La révolte des cipayes, ces soldats musulmans de l'armée britannique aux Indes, fit moins de 5 000 victimes chez les Anglais. Mais elle terrifia l'Empire et provoqua l'abolition, par décret royal, de la East India Trading Company, coupable de n'avoir point prévu le soulèvement et de n'avoir pas su protéger les vies britanniques. En 1858, la rébellion était matée et les Indes devenaient officiellement une colonie de la Couronne. Dans les faits, à peu près rien n'allait vraiment changer.

En 1876, la reine Victoria devint Impératrice des Indes.

Durant ces années, une élite indienne s'était peu à peu formée, parlant anglais, s'habillant à l'occidentale, vivant, travaillant et se définissant comme britannique. Elle comptait des négociants, des juristes, des fonctionnaires, des enseignants, qui partaient se former en Angleterre puis revenaient administrer le pays, dans l'ombre des Seigneurs blancs. En un sens, ces Indiens n'étaient d'aucune communauté, car ils restaient socialement exclus de l'establishment anglais et méprisés par les masses indiennes. Ce fut pourtant dans leurs rangs que se développa le sentiment nationaliste que l'Inde (au singulier, comme un tout) devait être indienne et que se formèrent les élites qui amèneraient plus tard l'indépendance.

En 1885, se forma le Congrès national indien, puis, en 1906, son équivalent islamique, la Ligue musulmane. À partir de la

Première Guerre mondiale, ses leaders les plus charismatiques commencèrent véritablement à réclamer l'indépendance, prenant de plus en plus de popularité et d'influence chez le peuple et dérangeant les certitudes anglaises : ils s'appelaient Nehru, Patel et Jinnah. Mais c'est un curieux petit personnage, appelé à devenir la conscience et l'âme de l'Inde, qui renverserait finalement un Empire sur lequel le soleil ne se couchait jamais.

LES CHEMINS DE GANDHI

Mohandas Gandhi naquit en 1869 dans une famille aisée de petits fonctionnaires anglicisés. Marié à 13 ans selon la coutume indienne, il poursuivit des études dans des collèges de tradition anglaise et fut envoyé, vers l'âge de 20 ans, terminer son droit à Londres. Gandhi était un petit homme immensément timide qui ne parvenait guère ni à plaider ni à s'imposer. Quand il rentra en Inde, la famille, déçue de ses piètres qualités de tribun, l'expédia en Afrique du Sud, pour y défendre les intérêts légaux d'un lointain cousin négociant à Durban. C'est là que, sans que rien ait pu laisser prévoir le changement, sa vie et celle de millions d'autres personnes allaient être bouleversées à jamais.

En 1895, le petit avocat fut expulsé d'un compartiment de première classe, pour lequel il avait payé un billet, afin d'en céder la place à un passager de race blanche. Il dut passer la nuit sur le quai de la gare, parce qu'il ne pouvait se faire rendre ses bagages avant le matin. Dans son humiliation et sa détresse, il jura que jamais plus il ne céderait devant le mépris et le racisme. Désormais, il se dresserait et dirait : *non !*, comme un homme digne d'autant de respect que n'importe quel autre. Mais il le ferait sans violence et sans colère.

En quelques mois, Gandhi devint une figure de référence pour les centaines de milliers d'Indiens d'Afrique du Sud, car il était capable, maintenant, de trouver les mots simples qui faisaient passer son message. Il organisa des marches de protestation, boycotta le passeport intérieur obligatoire et préconisa partout la désobéissance civile et la non-violence. Il était fréquemment battu et arrêté mais, avec sa politesse et sa détermination, il gagnait de plus en plus souvent. Vers 1906, il s'installa, avec un groupe de fidèles, dans une communauté égalitaire où aucune tâche n'était trop humble pour qu'un homme ne puisse l'accomplir. Là, il renonça bientôt, dans sa quête de pureté, à toute forme de biens matériels et même à la sexualité.

En 1915, les autorités d'Afrique du Sud le supplièrent de rentrer en Inde et l'expulsèrent par le premier bateau. Dans son pays natal, Gandhi était une personnalité connue ayant acquis une popularité immense auprès des humbles, qu'ils fussent hindous, musulmans ou sikhs, car lui ne faisait aucune différence entre les hommes. Les chefs du parti du Congrès se l'arrachaient, certains par affection véritable, comme Nehru, d'autres par calcul politique, comme Jinnah. Gandhi était bien conscient que son combat pour la dignité de l'Indien ne pouvait être mené dans le cadre d'un parti politique, quel qu'il fût.

Le petit homme, par sa simplicité et sa détermination, touchait le cœur de millions de ses concitoyens. Vêtu d'un grand morceau de coton blanc, chaussé de sandales, il parcourait le pays à pied, appuyé sur un bâton, prêchant de village en village que l'Inde était indienne et qu'un homme était un homme. On commença même à dire que «la capitale de l'Inde est l'endroit où se trouve Gandhi». Les Anglais le craignaient, mais comment arrêter celui qui ne viole pas la loi?

On s'en prit alors, à ses fidèles. Mais quand ceux-ci commencèrent à se faire malmener, Gandhi entreprit une grève de la faim, une forme de protestation inattendue que les journaux du monde entier se mirent à publiciser comme le combat de David contre Goliath. Le petit homme l'emporta.

En 1920, Gandhi organisa sa première campagne de désobéissance civile contre l'autorité britannique. Misant sur le rouet à filer, il demanda au peuple tout entier de fabriquer lui-même les plus simples des vêtements, boycottant ainsi l'industrie de filature anglaise qui habillait tout le pays. En quelques mois, des millions et des millions d'Indiens se mirent au rouet, y compris Nehru et Patel, les leaders hindous du Parti du Congrès, ce qui laissa l'industrie britannique bien près de la faillite absolue.

En 1930, ce fut le début de la seconde grande campagne de désobéissance civile. Cette fois encore, le symbole était génial par sa simplicité. Comme le sel était essentiel à la survie dans la fournaise indienne, le petit homme déclara qu'il était un don de la nature, que chacun pouvait utiliser sans avoir à acquitter la taxe que percevait l'administration britannique sur sa distribution. Suivi par des centaines de milliers de personnes, Gandhi commença une longue marche vers la mer où, sous les caméras des actualités, il ramassa une poignée de sel de mer qu'il offrit symboliquement à une famille d'intouchables. Le monde entier se moqua de l'humiliation que le «fakir à demi nu», selon les mots de Churchill, venait de faire subir à la Grande-Bretagne.

L'année suivante, Gandhi s'embarquait pour l'Europe où, à Londres, Paris et Rome, il plaida pour l'indépendance de l'Inde, mais aussi pour celle de tous les hommes, qu'importe leur couleur de peau ou leur religion. Les foules l'acclamèrent, mais il comprit vite que l'Europe n'était pas prête à son message. Déçu, il regagna l'Inde et reprit son bâton de pèlerin, de village en village.

Les choses commençaient pourtant à changer dans la péninsule. Malgré le message d'amour et de tolérance de celui qu'on appelait affectueusement Bapu (le Père), les tensions étaient de plus en plus vives entre les hindous et les musulmans. S'il était désormais acquis que l'indépendance n'était plus qu'une question de temps, le Parti du Congrès et la Ligue musulmane se déchiraient sur la nature de celle-ci. Jinnah exigeait une partition du pays entre un État hindou et un État musulman qu'on nommerait Pakistan (pays des hommes purs). Nehru s'indignait qu'on déchire ainsi la terre sacrée. Les violences augmentaient des deux côtés et Gandhi lui-même ne put éviter les messages haineux des extrémistes de chaque clan.

En 1939, la guerre éclata entre la Grande-Bretagne et l'Allemagne nazie. Bien que ne pouvant endosser le message de haine de Hitler, Gandhi se trouvait maintenant piégé par son message de non-violence et en fut réduit à recommander qu'on ne résiste pas à l'agression, que même le nazisme céderait devant la non-violence et le pacifisme. L'argument arrivait mal à convaincre et, pour la première fois de sa vie peut-être, Gandhi fit un mauvais calcul politique. En 1942, il déclencha une campagne de désobéissance civile qui disait aux Anglais: «Quittez l'Inde!» Cette fois, les autorités n'avaient pas le choix et l'emprisonnèrent, avec la majorité des dirigeants du Parti du Congrès et de la Ligue musulmane.

Deux ans plus tard, Gandhi, déchiré, reconnut que l'absolue nécessité humaine de se dresser contre la barbarie nazie pouvait, hélas! justifier l'usage de la violence, ne serait-ce que pour sauver d'innocentes victimes. Par conséquent, il devait accepter que, pour la durée de la guerre, le concept d'indépendance de l'Inde soit mis en veilleuse. L'influence morale du petit homme emporta l'adhésion de la plupart des dirigeants du Parti du Congrès, mais laissa aussi beaucoup de nationalistes indiens amers et vaguement sous l'impression d'avoir été trahis.

LA CRUELLE NAISSANCE

En 1946, la Grande-Bretagne avait gagné la guerre, mais perdu sa puissance, son orgueil et bientôt son Empire qu'elle n'avait plus les moyens d'administrer. Le premier ministre travailliste Clement Atlee convoqua un cousin du roi, un héros de guerre fougueux et courageux, pour lui confier ce qu'il appelait le plus cruel devoir d'un soldat. Lord Louis Mountbatten allait devenir le dernier vice-roi des Indes avec pour mission de présider à l'indépendance en limitant l'inévitable bain de sang que cela provoquerait. La tâche était pourtant impossible.

Quand Mountbatten et lady Edwina arrivèrent en Inde en 1947, la situation était explosive. Le pays comptait 410 millions d'habitants, dont 280 millions d'hindous, 115 millions de musulmans, 8 millions de sikhs et 7 millions de chrétiens, en plus de 150 000 Anglais. On y parlait 15 langues et plus de 800 dialectes et il y avait encore 565 États princiers semi-indépendants où les maharadjas voulaient conserver leurs droits ancestraux. Le Parti du Congrès prêchait pour un seul grand pays, mais la Ligue musulmane était désormais prête à tout pour obtenir un Pakistan indépendant. Jinnah affirmait même: «Ou nous provoquerons la division de l'Inde ou nous provoquerons sa destruction.»

Pendant des mois, Mountbatten négocia, cajola, menaça, chercha des compromis entre des adversaires qui ne voulaient plus en trouver. Il s'appuyait aussi sur l'immense pouvoir moral de Gandhi qui l'aimait bien et qui parlait de paix et de réconciliation dans un pays en proie à la fièvre de la haine. Celui que beaucoup n'appelaient plus que le Mahatma (la Grande Âme) alla jusqu'à demander à Nehru, l'hindou, de laisser Jinnah, le musulman, gouverner tout le pays plutôt que de le partager. Alors, Gandhi jeûna et en appela à l'amour universel mais, dans des centaines de villages et de villes, les massacres avaient déjà commencé. Au bout du compte, Mountbatten ne put que baisser les bras et accepter le principe de la partition. Le 15 août 1947, naquirent donc l'Inde et le Pakistan, ce dernier séparé en deux par des milliers de kilomètres de terres hindoues.

Parce que les populations partageaient souvent les mêmes terres depuis des siècles, les frontières nouvelles n'avaient guère de sens. En 6 mois, la folie meurtrière venue avec l'indépendance allait faire 1 million de morts et 15 millions de réfugiés. Parfois, il y eut des miracles, comme celui que réalisa Gandhi à Calcutta où, à lui seul, en déclenchant une grève de la faim au milieu des émeutiers, il parvint à les réconcilier.

Mais le temps de Bapu s'achevait. Le 30 janvier 1948, il fut assassiné par un fanatique hindou qui lui reprochait la partition. Sa mort fut ressentie comme une tragédie et, en un sens, elle permit de ramener un peu d'humanité au milieu de la folie. Ils furent des millions, hindous, sikhs, musulmans et chrétiens, à pleurer son départ et à commencer, ensuite, à rechercher enfin la paix.

LES FRÈRES ENNEMIS

Lorsque l'Inde devint indépendante, Jawaharlal Nehru en devint le premier chef d'État et le resta jusqu'à sa mort en 1964. Il avait été réellement proche de Gandhi et il s'efforça toujours d'appliquer, dans sa politique sociale, les préceptes généreux de Bapu. Il lutta ainsi farouchement contre la tradition et le sectarisme, afin améliorer la condition des millions d'intouchables et préconisa de grandes réformes agraires pour améliorer la désastreuse agriculture indienne. Il favorisa fortement l'instruction, particulièrement la médecine, la science et la technologie, pour sortir son immense pays de la misère et de l'ignorance. Il fit enfin de l'Inde la plus grande démocratie du monde, multipartiste et libre. En 1998, 60% des 600 millions d'électeurs indiens utiliseront leur droit de vote.

C'est sur la scène internationale que Nehru, l'homme à la rose, acquit une stature de dirigeant charismatique. Refusant l'appartenance stérile à l'un ou l'autre des deux blocs politiques adversaires qu'étaient le capitalisme à l'américaine et le communisme à la russe, il développa très tôt, avec l'Égyptien Nasser et le Yougoslave Tito, le concept de pays non alignés, séduisant pour tant de nouveaux États. Son mandat resta toutefois assombri par les tensions et les accrochages périodiques avec le Pakistan au sujet de la province frontalière du Cachemire, rattachée à l'Inde mais majoritairement musulmane. En 1962, une brève mais féroce guerre contre la Chine, à propos du territoire himalayen contesté du Ladash, mina fortement le moral et la santé de Nehru. Il mourut peu après, dans l'amertume de l'échec de son grand rêve d'une ligue des pays non alignés.

Au Pakistan voisin, les lendemains de l'indépendance et de la guerre qu'elle avait entraînée ne furent guère faciles. Muhammad Ali Jinnah, le père de la nation, était mort en 1948, et il ne semblait pas se trouver d'homme capable de lui succéder. Le Pakistan était pauvre, surpeuplé et sans traditions autres que religieuses sur lesquelles développer un sentiment national. De plus, les tensions étaient vives entre les deux provinces séparées, alors que le Pakistan oriental, dramatiquement sous-développé, acceptait de moins en moins le centralisme méprisant de son frère de l'Ouest. En 1956, le Pakistan devenait une république islamique et se rapprochait de la Chine. Deux ans plus tard, un coup d'État portait au pouvoir le général Ayyub Khan, qui instaura la loi martiale que prolongea son successeur Yayia Khan.

En Inde, après la mort de Nehru, le Parti du Congrès passa sous la tutelle du vice-président Shastri, qui ne put éviter une guerre de frontière avec le Pakistan, à cause du Cachemire, et qui amorça un rapprochement avec l'URSS, afin de compenser l'influence chinoise. Dès 1966, le pouvoir échut à une autre grande figure de l'Inde moderne, Indira Gandhi, la fille de Nehru.

Comme son père, Madame Gandhi était une véritable bête politique et une figure mondialement reconnue, mais elle n'avait ni le charisme, ni surtout l'esprit démocratique de Nehru. Avec elle, l'Inde devint une démocratie musclée, où le gouvernement n'hésitait pas à faire arrêter ses adversaires et à diriger par des lois d'urgence. Indira Gandhi voulait faire de l'Inde une puissance mondiale et elle investit des sommes prodigieuses pour développer l'arme nucléaire, ainsi qu'un réseau de satellites de communication d'une technologie spécifiquement indienne. Par ses politiques, elle favorisa indirectement le nationalisme des traditionalistes hindous et se sépara progressivement de l'opposition plus libérale, à l'intérieur même du Parti du Congrès.

En 1971, le Pakistan oriental rejeta l'union avec le Pakistan occidental et proclama son indépendance, créant le Bangladesh. Son chef, Mujibur Rahman, reçut aussitôt l'appui militaire de l'Inde, laquelle déclara la guerre au Pakistan, afin de favoriser le nouvel État. L'indépendance fut gagnée pour les 100 millions d'habitants du Bangladesh, un des pays les plus pauvres du monde. En 1975, un coup d'État militaire renversait et assassinait Rahman, ce qui entama une série de petites révolutions de palais où se succédèrent généraux et colonels jusque dans les années 1990.

La perte de sa province orientale fut un choc pour le Pakistan. Elle entraîna la chute du général Yayia Khan et porta au pouvoir un civil, Ali Bhutto, bien décidé à rétablir la démocratie dans son pays. Bhutto mit en place le socialisme islamique, mais s'aliéna les milieux intégristes religieux et militaires. En 1978, le général Zia s'empara du pouvoir et fit pendre Bhutto pour corruption et trahison. Il rétablit ensuite la loi islamique et s'impliqua avec l'aide discrète des Américains, dans l'appui direct aux rebelles afghans en lutte contre les Russes.

Ce n'est qu'après sa mort, dans un accident d'avion en 1988, qu'on assista à un certain assouplissement de la loi islamique et martiale, avec le court passage au pouvoir de Benazir Bhutto, la fille de l'ancien premier ministre. Mais les mêmes forces réactionnaires qui avaient eu raison de son père l'empêchèrent bientôt de gouverner. Pendant plusieurs années, madame Bhutto fut fréquemment emprisonnée et privée de ses droits, sous la menace constante d'être exécutée, avant d'être finalement contrainte à l'exil en Grande-Bretagne.

En 1984, Indira Gandhi était de plus en plus contestée en Inde, à cause de l'état de l'économie, des tensions raciales et de son penchant pour le pouvoir absolu. Elle fut assassinée par ses gardes du corps sikhs, outrés par son action violente contre un de leurs temples sacrés. Son fils Rahjiv lui succéda. Par son esprit démocratique, il tenait beaucoup plus de son grand-père Nehru que de sa mère Indira. De plus, il ne tenait pas au pouvoir, de sorte que les querelles de succession et d'idéologie avec les anciens conseillers politiques de sa mère amenèrent le Parti du Congrès dans l'opposition pour quelques années, devant le parti Janata, plus engagé dans le fondamentalisme hindou.

En 1990 toutefois, Rahjiv Gandhi, mûri politiquement, reprit le gouvernement de l'Inde, bien décidé à purger l'économie, à museler la haine et à tenter un premier rapprochement avec le voisin pakistanais. On ne sut jamais s'il avait en lui la détermination d'un Nehru. En 1991, il fut assassiné par des fanatiques hindous hostiles à tout compromis avec le Pakistan.

UNE MAISON DE VERRE

Depuis le milieu des années 1990, l'Inde est dirigée par une coalition de partis de droite et de religieux qui se sont joints au Janata. Le premier ministre Atal Behari Vajpayee, un modéré, doit composer avec une économie chaotique et, surtout, avec une radicalisation des tensions religieuses et ethniques. Même l'attention internationale accordée à l'œuvre charitable de mère Teresa a provoqué la colère des plus intégristes des mouvements hindouistes qui refusent que la mémoire d'une étrangère et d'une chrétienne soit honorée chez eux. Parallèlement, on assiste à de plus en plus d'émeutes et de vexations contre la communauté chrétienne du pays, même la célébration de la fête de Noël devenant une provocation pour les nationalistes hindous. Il n'est peut-être pas innocent que ces actions violentes aient correspondu avec les premiers succès électoraux de Sonia Gandhi, la veuve d'origine italienne de Rahjiv, qui tente de réorganiser et de redonner une âme au Parti du Congrès.

En 1997, le régime militaire en place au Pakistan a accepté le principe d'un gouvernement civil dirigé par Nawaz Sharif. Toutefois, le nouveau pouvoir s'est vite trouvé en face de l'épouvantable situation économique du pays, aggravée par la limitation de l'aide financière internationale en protestation du support pakistanais apporté au régime intégriste réactionnaire des Talibans d'Afghanistan. Pour calmer ses détracteurs à l'étranger, le premier ministre Sharif a multiplié les gestes d'éclat, signant avec l'Inde un accord de non-prolifération des armes nucléaires ou inaugurant le premier service d'autobus à relier les deux pays depuis un demi-siècle. Puis, pour calmer l'opposition islamiste au Pakistan, il a fait emprisonner pour corruption le mari de Benazir Bhutto toujours exilée ou, plus dangereusement, a encouragé une nouvelle rébellion musulmane au Cachemire, au point de provoquer l'intervention de l'armée indienne.

Au printemps 1999, Sharif a été renversé par un coup d'État militaire dirigé par le général Pervez Musharraf, qui a rapidement remis officiellement le pouvoir à un gouvernement civil, tout en continuant d'être le véritable meneur du jeu politique. La fiction démocratique a volé en éclats en juin 2001, quand Musharraf a renvoyé le gouvernement pour assumer tous les pouvoirs, au nom de l'efficacité militaire et de la responsabilité nationale.

Quant au Bangladesh, fortement surpeuplé et terriblement pauvre, il a pu enfin renouer avec la démocratie, au début des années 1990. Mais l'alternance du pouvoir entre la Ligue Awami, de centre gauche, et le Parti nationaliste, tenant d'une droite nationaliste, commence à s'essouffler devant l'exaspération d'une population lasse de la misère et de plus en plus tentée par le fondamentalisme religieux. En juin 2001, la violence politique s'est manifestée par des attentats terroristes sanglants, dont s'accusent mutuellement les deux grands partis. Incidemment, la Ligue Awami est dirigée par le premier ministre Hasina Wajed, fille du héros de l'indépendance Mujibur Rahman.

Depuis quelques années, l'Inde et le Pakistan possèdent tous les deux un arsenal nucléaire que, ni l'un ni l'autre n'a jamais brandi. Mais l'incertitude économique et politique, le nationalisme exacerbé et l'extrémisme religieux, dont semblent souffrir ces frères ennemis, constituent autant de facteurs qui inquiètent et effraient. La volonté démocratique, où qu'elle se trouve, ressemble à une maison aux fragiles parois de verre, terriblement faciles à briser. Indiens et Pakistanais habitent la même maison. Mais Gandhi n'est plus là.

Quatre temps d'une guerre froide

L'affrontement entre l'Est et l'Ouest

En février 1945, Joseph Staline, dirigeant de l'Union soviétique, Winston Churchill, premier ministre de Grande-Bretagne, et Franklin Delano Roosevelt, président des États-Unis d'Amérique, se rencontrèrent à Yalta, en Crimée, pour planifier l'Europe de l'après-guerre. L'Allemagne nazie était pratiquement battue et les Alliés devaient décider qui contrôlerait quoi, quel visage aurait la prochaine Europe et comment ils allaient procéder pour vaincre le Japon. Si Staline et Churchill s'intéressaient davantage aux zones d'influence que chacun contrôlerait après la guerre, Roosevelt était plutôt venu à Yalta afin d'obtenir l'adhésion de ses pairs à ses thèses plus idéologiques, peut-être même plus utopiques.

Déjà, le président américain était un homme très malade qui savait sa fin prochaine. Il devait d'ailleurs mourir quelques semaines plus tard. Roosevelt ne désirait donc plus que l'appui de l'Union soviétique sur trois points, pour lui fondamentaux, quitte à laisser tomber toutes ses autres demandes. D'abord, faire garantir par Staline des élections démocratiques dans tous les pays libérés du nazisme par les Russes. Ensuite, assurer la participation militaire de la toute-puissante Armée rouge soviétique à la guerre contre le Japon, dans les trois mois qui suivraient la capitulation allemande. Enfin, convaincre les Soviétiques d'adhérer à l'Organisation des Nations Unies qu'il souhaitait voir créée.

Staline accepta ces trois demandes et, pour les deux dernières du moins, tint parole. Par contre, les trois décennies suivantes allaient être marquées au sceau d'une rivalité passionnée, voire d'une haine farouche, entre les alliés d'hier. Ce serait la guerre froide, une ère de rapports glaciaux entre l'Est et l'Ouest ; une période où, plus d'une fois, le monde entier passerait bien prêt de l'anéantissement nucléaire.

LA PAGE LA PLUS HONTEUSE DE L'AMÉRIQUE

Dès l'année 1946, les tensions étaient vives entre l'Amérique, qui se proclamait championne du monde libre, et l'Union soviétique, garante du dogme socialiste international. En deux ou trois ans, la méfiance devint générale et chacun fut viscéralement convaincu que l'autre ne voulait que détruire totalement l'idéologie et les valeurs fondamentales de la société rivale. Nulle part toutefois, la paranoïa n'atteignit des niveaux de bassesse comparables à ceux de l'Amérique du début des années 1950, l'ère du maccarthysme.

En 1946 donc, les républicains de droite, portés par un patriotisme triomphant, avaient réussi à arracher plusieurs sièges du Congrès aux démocrates. Parmi les nouveaux élus, on comptait le sénateur du Wisconsin, Joseph McCarthy. Alors âgé de 38 ans, McCarthy était un avocat plutôt moyen, mauvais orateur et alcoolique, mais qui avait l'exceptionnelle qualité politique de pouvoir proférer les plus énormes mensonges sans jamais se démonter, même face à ses propres contradictions. Il prétendait avoir été un héros de guerre, un *Marine* qui avait mené au combat bien des petit gars d'Amérique, dont beaucoup étaient morts dans ses bras en le suppliant « d'aller nettoyer les étables de ces damnés politiciens de Washington ». Dans les faits, il avait passé sa carrière militaire à l'arrière, comme officier de renseignements chargé d'interroger les pilotes à leur retour de mission. Sa seule blessure avait été une fracture de la jambe, subie lors d'une chute en bas d'une échelle, un soir de beuverie.

Quatre années plus tard, sa réélection paraissait fort peu probable, compte tenu du fait que tout le monde au Sénat le détestait pour son incapacité à faire autre chose que boire, se quereller grossièrement avec n'importe qui et accepter tous les pots-de-vin possibles dont il jouait aussitôt les sommes à la Bourse ou sur les champs de course. Par contre, Joe, comme il aimait être appelé, était aussi rusé que sans scrupule. Pour gagner des votes, il choisit alors d'enfourcher le cheval de bataille de l'anticommunisme primaire.

Le sénateur McCarthy commença par défendre les criminels de guerre nazis qui, selon lui, n'avaient fait que combattre les Rouges avant l'heure et qui devaient donc être considérés comme des héros du monde libre. Il s'en prit également au gouvernement démocrate du président Truman, «un nid d'espions et de collaborateurs communistes», selon ses dires. Son coup de génie fut toutefois réservé à l'incomparable tribune qu'était le Cercle des femmes républicaines de Wheeling, en Virginie occidentale. Là, en janvier 1950, au milieu d'un nouveau discours redondant sur l'infiltration communiste au sein du gouvernement, il sortit une feuille de papier de sa poche et déclara qu'elle contenait les noms de 205 fonctionnaires du Département d'État, du Pentagone et de la Maison-Blanche, connus pour leurs liens étroits avec l'Union soviétique.

La nouvelle fut aussitôt reprise par tous les journaux et médias électroniques du pays, qui signalèrent que l'éminent sénateur du Wisconsin avait la preuve écrite de l'importance de l'espionnage communiste au pays. Le Congrès se réunit en séance spéciale pour donner la parole au grand homme, lequel ne trouvait plus toutefois son fameux document (il semble, en fait, que le papier aurait contenu ses instructions de pari illégal sur une course de chevaux), ni ne se rappelait le nombre de traîtres qu'il avait cité. Imperturbable, il rapportait maintenant, après un nouvel examen, 57 noms. À la tribune du Sénat, il parla pendant six heures, en feuilletant et commentant la soixantaine de dossiers qu'il s'était procurés (demandes d'emploi, enquêtes routinières de sécurité, etc.). Il refusa de donner des noms et interpréta les faits à sa façon, affirmant des énormités du genre: «Il n'y a rien dans le dossier 72 qui démontre des liens avec le parti communiste, ce qui prouve justement l'habileté de la trahison.» C'était risible et pathétique, mais les anticommunistes du Congrès s'empressèrent de monter dans le train en marche... d'autant que le grand public semblait apprécier le spectacle.

En quelques semaines, Joe McCarthy était devenu un héros national, un défenseur sans peur de l'américanisme contre l'apathie du gouvernement. Même ceux qui le dénonçaient prouvaient leur trahison, démontrant qu'ils voulaient le faire taire parce qu'il disait la vérité. En novembre 1950, il fut réélu, presque sans opposition, et prit la tête de l'infâme Commission des activités antiaméricaines.

Pendant environ quatre ans, on y fit défiler des milliers de personnes dont les idées socialistes, les engagements pour la cause de la paix durant les années 1930 et les discours de solidarité avec la Russie pendant la guerre constituaient désormais des évidences de trahison. Des gens furent emprisonnés parce qu'ils refusaient de témoigner contre eux-mêmes, un droit pourtant garanti par le 5e amendement de la Constitution américaine. D'autres le furent par association, parce qu'ils ne voulaient pas dénoncer des connaissances maintenant soupçonnés. La Commission, malgré ses centaines de collaborateurs et ses millions de dollars, ne prouva jamais aucun cas d'espionnage.

Après s'en être pris aux fonctionnaires du gouvernement, McCarthy s'attaqua au monde du spectacle, particulièrement à l'industrie du cinéma. Des producteurs comme Walt Disney, des réalisateurs comme Elia Kazan, des acteurs comme Ronald Reagan vinrent dire que tel scénariste, tel technicien ou tel collègue avait déjà exprimé des idées de gauche. À partir de dénonciations jamais démontrées, une liste noire fut établie, qui empêchait des milliers de gens de travailler dans leur domaine. Des carrières furent brisées, plusieurs choisirent le suicide. Charlie Chaplin fut contraint à l'exil.

Joe McCarthy était maintenant entouré de centaines de collaborateurs, dont l'ignoble Roy Cohn, qui menait les enquêtes en fonction des gens qu'il détestait. Richard Nixon et Robert Kennedy firent aussi brièvement partie de cette équipe, mais prirent rapidement leurs distances. Tout le monde redoutait désormais d'être inquiété, d'autant que le sinistre J. Edgar Hoover, directeur du Bureau fédéral d'investigation (FBI), alimentait la Commission à même les dossiers secrets que ses services tenaient sur à peu près tout le monde.

Dans un tel climat de méfiance et de paranoïa, bien des gens et des organismes faisaient donc montre d'un extrémisme aberrant, comme si chacun voulait ainsi prouver qu'il ne pouvait certainement pas être soupçonné de manquer de patriotisme. Plusieurs États marquèrent, par de grandes barres rouges, les livres gauchistes des bibliothèques et des librairies, et exigèrent que les noms des emprunteurs et des acheteurs soient fournis au FBI. L'Indiana réclama même qu'on cesse de valoriser Robin des Bois, puisque voler les riches pour donner aux pauvres était certainement d'idéologie communiste.

La Commission s'en prit ensuite aux scientifiques, dont Robert Oppenheimer, le père de la bombe atomique, et Albert Einstein, le plus grand savant du monde. Le premier fut empêché de conserver ses dossiers de recherche, tandis que le second se vit imposer l'interdiction de faire la moindre déclaration publique, en dehors de ses cours à l'Université Princeton.

Ne se reconnaissant désormais aucune limite, McCarthy attaqua le président Eisenhower lui-même, coupable de mollesse pour avoir refusé une guerre nucléaire contre la Chine. Il blâma le général Marshall, chef d'état-major, pour l'aide économique apportée à la reconstruction de l'Europe, dont plusieurs pays autorisaient des partis communistes. Enfin, il décida de régler son compte à l'Armée américaine, accusée d'avoir perdu des conflits à cause de son infiltration par les Rouges. Cette fois, Joe McCarthy allait affronter un adversaire aussi coriace que lui.

À partir de 1954, les gens furent de plus en plus las de ce qu'on appelait à mots couverts «le cirque de McCarthy». La même année, parut *Les sorcières de Salem*, une pièce d'Arthur Miller sur l'intolérance religieuse dans l'Amérique puritaine du XVIIe siècle, dont tout le monde comprit l'évidente analogie avec le triomphe du mensonge et de la calomnie qu'était la chasse aux sorcières du sénateur du Wisconsin. Le public suivait de moins en moins les interminables séances télévisées de la Commission, tandis que les autres membres du Congrès commençaient enfin à oser tenir tête à McCarthy.

Quand, inconscient de l'effritement de sa crédibilité, Joe s'en prit à l'Armée, celle-ci décida de le briser une fois pour toutes. L'obligeant à montrer ses fameuses preuves, les avocats civils et militaires les mirent en pièces les unes après les autres, puis s'attaquèrent au sénateur lui-même. Son alcoolisme, sa corruption et ses mensonges furent étalés en public et celui que le président Eisenhower avait un jour comparé à « un furoncle sur le chemin du progrès » devint un objet de mépris général désormais isolé et ignoré.

Brisé et solitaire, Joseph McCarthy mourut d'éthylisme en 1957. L'anticommunisme allait encore connaître une glorieuse carrière au pays de l'Oncle Sam, mais au moins l'Amérique avait enfin tourné la page la plus honteuse de son histoire.

LES SANGLANTES COLLINES DE CORÉE

Le 7 mai 1945, l'Allemagne nazie capitulait, mettant fin à plus de cinq ans de guerre totale en Europe. Dans les semaines suivantes, l'Armée rouge soviétique commençait à transférer des troupes en Asie, conformément à l'engagement pris par Staline à Yalta de participer à l'attaque contre le Japon. Exactement trois mois plus tard, le 7 août, les Russes envahissaient la Corée, prenant l'archipel nippon en tenailles. Par contre, la veille, les Américains avaient anéanti Hiroshima avec leur première bombe atomique et n'avaient désormais plus besoin de l'aide soviétique.

Désireux d'arrêter l'avance de leurs encombrants alliés, les États-Unis proposèrent que les zones d'occupation respectives soient arbitrairement fixées de part et d'autre du 38e parallèle qui coupait la Corée en deux. Les Russes n'y firent aucune objection. Les premières années, il ne s'y passa rien, car la Corée n'intéressait personne. Colonie japonaise depuis le début du siècle, le pays était pauvre, sans richesses naturelles ni industries et éloigné des zones défensives de l'Est comme de l'Ouest. La guerre froide allait tout changer.

En 1949, la Chine devint communiste, à l'exception de l'île de Formose (Taiwan), et, soudain, l'enjeu de la suprématie mondiale se déplaça en Asie. La Corée séparée était maintenue sous tutelle des Nations Unies, en attendant une éventuelle réunification. Au Nord, les Russes avaient établi un gouvernement stalinien pur et dur, dirigé par Kim Ilsong. Au Sud, les

Américains avaient déniché Syngman Rhee, un beau parleur corrompu et anticommuniste. L'un et l'autre de ces deux matamores promettaient de réunifier le pays par la force des armes, et des incidents de frontières opposaient fréquemment les deux États, mais personne ne les prenait vraiment au sérieux.

Le 25 juin 1950, l'armée de la Corée du Nord, forte de 135 000 hommes bien entraînés et bien équipés par les Soviétiques, attaqua massivement la Corée du Sud. La minuscule armée de Syngman Rhee se débanda, tout comme les quelques milliers de soldats américains laissés en garnison tranquille dans un pays où il ne se passait rien. La capitale Séoul tomba le 28 juin et, en quelques semaines, des centaines de milliers de réfugiés fuyaient en panique vers le port de Pusan, dernier bastion de résistance dans le Sud.

On apprit plus tard que Kim Ilsong n'avait prévenu ni Pékin ni Moscou et avait présumé que les Américains ne se battraient jamais pour la Corée. Il avait tort. Déjà ulcérés par la perte de la Chine, les États-Unis virent dans l'agression nord-coréenne le premier pas vers la troisième guerre mondiale et résolurent d'y arrêter la poussée communiste.

Le jour de l'invasion, le président américain Harry Truman rencontrait le secrétaire général de l'Organisation des Nations Unies (ONU) Trygve Lie, et convint avec lui que l'attaque nord-coréenne était une violation de la paix et une agression contre les Nations Unies, que les Américains représentaient en Corée du Sud. Le 26 juin, profitant de ce que les Soviétiques boycottaient l'ONU pour protester contre le fait que le siège réservé à la Chine était occupé par un représentant de Formose, Truman et Lie firent accepter, à l'unanimité du Conseil de sécurité, une résolution obligeant l'armée nord-coréenne à se retirer ou à affronter les armées de plusieurs pays.

Afin de bien montrer au peuple américain et au monde entier que ce n'étaient pas les États-Unis qui entraient en guerre mais bien les Nations Unies, le président Truman parla d'une « opération de police internationale ». À la fin du mois de juillet, les forces de 21 pays, dont la Grande-Bretagne, la France, le Canada, l'Australie, la Turquie, les Pays-Bas et les Philippines, débarquaient à Pusan et se plaçaient sous la bannière de l'ONU.

Les Américains, ayant fourni près des trois quarts des combattants, commandaient évidemment l'opération, par l'entremise d'un de leurs plus illustres généraux : Douglas MacArthur.

L'Asie était alors devenue symboliquement le fief personnel de MacArthur, commandant en chef des forces d'occupation du Japon depuis 1945. Le vieux général était un héros de la guerre du Pacifique, arrogant et prétentieux, qui méprisait le président et acceptait mal l'autorité d'un vulgaire civil sur le meilleur soldat de l'Histoire américaine, c'est-à-dire lui-même. Par contre, il savait se battre et détestait les communistes. Dès le 30 juillet, sans attendre les ordres de Washington, il faisait bombarder les ports, les aérodromes, les ponts et les voies ferrées de la Corée du Nord.

En septembre, disposant désormais de la maîtrise des airs et de près de 150 000 hommes bien équipés, il contre-attaqua. Ignorant le port assiégé de Pusan, il fit débarquer, dans une opération amphibie aussi imposante qu'audacieuse, des milliers d'hommes à Inchon, de l'autre côté de la péninsule coréenne et à quelque 300 kilomètres derrière les lignes communistes. Ce fut au tour des Nord-Coréens de battre en retraite. Le 38e parallèle fut bientôt atteint... puis franchi, malgré les demandes de l'ONU et les ordres de Washington. Pyongyang, capitale de la Corée du Nord, fut prise le 20 octobre, et MacArthur continuait pourtant de faire avancer ses troupes, comme s'il cherchait vraiment à provoquer le monde communiste.

Jusqu'à maintenant, ni la Chine ni l'Union soviétique ne s'étaient militairement impliquées en Corée, au grand désappointement de Kim Ilsong. En fait, Pékin et Moscou s'étaient contentés de parler très fort et d'envoyer davantage de matériel à la Corée du Nord. Les Chinois avaient aussi clairement annoncé qu'ils ne toléreraient pas de troupes de l'ONU trop près du fleuve Yalu qui sépare la Mandchourie chinoise de la Corée. MacArthur affirmait qu'il ne s'agissait que d'une menace en l'air et que les Chinois ne bougeraient pas. En secret, il espérait pourtant une intervention chinoise qui lui permettrait d'arracher la Chine aux communistes, quitte à utiliser l'arme atomique. Encore une fois, l'arrogant général ne tint donc aucun compte des ordres de son président qui exigeait, au nom des Nations Unies, le retrait des troupes sur la frontière du 38e parallèle.

Le 24 novembre 1950, 600 000 «volontaires» chinois franchissaient le Yalu et attaquaient les troupes de l'ONU. Celles-ci refluèrent vers le Sud et Séoul tombait de nouveau, le 4 janvier 1951. La ville fut reprise en mars, tandis que l'offensive chinoise s'essoufflait. Le Conseil de sécurité de l'ONU réclama que ses troupes s'arrêtent au 38ᵉ parallèle et qu'on propose un cessez-le-feu aux communistes. MacArthur déclara plutôt qu'il était temps d'utiliser les armes nucléaires. En entendant cette déclaration, les Russes, cette fois, préparèrent leurs propres missiles.

C'en était trop pour l'ONU et pour Truman, qui avait décidément été bien patient. Le 20 avril, le président relevait le général de son commandement et nommait Matthew Ridgeway à sa place. Aux États-Unis, ce fut un raz-de-marée de protestations des républicains et des groupes d'extrême droite. Le vieux général MacArthur, victime des «pleutres et des traîtres du gouvernement démocrate», se pavana au Congrès, parlant des «vieux soldats qui ne meurent jamais et ne font que s'effacer», tout en mettant de l'avant sa candidature pour l'élection présidentielle de l'année suivante. Son heure de gloire était pourtant passée et MacArthur quitta bientôt l'avant-scène. Il mourut en 1964.

Le 3 mai 1951, des pourparlers de paix s'ouvrirent dans la ville frontalière de Panmunjon. Constamment suspendus pour des motifs futiles, ils durèrent près de deux ans, tandis que des combats sanglants se livraient localement pour une colline ou un village. En mars 1953, l'Union soviétique perdait son maître Joseph Staline, la Chine vivait des heures difficiles sur le plan économique et les États-Unis étaient en plein maccarthysme. Plus personne ne s'intéressait à la Corée. Le 27 juillet, un accord intervenait enfin à Panmunjon sur la base d'un retour presque intégral à la frontière de 1950. Ce n'était pas vraiment la paix, mais ce n'était plus la guerre entre des frères restés ennemis. Les Coréens du Nord comme ceux du Sud eurent 2 millions de morts, dont 80% de civils, tandis que les Nations Unies avaient perdu 70 000 combattants, dont 54 000 Américains, et les Chinois plus de 100 000. Et tout cela pour rien.

Cinquante ans plus tard, la Corée est toujours divisée en deux États ennemis.

TREIZE JOURS EN OCTOBRE

Au printemps de 1961, la toute nouvelle administration du président américain John Kennedy se vit impliquée dans une désastreuse opération de débarquement raté à la baie des Cochons, à Cuba. Organisée de façon bâclée par les services secrets américains de l'Agence centrale de renseignements (CIA) et par des réfugiés cubains anticastristes, l'expédition voulait arracher l'île au régime communiste de Fidel Castro mais n'avait réussi qu'à faire perdre la face aux États-Unis, cette grande puissance battue par un tout petit pays. Kennedy s'était donc juré que tout nouvel affrontement avec Castro répondrait à des critères beaucoup plus sévères d'analyse et de préparation. Les Cubains, eux, avaient bien compris que leur île restait vulnérable à une invasion et décidèrent de s'y préparer.

En août 1962, on apprit que Raul Castro, frère du président cubain et ministre de la guerre, se trouvait à Moscou. Puis, on nota un accroissement spectaculaire du nombre de cargos soviétiques dans le port cubain de Mariel, ainsi que l'arrivée de quelques milliers de techniciens et de militaires russes à Cuba. Soudain, le 15 octobre, des photographies prises par un avion espion U2 montrèrent que Cuba procédait à l'installation de rampes de lancement pour missiles balistiques, qui seraient pointés sur les villes américaines. La crise qui débutait allait durer 13 jours et mener le monde à deux doigts de la guerre nucléaire.

Le 16 octobre, une réunion de crise eut lieu secrètement à la Maison-Blanche, où se retrouvèrent tous les conseillers politiques, militaires et juridiques du président américain. On y confirma que les rampes de lancement cubaines seraient opérationnelles dans les 10 jours et menaceraient alors d'une mort instantanée environ 90 millions d'Américains des grandes villes de la Côte Est, avec un délai d'alerte de seulement 3 minutes. La majorité des conseillers ne voyaient comme réplique possible qu'un bombardement préventif de Cuba, mais le président Kennedy et son frère Robert, ministre de la justice des États-Unis, savaient pertinemment que cela entraînerait une guerre nucléaire avec l'Union soviétique. On convint donc d'explorer d'autres options et de garder le secret aussi longtemps que possible.

Le 17 octobre, une nouvelle réunion permit de dégager quelques voies alternatives, sans renoncer encore à l'hypothèse du bombardement préventif. On pouvait en appeler à l'ONU, s'entendre secrètement avec le dirigeant soviétique Nikita Khrouchtchev ou bien ne rien faire. On pouvait également envisager un blocus maritime et aérien de l'île et le maintenir jusqu'au démantèlement des rampes de lancement. On convint finalement de prendre une décision finale le lendemain, après avoir étudié toutes les implications internationales de l'une ou l'autre des options retenues. Enfin, les forces armées américaines furent placées à un niveau dit d'alerte 2, selon une échelle de gravité croissante de 1 à 5.

Le 18 octobre, décision fut prise de procéder à un blocus maritime de Cuba, c'est-à-dire de mettre l'île en quarantaine par l'arraisonnement en haute mer et la fouille de tout navire qui voudrait y aborder. Les alliés de l'Amérique seraient secrètement prévenus à l'avance et tous les précédents juridiques connus en droit international seraient énoncés à la tribune de l'ONU, puis au peuple américain. Les forces armées furent également mises au niveau d'alerte 3.

Le 19 octobre, le président Kennedy fit émettre un faux bulletin de santé, pour justifier l'annulation de plusieurs rendez-vous officiels, tandis que Robert Kennedy entreprenait la rédaction des lettres qui seraient envoyées aux différents chefs d'État du monde, ainsi qu'une autre, plus personnelle et beaucoup plus délicate, adressée à Nikita Khrouchtchev. La Marine américaine reçut l'ordre d'expédier tous ses navires disponibles dans la mer des Caraïbes, au large des côtes cubaines.

Le 20 octobre, le président américain ordonna à ses ambassadeurs à Londres, Paris et Bonn de prendre contact personnellement avec le premier ministre britannique Harold MacMillan, le président français Charles de Gaulle et le chancelier ouest-allemand Konrad Adenauer, afin de leur expliquer les faits et les mesures envisagées. Chacun d'eux approuva le plan américain et loua la modération dont Kennedy faisait preuve pour limiter les risques de guerre. Parallèlement, le président rencontra les représentants les plus influents de la presse américaine, pour leur demander de garder le secret encore 48 heures.

Le 21 octobre, 43 lettres officielles du gouvernement des États-Unis furent remises aux dirigeants de différents pays, ainsi qu'au secrétaire général de l'ONU et à celui de l'Organisation des États américains (OEA). À l'exception du Canadien John Diefenbaker, tous appuyèrent la position américaine. À Moscou, la lettre personnelle fut également remise à Khrouchtchev : offrant discrètement aux Russes une façon diplomatique de sauver la face, elle abordait la possibilité pour les Américains de démanteler éventuellement les bases de missiles qu'ils possédaient eux-mêmes en Turquie et qui ne servaient à peu près plus. Les forces armées des États-Unis étaient maintenant en niveau d'alerte 4 et, désormais, des bombardiers géants B52 restaient constamment en vol, porteurs d'ogives nucléaires chargées. Les navires américains commencèrent à croiser dans la mer des Caraïbes.

Le 22 octobre, John Kennedy rencontra les différents dirigeants des deux partis au Congrès et, malgré l'opposition tonitruante des républicains, qui réclamaient la guerre immédiate avec Cuba, il obtint finalement leur appui unanime à sa politique modérée. Il rencontra ensuite l'ambassadeur russe à Washington et l'avertit officiellement que toute attaque en provenance de Cuba serait interprétée par les États-Unis comme un acte de guerre de la part de l'Union soviétique. En soirée, il s'adressa enfin à la nation, par le biais de la radio et de la télévision, et expliqua quels étaient les faits et en quoi consistait un blocus maritime. Il demanda également à ses concitoyens de rester calmes et de prier pour la paix.

Le 23 octobre au matin, il apparut que les Russes n'avaient bougé nulle part dans le monde, alors qu'on s'attendait à une épreuve de force probable à Berlin. Dans la journée, Khrouchtchev se contenta de convoquer l'ambassadeur américain à Moscou et de traiter les États-Unis de pirates et de forbans, sans jamais reconnaître la présence de missiles balistiques à Cuba. Au même moment, l'OEA annonçait qu'elle appuyait à l'unanimité la position américaine. Puis 7 des 11 membres du Conseil de sécurité de l'ONU se rallièrent à l'idée de blocus, quoique le droit de veto dont disposaient les Soviétiques empêchât toute action concrète des Nations Unies. En soirée, Kennedy annonça que la limite d'interception avait été fixée à 500 milles nautiques des côtes cubaines et que 25 navires russes s'en approchaient.

Le 24 octobre, la flotte américaine était en place et toutes les forces armées des États-Unis passèrent au niveau d'alerte 5, le plus élevé avant l'ordre de combat. L'aviation cubaine fut également mise en alerte maximale. Le monde entier se trouvait au bord de la guerre et retenait son souffle. Puis, une lueur d'espoir apparut soudain. Dans l'après-midi, on apprit qu'une vingtaine de navires soviétiques avaient commencé à faire demi-tour.

Le 25 octobre, un pétrolier russe et un paquebot est-allemand furent interceptés, puis autorisés à poursuivre leur route. À Cuba, par contre, on signala que les travaux de mise en activité des missiles s'étaient accélérés, de façon qu'ils soient opérationnels dès le lendemain. Les Américains firent savoir aux Soviétiques que cela pourrait bien entraîner de nouvelles mesures plus lourdes de conséquences. À l'ONU, l'ambassadeur russe mit pourtant le représentant américain Adlaï Stevenson au défi de prouver que ces fameux missiles existaient bel et bien : Stevenson n'attendait que cela et s'empressa donc de montrer photographies et documents à toute l'Assemblée, tandis que la délégation soviétique quittait discrètement la salle.

Le 26 octobre, un premier cargo russe fut arraisonné. Son commandant, suivant les ordres de Moscou, accepta qu'on fouille le navire. Il put ensuite poursuivre sa route. L'état d'alerte des forces armées américaine baissa d'un cran. À Washington, en fin de journée, un officier de l'ambassade soviétique prit contact avec un journaliste du réseau de télévision ABC et lui demanda de transmettre au Département d'État une offre officieuse de discussions, afin de résoudre la crise. La proposition russe disait à peu près que, si les Américains s'engageaient à renoncer à toute forme d'invasion de Cuba, l'Union soviétique pourrait peut-être démanteler les hypothétiques missiles et convaincre Castro de refuser dorénavant ce type de matériel militaire. Devant l'intérêt certain manifesté par les États-Unis, Khrouchtchev envoya à Kennedy, le soir même, une lettre reprenant officiellement les mêmes bases de discussion.

Le 27 octobre, alors que Robert Kennedy rédigeait une réponse officielle positive à la lettre de la veille, une nouvelle note diplomatique arriva de Moscou. Cette fois, Khrouchtchev posait de nouvelles conditions, beaucoup plus dures et assorties de menaces théoriques, sans faire aucune référence à sa lettre précédente. Les Américains comprirent que le dirigeant soviétique devait être poussé à la guerre par certains de ses généraux ou de ses ministres et qu'il fallait très rapidement trouver une façon de sortir de cette nouvelle impasse. Or, les missiles étaient maintenant opérationnels à Cuba, de sorte que, désormais convaincus que la stratégie du blocus maritime avait échoué, tous les conseillers réunis à la Maison-Blanche réclamèrent le bombardement de Cuba, c'est-à-dire la guerre. Seul le président Kennedy s'y opposa et décida plutôt de tenter audacieusement le destin. Il ordonna de considérer le second message des Russes comme n'ayant jamais existé et de répondre par l'affirmative à la première lettre de Khrouchtchev, laquelle fut d'ailleurs aussitôt rendue publique. Puis, Kennedy plaça les forces armées en alerte maximale et croisa les doigts.

Le 28 octobre 1962, Nikita Khrouchtchev s'adressa à la population de l'Union soviétique et annonça que, pour préserver la paix, il avait personnellement adressé aux Américains une proposition de compromis qui avait été acceptée. Les États-Unis s'engageaient à ne pas envahir Cuba, en échange du démantèlement des rampes de missiles. Le dirigeant cubain Fidel Castro, qui n'avait pas été consulté, hurla à la trahison, mais il ne pouvait rien faire. Kennedy accepta de laisser Khrouchtchev passer pour le Sauveur, car l'essentiel était atteint: la crise était terminée. Le monde entier poussa un soupir de soulagement.

Quelques jours plus tard, les rampes de lancement furent démantelées et les techniciens russes rappelés dans leur pays, tandis que les navires américains quittaient leur position. Pendant 13 jours, le monde avait tremblé et, durant cette crise majeure, John Kennedy avait démontré qu'il avait réellement l'étoffe d'un grand président. Treize mois plus tard, le 22 novembre 1963, il fut assassiné à Dallas. L'année suivante, Nikita Khrouchtchev était limogé.

UN MUR À BERLIN

Pendant plus de 40 ans, la ville de Berlin devait, à elle seule, symboliser la guerre froide entre l'Est et l'Ouest. En 1945, à Yalta, les Alliés s'étaient entendus sur l'occupation après la guerre de l'Allemagne en quatre zones : russe, américaine, britannique et française. Bien que nettement en zone soviétique, la capitale hitlérienne fut elle-même séparée en quatre secteurs, pour bien montrer la coopération alliée.

Toutefois, les tensions ne tardèrent pas à surgir, particulièrement illustrées par les milliers et milliers d'Allemands qui, transitant par Berlin, quittaient quotidiennement le secteur russe pour passer dans les secteurs occupés par les Occidentaux. Ceux qui, selon la propagande anticommuniste, « votaient avec leurs pieds en choisissant la liberté » amenèrent bientôt les Russes à établir une véritable zone interdite autour des secteurs occidentaux, afin d'arrêter l'hémorragie de population. Il devint rapidement clair que la ville constituait un lieu idéal pour une épreuve de force inévitable entre les deux idéologies ennemies.

La première crise de Berlin survint le 24 juin 1948 quand Staline ordonna le blocus complet de Berlin-Ouest, soit les secteurs américains, britanniques et français, fermant toutes les routes, ainsi que les voies ferroviaires et maritimes qui permettaient l'accès à la ville de 2,5 millions d'habitants. Un passage en force par les armées des trois pays concernés aurait certainement entraîné la guerre avec l'Union soviétique, de sorte que le président américain Harry Truman opta plutôt pour un pont aérien qui, chaque jour, devrait ravitailler Berlin encerclée, tout en priant pour que les Soviétiques n'abattent pas les avions. Dans les faits, cela signifiait quotidiennement un minimum vital de 4 500 tonnes de victuailles, médicaments, vêtements, équipements, matériaux et charbon, soit un avion-cargo C-47 se posant toutes les 3 minutes, 24 heures sur 24. Les Russes croyaient le pari impossible à tenir et attendaient donc que les Occidentaux baissent les bras et abandonnent Berlin. C'est également ce que croyaient la plupart des spécialistes, mais Truman était un homme têtu et tenace.

En juillet 1948, on ne réussit pas à livrer plus de 1150 tonnes par jour, mais bientôt on passa à 2000 puis à 3000 tonnes. Durant l'automne, l'entrée en scène des porteurs géants C-54 améliora encore les performances, mais il était évident que les deux seuls aéroports disponibles, Tempelhof et Gatow, ne suffisaient plus à la tâche. Toutefois, Berlin ne disposait nullement de l'équipement lourd nécessaire pour construire un troisième aérodrome. Les Berlinois se montrèrent alors aussi tenaces et têtus que Truman. Un matin de novembre, 20 000 civils, de tous âges et de toutes conditions, vinrent avec leurs pelles et leurs pioches et se mirent au travail. L'aéroport de Tegel devint opérationnel à la mi-décembre 1948 et la livraison quotidienne passa à 6 000, puis à 8000 tonnes. En février 1949, les 224 appareils disponibles livraient quotidiennement 12 000 tonnes de denrées diverses, ce qui faisait de Berlin une des villes les plus riches et les mieux approvisionnée d'Europe.

En mai 1949, les Soviétiques comprirent qu'ils étaient battus et levèrent le blocus. En 11 mois, plus de 3 millions de tonnes de denrées diverses avaient été acheminées à Berlin, mais 55 pilotes anglais et américains étaient morts dans des accidents. Pour la petite histoire, signalons que, dans la semaine précédant Noël 1948, l'Opération Victuailles avait été doublée d'une Opération Petites Victuailles inattendue. Les appareils américains et britanniques livrèrent, en surplus, sept tonnes de jouets et de friandises pour les enfants berlinois. Jusqu'au dernier sou, tout avait été payé par les équipages eux-mêmes.

La seconde crise majeure eut lieu pendant l'été de 1961. Depuis des années, Khrouchtchev parlait de Berlin-Ouest comme «d'une arête dans la gorge soviétique» et réclamait violemment le départ des Occidentaux. La principale pomme de discorde restait l'hémorragie constante de population qui passait à l'Ouest, fuyant la sinistre et pauvre République démocratique allemande (RDA) communiste, pour l'opulente et libre République fédérale allemande (RFA) capitaliste. En juillet 1961, 30 000 Allemands de l'Est étaient partis et, dans la seule journée du 12 août, 4 000 autres avaient fui.

Dans la nuit du 13 août 1961, des milliers de soldats russes et est-allemands, accompagnés de tanks et de camions, prirent position le long des 167 kilomètres entourant Berlin-Ouest. En quelques heures, ils avaient établi un nouveau blocus, fait de barbelés, de champs de mines et de miradors, tout en commençant l'édification d'un mur. Quatre jours plus tard, celui-ci mesurait 4 mètres de haut et empêchait tout passage entre l'Est et l'Ouest, sauf par les 12 portes bien gardées, dont le célèbre

Checkpoint Charlie. L'ironie résidait dans ce que sa construction voulait interdire aux Allemands de l'Est de quitter le paradis socialiste pour gagner l'enfer capitaliste. Le mur de protection antifasciste fut rapidement nommé le mur de la honte.

Pendant 28 ans, malgré les gardes, les barbelés et les mines, plusieurs milliers d'Allemands de l'Est franchirent le mur, le premier à réussir étant d'ailleurs un garde-frontière armé. Certains le passèrent à pied et en rampant, d'autres avec des échelles ou cachés dans des véhicules, beaucoup creusèrent des tunnels et deux familles parvinrent à fuir en ballon. Mais des centaines d'autres candidats à la liberté furent arrêtés et 68 personnes y laissèrent leur vie. «*Ich bein ein Berliner:* Je suis aussi un Berlinois» avait déclaré le président John Kennedy devant le mur en 1963, et jamais aucun symbole de division ne fut plus éloquent que cette monstruosité de béton au cœur d'une ville.

L'histoire du mur et, en un sens, celle de la guerre froide, s'acheva en novembre 1989. L'Union soviétique dirigée par Mikhaïl Gorbatchev était moribonde et les gouvernements communistes des différents petits pays d'Europe de l'Est s'effondraient les uns après les autres. Le 9 novembre, le gouvernement de la RDA, devenue presque ingouvernable à cause des manifestations constantes d'une population exaspérée par un régime désormais méprisé, accepta enfin d'autoriser le libre passage à l'Ouest de ceux de ses citoyens qui le désiraient. En 2 mois, ils furent 720 000 à partir. Mais dès le matin du 10 novembre 1989, des dizaines, des centaines, puis des milliers de Berlinois, de l'Est comme de l'Ouest, avaient commencé à grimper sur le mur et à le couvrir de graffitis. Ils prirent des pioches, des marteaux et même leurs mains nues et se mirent à le détruire, morceau par morceau, n'en laissant qu'une petite portion symbolique, près de PotsdamerPlatz, en mémoire de ceux qui étaient morts.

Le 21 juillet 1990, le groupe musical Pink Floyd présentait symboliquement son spectacle *The Wall* là où s'était élevé le mur. La guerre froide était finie.

Allah akbar

Le siècle de l'islam

« Dieu est le plus grand » ! Cinq fois par jour, sur les cinq continents, ce cri de foi monte vers le ciel. Ils sont plus d'un milliard à se réclamer de la Révélation faite à Mahomet, il y a plus de 1300 ans, dans la fournaise du désert d'Arabie. Depuis les rives africaines de l'Atlantique jusqu'aux eaux indonésiennes du Pacifique, ses adeptes regroupent la grande majorité de la population. Pour beaucoup d'Occidentaux, ils apparaissent trop souvent comme des extrémistes sanguinaires ou des fanatiques réactionnaires. Pourtant, l'islam est d'abord une religion de compassion et de tolérance, bien proche du judaïsme et du christianisme qui, eux aussi, connaissent l'intégrisme et l'intolérance.

Au cours des siècles, l'islam a vécu ses époques d'expansion triomphante, ses schismes douloureux et son repli silencieux. Le XXe siècle a fait renaître la conscience musulmane et les dernières décennies ont été marquées par la revendication, souvent violente, d'une reconnaissance de ses valeurs et de ses principes. Dans l'inconscient collectif de l'Occident chrétien, les vieux démons religieux de l'ère des croisades revivent, comme si l'apparent monolithisme de l'islam fascinait et terrifiait un monde déchiré qui redoute de voir sa suprématie politique, économique et culturelle s'effacer peu à peu.

LA STRUCTURE DE L'ISLAM

Plus que le judaïsme et que le christianisme, l'islam est une religion de simplicité, privilégiant le lien direct entre Dieu et le croyant. Elle n'a pas de clergé à proprement parler, ni de hiérarchie, ni même de structures établies. Ses dogmes sont limités ; ses rites simples ; son message universel. Sa doctrine complète tient dans son Livre sacré : le Coran (Récitation), qui porte la Parole que Dieu (Allah), a transmise en langue arabe à son prophète Mahomet (le plus loué), qu'Il a chargé de la répandre. L'adepte doit s'y soumettre complètement (islam signifie « soumission à Dieu ») et ne pourra jamais l'abjurer sans risquer la mort.

Le Coran n'affirme qu'une seule profession fondamentale de foi : « Il n'y a de Dieu que Dieu et Mahomet est son prophète ». Mais, fille du judaïsme et sœur du christianisme, la plus jeune des grandes religions monothéistes révélées partage avec elles de nombreuses certitudes divines, comme la croyance en un Jugement dernier où Dieu viendra départir les humains selon leurs mérites et qui leur vaudront le Paradis ou l'Enfer. Les *muslimina*, terme occidentalisé en musulmans (croyants), vénèrent également la Bible, qu'ils appellent Le Livre, parce qu'elle comprend la première partie de la Révélation divine... que juifs et chrétiens auraient mal interprétée et dénaturée. On y reconnaît donc des prophètes de moindre valeur, comme Adam, Noé, Abraham, Moïse, Jean et Jésus. On y côtoie des anges, serviteurs et messagers de Dieu, comme Gabriel, Michel, Azarael et même Satan, l'ange déchu devenu Maître du Mal.

Le Coran est non seulement l'« Article de la Foi », il est aussi un code juridique et social, un traité de morale et un manuel de savoir-vivre. Ses 114 sourates (chapitres) abordent une variété remarquable de principes, de règles, de prescriptions et d'attitudes. Il est complété par la Sunna, les actes de la vie de Mahomet qui est à imiter, et par le Figh, le droit musulman élaboré au cours des siècle. L'ensemble donnera la Charia, « la voie à suivre », cette loi islamique sur laquelle repose le droit constitutionnel de plusieurs États et sujette à plusieurs niveaux de nuances et d'interprétations.

Pour tout musulman, cinq piliers de foi serviront d'assises à sa vie de croyant : le témoignage de foi, « il n'y a de Dieu ... » ; la prière, faite cinq fois par jour, en direction de La Mecque ;

l'aumône, comme un impôt volontaire ou comme un acte personnel gratuit ; le jeûne, de l'aube au crépuscule durant le mois du Ramadan, et le pèlerinage, accompli au moins une fois, à La Mecque, selon les forces et les moyens de chacun.

Comme la chrétienté, l'islam a aussi connu, au cours des siècles, des schismes qui l'ont déchiré et dont deux allégeances distinctes continuent de se côtoyer, parfois difficilement. Les sunnites, « qui respectent la tradition de la Sunna », représentent environ 90 % des islamiques du monde, alors que les chiites, « qui sont les fidèles de la légitimité d'Hussein, fils d'Ali », ne sont que 10 %, mais représentent la majorité des fidèles dans certains pays, comme l'Iran et l'Irak. Chaque tendance se subdivise ensuite en quelques écoles distinctes dont chacune possède une nuance théologique spécifique. Mais tout musulman adhère aux mêmes fondements de leur foi, qui sont toutefois plus mystiques et plus encadrés chez les chiites. Moins de 100 ans après la mort du Prophète, ceux-ci se sont d'ailleurs donnés un guide religieux, infaillible quant au Dogme et à son interprétation, l'imam, (le Guide), lequel est entouré d'une certaine hiérarchie doctrinaire composée d'ayatollahs et de mollahs.

LE PROPHÈTE MUHAMMAD

Muhammad, nom occidentalisé en Mahomet, naquit à La Mecque, vers l'an 570, dans la tribu bédouine des Qoraychites. Très tôt orphelin, il fut élevé par son oncle Abu Tâlib, avec son cousin Ali qui sera, toute sa vie, son plus proche et plus fidèle ami. Les Bédouins, qui occupaient alors la péninsule arabique, se regroupaient en clans et en tribus pour lesquels l'honneur était primordial, et vivaient de razzias les unes contre les autres. Nomades ou citadins dans les quelques villes d'oasis, ces clans étaient polythéistes, sauf quelques rares tribus juives et la population majoritairement chrétienne du Yémen. À La Mecque, ville de transit incontournable pour les caravanes d'Orient et d'Occident, les riches marchands avaient tellement bien compris la multiplicité des dieux, qu'ils y assuraient la prospérité du sanctuaire de la Kaaba, dans lequel se retrouvaient quelque 300 idoles, autour de la Pierre noire, un météorite sacré.

Vers l'âge de 13 ans, le jeune Muhammad accompagna une caravane de son oncle vers la Syrie, quand un moine chrétien dit reconnaître en lui le prophète annoncé par la Bible. L'adolescent, plus probablement marqué qu'il n'y paraissait par cette expérience, en garda un esprit mystique qui le conduirait plus tard à rechercher l'isolement et le jeûne périodique, afin de mieux comprendre les voies de Dieu.

Jeune adulte, Muhammad devint chef caravanier pour une riche veuve de La Mecque, Khadija, de 15 ans son aînée, qu'il épousa pourtant et qui lui donna plusieurs enfants, dont seulement 4 filles survécurent. Tant que Khadija vécut, Muhammad lui fut totalement fidèle et resta monogame, contrairement à la coutume de son peuple.

À partir de 611, Muhammad commença à recevoir, sur le mont Hira où il se retirait régulièrement pour méditer, la vision de l'archange Jibril (Gabriel), envoyé par le Dieu Unique pour transmettre Sa Parole, qu'il aurait ensuite à réciter à tous les humains, sans restriction de classe ou de race. Pendant des années, Muhammad diffusa tout ce qu'il entendait par la voix de l'ange, prêchant la Révélation et convertissant un nombre croissant d'adeptes. Sa propre famille, dont son cousin Ali devenu l'époux de sa fille Fatima, et les gens les plus pauvres étaient, bien sûr, les plus rapidement touchés par cette foi simple et belle. Les riches et les puissants redoutaient cependant ce nouveau pouvoir, social autant que religieux, qui menaçait le monopole fort lucratif du panthéon de la Kaaba. En 622, menacé de mort, Muhammad dut fuir La Mecque pour s'installer à Médine avec ses fidèles. Cette migration devint rapidement mythique et prit le nom d'hégire, (émigration), déclarée l'an I du calendrier islamique.

En quelques années seulement, les musulmans prirent le contrôle total de Médine et de ses environs, et créèrent le premier État islamique qui devint rapidement expansionniste et belliqueux. Muhammad recevait toujours la Révélation divine, mais le prophète, qui ne savait ni lire ni écrire, devait maintenant se transformer en chef d'État et en homme de guerre. Pour permettre des alliances, il prit progressivement environ 10 épouses et 2 concubines. Pour assurer la suprématie de la Vraie Foi, il proclama la Jihad (guerre sainte), contre les infidèles, y compris les juifs et les chrétiens, qui avaient été jusqu'à ce moment tolérés en tant que «peuples du Livre». Pour que l'islam croisse et prospère, il ordonna d'annexer, après des batailles sanglantes, tous les États voisins, y compris La Mecque qui tomba en 630.

La cité où était né le prophète devint la Ville Sainte, et la Kaaba, vidée de ses idoles, fut désormais la Maison de Dieu. Muhammad y revint en 632, pour un pèlerinage d'adieu dont s'inspirerait le rituel de tous les croyants. Le prophète mourut peu après à Médine, à l'âge de 62 ans, quoique une tradition postérieure rapporte qu'il serait monté au ciel sur son ânesse, à Jérusalem. Le temps des luttes intestines allait maintenant venir.

CALIFES, SCHISMES ET EXPANSION

Au-delà de la tragédie religieuse que représentait la mort de Muhammad pour ses fidèles, un problème beaucoup plus pragmatique, mais lourd de conséquences, apparut aussitôt : le prophète n'avait laissé aucun testament ni n'avait nommé de successeur. Son plus proche compagnon en même temps que son gendre, Ali, était alors absent et l'épouse favorite de Muhammad, Aïcha, intrigua pour qu'un comité des Sages nomme son propre père comme calife, le «remplaçant». Abu Bakr devint donc le premier calife, jusqu'à sa mort naturelle, deux ans plus tard. Son successeur immédiat fut Omar, un soldat qui se donna mission de soumettre le monde entier à la Parole d'Allah et prit le titre de commandeur des croyants.

Entre 632 et 732, les intrépides cavaliers arabes allaient, vers l'ouest, conquérir tout le Moyen-Orient, l'Égypte et l'Afrique du Nord. En 711, le remarquable chef de guerre Tarik, qui donnera son nom à Gibraltar, de «djebbel al tarik», s'empara de la péninsule ibérique jusqu'aux Pyrénées, l'Espagne devenant terre musulmane pour plus de 600 ans. Au nord, les musulmans conquirent la Turquie actuelle et le Kazakhstan, avant de fondre sur l'empire perse. À l'est enfin, ils poussèrent jusqu'à la frontière chinoise, puis bifurquèrent vers l'Inde où, quelques siècles plus tard, devait se créer le fabuleux empire musulman des Moghols.

Seule Byzance résista à la conquête islamique et empêcha le contrôle entier de la Méditerranée. Puis, en 732, les Francs de

Charles Martel fermèrent définitivement l'Europe chrétienne aux guerriers de l'islam, en remportant la bataille de Poitiers. Après un siècle de conquête militaire, l'expansion musulmane se poursuivit désormais beaucoup plus discrètement, par le biais de marchands et de navigateurs qui apportèrent la Parole d'Allah en Afrique subsaharienne, aux confins de la Chine et jusqu'en Malaisie.

Toutefois, durant cette glorieuse période d'expansion territoriale, l'islam fut constamment fragilisé et divisé par des rivalités de plus en plus âpres entre factions voulant s'approprier le califat. Omar fut assassiné vers 644 et, à force d'intrigues, un certain Othman, du puissant clan des Omeyya, réussit à se faire proclamer calife. Mais il fut, à son tour, tué en 656.

Le prétendant le plus sérieux au califat était alors Ali, le gendre du prophète, qui attendait, depuis plus de 20 ans, une succession religieuse et politique qui lui paraissait devoir lui revenir en toute légitimité. Ali revendiqua donc le califat pour lui-même puis pour ses fils. Pendant plus de deux décennies, la guerre fit rage entre les factions ennemis des Hachémites, partisans d'Ali, et des Omeyyades, partisans des héritiers d'Othman. Ali lui-même et ses fils perdirent la vie dans ce conflit, de sorte que, en 680, les Omeyyades se retrouvèrent vainqueurs et déplacèrent le siège du califat dans leur fief de Damas.

Ces luttes intestines et les haines engendrées favorisèrent le schisme de l'islam entre sunnites et chiites, ces derniers refusant de reconnaître la légitimité du calife omeyyade, pour plutôt se regrouper derrière un imam. De conflits en conflits, le clan des Abassides finit par abattre l'empire omeyyade en 750 et fit de Bagdad la nouvelle capitale. Dans les décennies suivantes, d'autres califats rivaux, qu'ils fussent sunnites ou chiites, allaient aussi apparaître en Égypte, au Maghreb et en Espagne.

Par ailleurs, les traditions variées des peuples conquis entraînèrent progressivement des interprétations autres de la Charia et, conséquemment, des lois et même des rites fort différents et fréquemment opposés. D'autres tensions et divergences naquirent également de ce que, malgré le message égalitaire universel prêché par le Coran, l'islam avait été longtemps l'apanage des seuls Arabes, qui gardaient la main haute sur la Foi et limitaient même, parfois, le nombre des convertis, afin de préserver l'impôt de tolérance obligatoirement payé par les infidèles résidant en terre musulmane.

LE REPLI MILITAIRE ET L'ÂGE D'OR CULTUREL

Pendant les sept siècles suivants, le monde musulman vécut ses heures les plus difficiles et les plus glorieuses. Tandis que l'Occident chrétien passait lentement de la barbarie à un Moyen Âge mystique, l'Empire musulman, vaste et sans pouvoir central, se déchirait en califats rivaux et souvent ennemis. Progressivement, le titre de calife en vint à ne plus définir qu'une fonction religieuse, alors que le pouvoir politique et militaire se retrouvait désormais entre les mains des sultans ou des émirs.

Pour le monde islamique divisé, les XIe, XIIe et XIIIe siècles furent, globalement, une époque de défaites militaires cuisantes, qui se traduisirent par l'évacuation de vastes territoires aux frontières de la Chine, ainsi que par la perte de l'Espagne, reconquise progressivement par les chrétiens jusqu'en 1492. Parallèlement, les Lieux saints entourant Jérusalem furent mis à feu et à sang par les armées européennes des croisés, bien décidés, entre 1099 et 1270, à arracher le Tombeau du Christ aux guerriers d'Allah. À la même période, l'expansionnisme commercial et militaire des Génois et des Vénitiens prenait peu à peu la Méditerranée occidentale aux musulmans. Enfin, entre 1161 et 1260, les hordes mongoles de Gengis Khan et de ses successeurs s'emparèrent de tout le Moyen-Orient, écrasant la Perse, submergeant Damas et Bagdad. Mais, en même temps, les Mongols ramenaient la stabilité politique puis la prospérité dans une région désormais pacifiée.

À tous ces bouleversements, l'islam survécut et, progressivement, convertit puis intégra ses conquérants mongols. Peu à peu, les rivalités religieuses ou politiques réapparurent, jusqu'à ce que, à la fin du XIVe siècle, la dynastie turque des Ottomans émerge comme la première puissance militaire de la région. En quelques décennies, l'Empire ottoman contrôlait l'Égypte, la Perse, le Moyen-Orient et une partie des Balkans. En 1453, le sultan Mehmet II s'emparait de Byzance, le plus ancien et le plus coriace ennemi chrétien de l'islam. La ville fut renommée Istanbul et devint la capitale de l'Empire et le siège du califat.

Pourtant, cette très longue ère de querelles et de guerres fut aussi l'âge d'or du monde musulman, sur les plans artistique et scientifique. En fait, le savoir et la civilisation ont été, à cette époque, développés et préservés par les fidèles du prophète. Dans leurs conquêtes, Arabes et Persans avaient déjà introduit le café, l'orange, la pêche et le melon. Maintenant, ils renouvelaient l'architecture, la poésie et la littérature, grâce à des chefs-d'œuvre comme *Les Mille et Une Nuits.* Leurs médecins, chimistes et physiciens étaient les meilleurs du monde, comme l'étaient leurs astronomes, qui développèrent l'astrolabe et répandirent la boussole des Chinois, ce qui rendit possibles les grandes navigations européennes de la Renaissance. Et puis leurs mathématiciens introduisirent le zéro des Indiens et créèrent le système décimal, l'algèbre et les algorithmes, en plus d'imposer leurs chiffres au monde entier. La première Académie des sciences fut musulmane (830, à Bagdad), tout comme la première université (972, au Caire) et le premier hôpital (921, à Cordoue).

Pourtant, à mesure que l'Europe s'engageait dans la Renaissance et s'appropriait le savoir, le monde musulman, comme épuisé de tant d'efforts, perdait son dynamisme et sombrait progressivement dans une léthargie culturelle et un effritement politique qui allaient durer jusqu'au début du XXe siècle.

L'ÉCLATEMENT DE L'EMPIRE OTTOMAN ET LES PREMIERS NATIONALISMES

À la fin du XVIIIe siècle, la montée en puissance des États européens avait commencé à faire de l'Empire ottoman « l'homme malade de l'Europe ». La Perse avait déjà repris son indépendance en 1639 et fait du chiisme la religion d'État. Depuis 1788, les wahhabites, sunnites rigoristes, contrôlaient l'Arabie et les lieux saints de l'islam. Enfin, les empiètements russes avaient détaché de vastes portions de territoires au Caucase et dans la steppe asiatique, ce qui exacerbait les passions nationalistes dans les Balkans. La fin des guerres napoléoniennes et les volontés colonialistes des grandes puissances ne firent qu'accélérer le processus de désintégration. Pour les Ottomans, tout le XIXe siècle se résuma à prendre acte des provinces qui se détachaient successivement de l'Empire. Ainsi, l'Égypte se déclara indépendante dès 1806, mais tomba rapidement dans l'orbite de la Grande-Bretagne, tandis que la Grèce était libre en 1822, suivie des autres pays des Balkans vers 1880, à l'exception de l'Albanie musulmane et d'un étroit corridor en Macédoine.

Il est important de noter que tous ces bouleversements politiques se déroulèrent sur un plan nationaliste et ethnique plutôt que religieux. Jamais l'islam n'apparut comme un axe réunificateur autour duquel s'articulerait la résistance musulmane. Ce fut plutôt une lutte des Arabes contre les Turcs, des Perses contre les Arabes et des Égyptiens contre les Turcs. Ce fut également la lutte de chacun de ces peuples contre les Européens, y compris en Inde et en Afghanistan. En fait, il n'y eut qu'une seule exception notable à cette absence de la religion dans l'arène politique. En 1881, le Soudan s'enflamma sous les prêches d'un agitateur religieux, Mohammed Ahmad, qui se proclama Mahdi (l'Inspiré). Sous la bannière d'Allah, il appela à la guerre sainte contre l'Égypte et la Grande-Bretagne, battit le général britannique Gordon à Khartoum (1885) et fit du Soudan un État islamique rigoriste et totalement fermé au reste du monde. Les mahdistes ne furent défaits qu'en 1898.

Au XXe siècle, la Première Guerre mondiale allait finalement balayer tout ce qui restait de l'empire autrefois si redouté des Ottomans. La Turquie s'était jointe à l'Allemagne et à l'Autriche-Hongrie mais, militairement, elle n'était guère de taille à lutter. Toutefois, elle contrôlait les Dardanelles et, plus inquiétant pour les Anglais, pouvait menacer l'Égypte et le canal de Suez, par sa présence militaire en Palestine et en Syrie. Les Britanniques choisirent de soulever l'antagonisme des Arabes contre les Turcs, en leur promettant, par l'entremise du colonel T.H. Lawrence, des royaumes indépendants sitôt la guerre finie. Parallèlement, la déclaration officielle du ministre Arthur Balfour, en 1917, assurait les juifs de la bonne volonté de la Grande-Bretagne dans la création éventuelle d'un foyer permanent juif en Palestine. Rappelons que, depuis le tournant du XXe siècle, le gouvernement ottoman avait vendu de nombreuses terres au mouvement sioniste pour l'installation de colons juifs, ce qui provoquait des heurts fréquemment violents entre ces derniers et les populations arabes habitant la Palestine. En 1918, le vieil empire turc s'écroula.

En 1920, le traité de Versailles et la Société des Nations ne tinrent que partiellement leurs promesses. Quelques États arabes, comme la Transjordanie, l'Irak et la Syrie, obtinrent une indépendance relative mais, dans les faits, demeurèrent sous protectorat français ou anglais. La Perse s'était tenue à part de la guerre mais restait, comme l'Égypte, sous influence britannique. Le Liban, dont la population était une mosaïque sunnite, chiite, chrétienne et druze, devint une fédération marquée par l'alternance du pouvoir entre chaque communauté. La Yougoslavie forma un tout explosif d'antagonismes ethniques et religieux. Enfin, les provinces musulmanes de l'ancienne Russie durent s'intégrer à l'URSS athée, dans laquelle, pendant près de 70 ans, la liberté religieuse ne fut que théorique. Il n'y eut pas de foyer juif en Palestine, restée sous mandat britannique.

Le changement le plus spectaculaire pour le monde musulman fut la transformation fondamentale de l'ancien Empire ottoman en une Turquie moderne, démocratique et laïque. Cette révolution fut le fait d'un seul homme, Mustafa Kemal dit Atatürk, brillant officier et héros de guerre, qui participait au mouvement Jeunes-Turcs voué à la destruction d'un empire anachronique et d'un califat ayant, depuis longtemps, perdu toute crédibilité. Kemal et ses fidèles étaient farouchement nationalistes, en ce qu'ils n'étaient pas contre l'islam mais pour la Turquie. Atatürk fonda la République en 1923, occidentalisa le pays et l'alphabet, accorda des droits civiques égaux aux femmes et interdit toute forme d'ingérence religieuse dans la politique ou la justice. Les puristes de l'islam, particulièrement en Arabie, crièrent au sacrilège et appelèrent à la guerre sainte, mais les Turcs suivirent Kemal et le débat fut clos pour plus de 60 ans. Ailleurs, pourtant, le nationalisme allait de plus en plus fréquemment se confondre avec le réveil musulman.

DE LA RENAISSANCE ARABE AU RÉVEIL ISLAMIQUE

Les années de l'entre-deux-guerres furent un temps de bouleversements significatifs en Occident, mais également pour le monde musulman. Comme en réaction à la laïcisation de la Turquie et à l'abolition consécutive du dernier califat, elles se traduisirent par une résurgence de la conscience islamique, vecteur d'un supranationalisme à la recherche d'une identité propre. Depuis 1925, la Perse avait connu une révolution de type turc, avec la prise du pouvoir par Reza Pahlavi, mais la laïcisation souhaitée se heurtait à l'opposition farouche du clergé chiite qui, malgré les persécutions, canalisait et animait une résistance religieuse qui abattrait un jour le régime et ferait trembler le monde entier.

Puis, en 1928, l'Égyptien Hassan al-Banna créait la société des Frères musulmans, dont le but essentiel était le renversement de la monarchie fantoche mise en place par les Anglais et son remplacement par un retour intégral à l'orthodoxie coranique. Le mouvement, quoique théoriquement secret, développa très tôt des loges filiales dans la plupart des États musulmans, depuis le Maroc jusqu'à l'Inde. Dans ce dernier pays, la Ligue musulmane d'Ali Jinnah réclamait désormais non seulement l'indépendance, mais bien la partition en deux États, fondés sur l'appartenance religieuse. Même l'Amérique participa à la renaissance islamique quand des descendants d'anciens esclaves noirs créèrent le mouvement activiste des Black Muslims. En Palestine, enfin, la résistance à l'émigration juive et à l'occupation britannique prit une coloration nettement religieuse quand El Husseini, grand mufti de Jérusalem depuis 1921, appela à la guerre sainte contre les juifs qu'il accusait de souiller la terre sacrée d'Allah.

La Seconde Guerre mondiale mit bien sûr en veilleuse toute velléité d'indépendance politique ou religieuse. La plupart des nations musulmanes gardèrent leurs distances par rapport à l'Allemagne hitlérienne, même si quelques groupes nationalistes, comme les Frères musulmans, collaborèrent avec les agents allemands. El Husseini, pour sa part, s'engagea carrément auprès d'Hitler, au point d'être poursuivi pour crimes de guerre en 1945. Mais la fin de la guerre vit l'émergence d'un monde nouveau, dans lequel l'hégémonie planétaire était désormais partagée entre deux super-puissances aux idéologies totalement opposées, les États-Unis et l'Union soviétique (URSS).

En moins d'une vingtaine d'années, presque tous les peuples du monde gagnèrent leur droit à se former en nations indépendantes. Certains pays naquirent dans le sang, comme le Pakistan en 1947 ou l'Algérie en 1962. D'autres peuples n'eurent pas de pays, comme les Kurdes et les Palestiniens. En terre musulmane, les nations arabes se déchiraient en querelles frontalières, mais cherchaient, en même temps, une fraternité ethnique, à saveur religieuse, qui déborderait les nationalismes étroits.

En 1945, s'était formée en Égypte la Ligue des États arabes, puis, en 1947, en Syrie, le parti du Baas, le parti de la résurrection arabe. L'une comme l'autre se consacrèrent d'abord à empêcher la création de l'État juif d'Israël. Quand celui-ci fut proclamé, en 1948, huit pays arabes lui déclarèrent la guerre, au nom d'Allah. La victoire israélienne fut un électrochoc pour le monde arabe et contribua indirectement au renversement de plusieurs régimes monarchiques, au profit de mouvements nationalistes.

En 1952, le Mouvement des officiers libres égyptiens porta au pouvoir le charismatique Gamal Abdel Nasser, champion du panarabisme. Nasser exalta l'âme arabe, en défiant les puissances orientales, quitte à se rapprocher de l'Union soviétique. Entre 1958 et 1961, l'Égypte forma même avec la Syrie une éphémère République arabe unie. Les défaites militaires subies aux mains des Israéliens, en 1956 et en 1967, eurent finalement raison de Nasser, dont le prestige s'étiola jusqu'à sa mort en 1970. Avec lui mourrait également le panarabisme, au profit d'un panislamisme qui marquerait le dernier quart du siècle.

L'ISLAM MILITANT

Les années 1970 allaient faire prendre au monde musulman des tournants aussi majeurs que variés. La décennie commença par l'éclatement du Pakistan, dont la partie orientale se détacha pour former le Bangladesh en 1971. La même année, les Émirats arabes devinrent indépendants mais gardèrent leurs régimes monarchiques réactionnaires et richissimes, peu enclins à pactiser avec des voisins plus pauvres ou plus réformistes.

Après une nouvelle défaite arabe contre Israël, en 1973, les nations musulmanes, qui contrôlaient presque totalement la puissante Organisation des pays exportateurs de pétrole (OPEP), décidèrent de punir l'Occident pour son soutien à l'État hébreux. Au début, le chantage au pétrole fit mal à plusieurs pays proches des États-Unis. Mais, assez rapidement, les pressions politiques ou militaires, ainsi que la défection de l'Iran, eurent raison de l'OPEP. Parallèlement, les Palestiniens, désespérés de n'être jamais entendus dans le monde, multipliaient les gestes de terrorisme international, alors que le Liban, autrefois havre de paix, plongeait dans la guerre civile des factions religieuses.

Ces remous eurent des répercussions dramatiques parmi les couches populaires de la majorité des nations musulmanes. Les jeux diplomatiques des gouvernants et les immenses richesses engendrées grâce aux pétrodollars ne profitaient qu'à une petite élite, tandis que la masse des gens voyait ses conditions économiques et sociales se détériorer. Impuissants et désabusés, ils furent de plus en plus nombreux à chercher une réponse dans le fondamentalisme religieux, car ils voulaient désespérément croire que l'application stricte de la loi islamique assurerait leur salut en ce monde puis dans l'au-delà. Ces mouvements naquirent partout, en Égypte, en Algérie, en Turquie, au Soudan, au Pakistan et au Liban. Mais il leur manquait un modèle à suivre, une sorte de révolution moderne au nom de Dieu. L'Iran allait la leur fournir.

À la fin de l'automne 1978, en Iran, le régime impérial et autoritaire du shah fut secoué par une série de manifestations de plus en plus violentes, menées par une population écœurée du faste de la cour qui contrastait avec la misère grandissante du peuple. Ce vent de révolte était orchestré de main de maître par le clergé chiite, qui poussait à un intégrisme islamique garant de l'égalité de tous aux yeux d'Allah. La figure emblématique en était le grand ayatollah Khomeyni, en exil en France. En janvier et février 1979, le régime du shah s'écroula et Khomeyni fit une entrée triomphale à Téhéran. Il créa aussitôt le Conseil de la Révolution islamique, lequel s'empara très rapidement de tous les pouvoirs. En quelques mois, l'imam Khomeyni devint le Guide suprême et installa une République islamique, réactionnaire et répressive. Il lance même une fatwa (décret religieux) contre l'auteur Salman Rushdie, coupable de blasphème pour avoir écrit *Les Versets sataniques*.

Pour canaliser l'esprit révolutionnaire, le nouveau régime s'en prit à l'Occident et l'ambassade américaine fut occupée lors d'une manifestation «spontanée». Pendant des mois, le personnel de l'ambassade du «grand Satan» fut gardé en otage, ce qui réjouit les masses islamiques du monde entier qui y voyaient une heureuse réplique aux humiliations que leur faisaient si fréquemment subir les États-Unis. Les deux pays étaient au seuil de la guerre, mais ce fut plutôt le voisin irakien qui attaqua l'Iran.

Khomeyni ne s'était pas fait que des amis dans le monde musulman et de nombreuses monarchies arabes craignaient la contagion du virus intégriste. Aussi, quand le dirigeant irakien Saddam Hussein profita de la présumée désorganisation iranienne pour s'emparer de riches terres pétrolières, ils furent nombreux à applaudir en sous-main et à financer l'Irak. La guerre dura sept ans, et fit près d'un million de morts. Khomeyni lui-même mourut en 1989 et fut pleuré comme un saint homme et un martyr de l'islam. Le gouvernement civil qui lui succéda envisageait progressivement d'établir quelques réformes modernistes et démocratiques, mais le clergé réactionnaire continuait de s'opposer violemment à tout changement. Plus d'une décennie après la mort du Guide suprême, l'Iran restait toujours en proie aux convulsions de sa Révolution, malgré l'importance politique croissante d'un réel courant réformateur.

Cependant, le modèle intégriste s'était largement répandu, particulièrement dans les pays où une forte proportion de la population souffrait de la pauvreté. En 1979, l'Union soviétique attaqua l'Afghanistan, sous prétexte d'y défendre un gouvernement communiste fantoche. Ses troupes s'y embourbèrent pendant 10 ans, dans une guerre perdue qui contribua à abattre le régime soviétique, au début des années 1990. Pendant ce temps, la résistance des Afghans s'articula autour d'une guerre sainte islamique, en partie financée par les Américains, mais organisée depuis le Pakistan devenu République islamique. En 1994, les Talibans, étudiants en théologie intégristes, réussirent à mettre en place le plus réactionnaire, le plus rigoriste et le plus terrifiant régime religieux de l'Histoire contemporaine.

L'intégrisme islamique devait accéder au pouvoir au Soudan, en plus d'accroître son assise populaire en Égypte, en Turquie et dans les anciennes républiques musulmanes de l'URSS. Enfin, depuis le milieu des années 1990, l'Algérie allait payer de 100 000 morts une impitoyable guerre civile, jamais reconnue, opposant des groupes intégristes appliquant le terrorisme aveugle à un gouvernement consolidant une légitimité populaire douteuse par une répression extrêmement brutale.

Enfin, le monde musulman a aussi été ébranlé dans sa volonté d'unité. Au début des années 1990, lors de l'invasion du riche Koweït par l'Irak, Saddam Hussein en avait appelé de la solidarité arabe et musulmane pour repousser, en une guerre sainte, la vaste coalition organisée et financée par les États-Unis pour le faire reculer. Plus de 10 ans après la guerre du Golfe, Saddam Hussein était toujours en place et nombre de musulmans du monde se demandaient s'ils n'avaient pas été tout simplement les faire-valoir du grand spectacle militaire de l'Occident.

L'AVENIR DE L'ISLAM

Le monde compte aujourd'hui au-delà d'un milliard de musulmans, dont plus de la moitié ont moins de 25 ans. Comme chez les chrétiens et chez les juifs, certains ne pratiquent pas, d'autres sont réformistes, d'autres encore traditionalistes et certains fanatiquement fondamentalistes. Or, les choix religieux et sociaux de chacun restent largement tributaires des conditions de la qualité de vie et des espoirs d'amélioration de celle-ci que les gouvernements peuvent et acceptent de fournir. Dans cette perspective, l'intégrisme islamique est d'abord un cri de désespoir et une quête, magique autant que mystique, d'une vie meilleure. Il est certes détestable et terrifiant, mais la répression seule ne parviendra jamais à l'éradiquer. Et, surtout, il n'est pas l'islam.

Le monde musulman n'est pas plus monolithique que la chrétienté, le bouddhisme ou le judaïsme. Il a ses querelles, ses préjugés et ses contradictions. L'islam va survivre à tout cela. Et peut-être bien que le prochain âge d'or sera enfin celui de l'Humanité, au-delà des races et des croyance religieuses.

Mourir dans les rizières

La guerre du Vietnam

Il était une fois un petit pays d'Asie avec ses paysans et ses commerçants, ses temples et ses rizières. Mais pour le Vietnam, comme pour beaucoup d'autres nations, le conte de fées incluait aussi la guerre et la désolation. Aux haines séculaires avec le voisin chinois, avait succédé la colonisation française. Puis viendraient les luttes pour l'indépendance, contre le Japon d'abord, puis contre la France et enfin contre l'Amérique. Divisés entre deux idéologies ennemies, les Vietnamiens en sandales allaient pourtant tous les vaincre, y compris le géant américain, qui en resterait traumatisé et humilié. Devenu puissance militaire régionale, le Vietnam devrait ensuite affronter les terribles réalités de la paix, un combat probablement aussi difficile que celui de la guerre.

Au début des années 1960, l'Amérique était à son zénith et en imposait au monde entier. Première puissance économique et militaire, sa culture de masse et ses produits populaires inondaient tous les marchés. Elle était riche, fière, insouciante et gâtée. John Kennedy, son jeune et charismatique président, s'était entouré de jeunes loups de la politique qu'on disait être les meilleurs et les plus intelligents.

Pourtant, en moins de 15 ans, les États-Unis allaient perdre une guerre, pour la première fois de leur histoire, face à un petit pays asiatique dont personne ne connaissait même le nom. Au Vietnam, les Américains perdraient plus qu'une guerre ; ils y sacrifieraient leur âme, leur moralité, leur paix sociale et leur conviction naïve qu'ils étaient effectivement les meilleurs et les plus intelligents. Plus de 25 ans après la fin du conflit, les démons du Vietnam tourmentent encore la société américaine.

LES ORIGINES D'UNE GUERRE

Le Vietnam est un petit pays d'Asie du Sud-Est, bordé par la mer de Chine d'un côté, la Chine, le Laos et le Cambodge de l'autre. Ses 70 millions d'habitants occupent une bande de terre longue de 1 400 kilomètres, mais d'une largeur maximale de 200 kilomètres. Avec un réseau hydraulique complexe, des montagnes, des jungles et des vallées, le pays est malgré tout très pauvre et ne produit guère que du riz, principalement dans le fertile delta du Mékong. Pourtant, son peuple est fier, affermi par une longue histoire de guerres nombreuses contre des ennemis plus puissants que lui.

Pendant des siècles, le Vietnam ne fut qu'une province rebelle de l'Empire chinois, jusqu'à ce que les fréquentes guerres civiles qui agitaient la Chine favorisent progressivement l'autonomie du territoire vietnamien, sous forme de petits royaumes féodaux, tous farouchement nationalistes mais constamment en lutte les uns contre les autres. Ce n'est qu'en 1802 que la dynastie des Nguyen parvint enfin à unir le pays en un empire du Vietnam. L'indépendance fut de courte durée.

À partir de 1860, la France commença à établir progressivement sa domination coloniale sur tout le pays. En 1886, le Vietnam fut divisé en trois provinces, le Tonkin, l'Annam et la Cochinchine, qui furent alors réunies avec le Laos et le Cambodge pour former l'Union indochinoise française. Plusieurs soulèvements nationalistes infructueux marquèrent périodiquement les décennies suivantes, mais ce n'est qu'à l'époque de la Seconde Guerre mondiale que les choses commencèrent véritablement à changer.

Le Japon avait, en effet, occupé l'Indochine à partir de 1941, soulevant d'abord l'enthousiasme des milieux nationalistes. Mais la violence et parfois même la barbarie des troupes japonaises à l'endroit de la population civile entraînèrent rapidement la résistance armée de nombreux groupes. En 1945 toutefois, le Japon comprit qu'il était en train de perdre la guerre et, afin d'amadouer les patriotes vietnamiens, autorisa soudainement la création d'une République indépendante du Vietnam.

Quelques mois plus tard, quand la guerre s'acheva enfin, la France aurait bien voulu récupérer toutes ses anciennes colonies, mais elle n'était plus guère qu'une puissance moyenne et, sous la pression des États-Unis, elle consentit finalement à reconnaître le petit gouvernement national que les Japonais avaient autorisé au Vietnam. Toutefois, incapables de renoncer totalement à leur passé colonialiste, les Français jouèrent du profond sentiment anticommuniste des Américains pour discréditer le nouvel État vietnamien et se réserver pour eux-mêmes le contrôle de la partie sud du pays, celle qui était la plus riche.

Devant l'indignation des Vietnamiens, mais également celle d'une grande partie de l'opinion internationale, la France crut s'en tirer en rétablissant sur l'ancien trône impérial du Vietnam un certain Bao Daï. Descendant plus ou moins direct de la dernière dynastie régnante, cet empereur fantoche, unanimement méprisé, acceptait de servir quiconque lui procurait en échange femmes, drogues et argent. Quand les mouvements nationalistes vietnamiens refusèrent de reconnaître la légitimité du régime, la France annonça que, pour préserver la paix soudainement menacée par les communistes, elle n'avait d'autre choix que d'occuper tout le pays. Et ce fut de nouveau la guerre.

Depuis le début des années 1930, la plupart des différents mouvements patriotiques vietnamiens s'étaient peu à peu regroupés dans une Ligue pour l'indépendance du Vietnam, communément appelée « Viet-minh ». Cette coalition plus ou moins harmonieuse était largement dominée par les communistes, brillamment organisés et dirigés par leur jeune chef, Hô Chi Minh. Formé à Moscou dans les années 1920, celui qu'on commençait déjà à appeler « Oncle Hô », en signe de respect, était suffisamment patient et habile pour ne pas éliminer d'emblée ses adversaires, mais plutôt les manipuler à son profit. Ayant longtemps combattu les Français puis les Japonais, Hô Chi Minh brandit de nouveau le flambeau de l'indépendance et, en 1946, relança le Viet-minh dans la lutte finale contre la France.

Modestement armées et équipées par l'Union soviétique, les troupes de Hô ne pouvaient l'emporter dans une guerre conventionnelle. Aussi, le principal stratège du Viet-minh, Vo Nguyen Giap, préconisa-t-il une lutte de guérilla, qui laissait les villes aux Français et s'efforçait de contrôler plutôt les campagnes où la population était acquise aux mouvements indépendantistes. Or, la France était peu préparée à ce type de guerre, qu'elle maîtrisait mal. Durant huit ans, le conflit s'étira interminablement, contre un ennemi qui fuyait constamment, pour constamment réapparaître ailleurs. Misant sur l'anticommunisme des Américains, les Français avaient obtenu armes et argent, mais le président Eisenhower refusait de se laisser entraîner davantage dans un bourbier asiatique.

En novembre 1953, l'état-major français, humilié de ne jamais arriver à battre son insaisissable ennemi, monta une curieuse stratégie qui devait enfin permettre d'écraser le Viet-minh. Voulant forcer Giap à les attaquer à un endroit qu'ils auraient choisi, les généraux français parachutèrent donc 15 000 hommes dans une petite cuvette au milieu des montagnes du nord du pays, un lieu nommé Dien Bien Phu. On y construisit aussitôt un aéroport par lequel affluèrent renforts et matériel, puis on attendit.

Le général Giap comprit rapidement que les Français s'étaient placés dans une position absolument suicidaire, puisque les seuls renforts possibles ne pourraient arriver que par avion, sans aucune protection véritable. Dès le mois de décembre, il avait donc mobilisé 45 000 paysans pour transporter, en pièces détachées et par des pistes de brousse, l'artillerie qu'il fit secrètement installer sur les falaises dominant la cuvette. Le 13 mars 1954, l'attaque de Giap se déclencha brusquement.

Le siège de Dien Bien Phu allait durer 56 jours et captiver le monde entier. Finalement, incapables de dégager leurs hommes, les Français capitulèrent le 7 mai 1954. Dans les semaines suivantes, un accord de paix fut conclu à Genève, accord qui confirmait la fin de l'hégémonie française en Indochine. Le Vietnam fut divisé en deux parties, le Nord communiste ayant pour capitale Hanoï et le Sud impérial sous protection américaine, avec Saïgon pour capitale. Des élections libres, prévues dans les deux zones pour 1956, devaient réunir pacifiquement les deux États en un seul. Dans l'euphorie de la victoire, personne ne sembla remarquer que ni le Vietnam du Sud ni les États-Unis n'avaient signé la clause concernant l'échéance électorale. Le réveil serait brutal.

L'ENGAGEMENT ET L'ENLISEMENT

En 1954, l'Amérique était toujours empêtrée dans la tragique bouffonnerie anticommuniste dirigée par le sénateur Joseph McCarthy et le président Eisenhower avait bien peu d'énergie à consacrer au sort du Vietnam du Sud. L'année suivante, l'empereur Bao Daï, que tout le monde détestait, fut renversé par son premier ministre Ngo Dinh Diem, dans l'indifférence générale. Diem était issu d'une des familles catholiques qui avaient constitué l'élite locale sous le régime colonial français et qui méprisaient souverainement la majorité bouddhiste. C'était un homme avide de pouvoir, détestant aussi bien la démocratie que les communistes. En 1956, il refusa les élections libres prévues par les accords de Genève, prétextant que les communistes du Nord les truqueraient sûrement.

C'était une décision qu'espérait sincèrement Hô Chi Minh, maintenant président du Vietnam du Nord, car elle lui fournissait un prétexte en or pour s'emparer militairement du Sud. Dans les faits, le gouvernement communiste d'Hanoï s'était montré terriblement impitoyable et répressif, faisant emprisonner ou assassiner tous ses opposants réels ou imaginaires, y compris ses anciens partenaires nationalistes du Viet-minh. Plaidant maintenant pour l'unification légitime du pays divisé, Hô créa alors la Ligue communiste pour l'unité vietnamienne ou « Viet-cong », regroupant tous les communistes du pays prêts à mourir pour la patrie. Comme son ancêtre le Viet-minh, le Viet-cong utiliserait la guérilla pour faire tomber le régime de Saïgon. Et la guerre recommença, cette fois entre Vietnamiens.

Comprenant que son armée corrompue, inefficace et détestée ne tiendrait guère longtemps, Diem convainquit facilement les Américains que le Vietnam du Sud était victime d'une agression étrangère communiste. Au nom de la défense du monde libre, les armes et l'argent commencèrent à affluer à Saïgon. Puis vinrent les conseillers militaires non armés et les agents des redoutables services d'espionnage américains, l'Agence centrale de renseignements (CIA).

En 1961, le nouveau président, John F. Kennedy, envoya même son vice-président au Vietnam pour prendre le pouls de la situation. Lyndon Johnson tomba rapidement sous le charme complet de Diem et rentra à Washington en clamant qu'il fallait absolument aider un vaillant petit pays à se défendre contre le Mal communiste. En mai de cette année-là, Kennedy autorisa l'envoi de 400 bérets verts, un corps d'élite chargé d'instruire et d'encadrer l'armée du Vietnam du Sud. Un an plus tard, ils étaient 16 000, officiellement venus achever une guerre qu'on disait presque gagnée.

Toutefois, même pour les Américains, le régime de Diem apparaissait de plus en plus détestable pour sa violence, sa tyrannie et sa corruption. Après avoir emprisonné ou fait assassiner à peu près tous ses opposants politiques, il commença à s'en prendre au clergé bouddhiste. Des moines furent mitraillés, ce qui entraîna un vent de révolte dans tout le pays. Puis, en juin 1963, d'autres moines poussèrent beaucoup plus haut la contestation, en s'immolant par le feu devant les caméras de la télévision. Ce fut un choc terrible pour le monde entier et les autorités des États-Unis jugèrent qu'il était temps de se débarrasser d'un allié bien encombrant. En novembre 1963, une junte militaire sud-vietnamienne, encouragée par l'ambassade américaine à Saïgon, renversait et tuait Diem. Ironiquement, Kennedy fut lui-même assassiné à Dallas, deux semaines plus tard.

Lyndon Johnson, qui lui succéda, fut probablement un des présidents américains les plus déconsidérés et les plus haïs du XXe siècle. C'était pourtant un homme populiste et généreux, sincèrement préoccupé par le sort des petites gens. Son programme politique, appelé «Nouvelle Société», allait totalement dans le même sens d'engagement social que le «New Deal» du président Franklin Roosevelt dans les années 1930. Mais Johnson était aussi un homme impulsif et colérique, que les victoires du Viet-cong enrageaient et humiliaient personnellement. Sa présidence fut complètement obnubilée par la guerre du Vietnam, qui prit bientôt une importance phénoménale et faillit détruire l'Amérique. Ajoutons cependant que le complexe militaro-industriel américain, devenu tentaculaire et tirant des bénéfices faramineux de cette guerre étrangère, menait désormais un lobby fantastique auprès du président, quitte à mentir sur l'issue des combats.

Au début de 1965, le Viet-cong réussit une opération victorieuse contre la base américaine de Pleiku, jugée inviolable. Johnson répliqua en triplant le nombre de ses soldats au Vietnam, le portant à 75 000 hommes. Puis, prenant prétexte de l'attaque de navires américains dans le golfe du Tonkin par des vedettes nord-vietnamiennes, il ordonna des représailles aériennes sur tous les ports et les dispositifs militaires du Vietnam du Nord. Ce fut l'opération « Tonnerre roulant » qui allait durer plus de deux ans et faire des milliers de victimes civiles.

Désormais, les États-Unis étaient profondément embourbés dans la guerre du Vietnam, laquelle réclamait la priorité des ressources du pays. Paradoxalement, elle était aussi devenue une formidable machine générant d'immenses profits pour les nombreuses industries qui travaillaient pour l'armée américaine, ainsi qu'une magnifique occasion pour les généraux de tester des armes toujours plus spectaculaires. Ce mariage d'intérêt entre l'armée et l'industrie amenait progressivement les uns et les autres à mentir au gouvernement et à la nation, sur l'issue d'un conflit qu'on ne voulait surtout pas voir se terminer.

En 1966, l'engagement américain au Vietnam coûta aux contribuables 27 milliards de dollars. Deux ans plus tard, le budget militaire atteignait 72 milliards, alors que le budget total de l'administration Roosevelt, en 1935, n'avait été que de 9 milliards de dollars. Les troupes régulières ne suffisant plus aux demandes croissantes des généraux, l'armée commença à y envoyer de jeunes conscrits dont l'âge moyen était de 19 ans. À la fin de 1966, ils étaient 375 000 à se battre au Vietnam. Puis, au cours de l'été 1968, après une série de défaites, le nombre d'engagés grimpa à 549 000 hommes.

Pour faire taire les tollés du monde entier contre l'impérialisme américain, l'administration Johnson réussit à convaincre quelques autres pays de la bordure du Pacifique d'envoyer également des troupes défendre la liberté du Vietnam du Sud contre l'agression communiste. Il y eut donc des contingents australiens, néo-zélandais, taiwanais et quelques autres encore. Pourtant, personne ne croyait à cette grossière mascarade, d'autant que la démocratie sud-vietnamienne était essentiellement une vue de l'esprit, sous le régime militaire brutal et corrompu du général Nguyen Van Thieu.

À mesure que mouraient les garçons américains dans un conflit étranger qui paraissait de plus en plus inutile et immoral, le mouvement de contestation à la guerre devint véritablement une importante force d'opposition en Amérique. Bientôt, c'est tout le tissu social du pays qui viendrait bien près de se déchirer complètement.

LE FRONT INTÉRIEUR

Les premières manifestations contre l'engagement américain au Vietnam se produisirent dès 1962. Elles étaient essentiellement le fait de quelques milliers de pacifistes et provoquaient encore peu d'échos dans la population. Toutefois, à mesure que la guerre prit de l'ampleur et réclama davantage de chair à canon, les campus des universités américaines commencèrent à découvrir l'activisme antimilitariste. Favorisé par l'émergence du mouvement pacifiste des *hippies*, toute une génération de jeunes Américains commença bientôt à dénoncer l'appétit guerrier de ses dirigeants, puis, progressivement, à remettre en question toutes les autres valeurs des générations précédentes. Le mouvement «flower power» devint un art de vivre, avec ses couleurs, sa musique, sa sexualité, ses communes, ses héros et son pacifisme.

L'opposition à la guerre grandissait aussi chez les étudiants et les jeunes sans emploi qui savaient bien que c'étaient eux qui faisaient les frais de la conscription. Chaque mois, 35 000 nouveaux appelés devaient joindre l'armée, selon un complexe et douteux système de pointage où comptaient les résultats académiques et l'orientation professionnelle et qui favorisait les combines de la classe aisée pour éviter d'aller se battre au Vietnam.

Les Noirs, puis les Latino-Américains s'indignèrent avec raison de ce que leurs communautés fournissaient une proportion d'appelés bien supérieure à leur représentation démographique. Bientôt, certains contestataires se mirent à brûler leurs cartes d'enrôlement et des milliers de jeunes préférèrent fuir vers le Canada et la Suède. D'autres, comme le boxeur Mohammed Ali, choisirent la prison et les injures. À partir de 1967, l'échauffement de la jeunesse américaine était devenu une véritable ébullition sociale et une nouvelle guerre civile, idéologique cette fois, déchira les familles et les générations.

La dénonciation de la guerre du Vietnam n'était cependant pas le seul fait de la jeunesse. Des gens de tous âges et de toutes catégories sociales rejoignirent les rangs du pacifisme. Des penseurs comme Benjamin Spock, des artistes comme Jane Fonda, des ecclésiastiques comme Martin Luther King et des journalistes comme Walter Cronkite ajoutèrent leurs voix au tumulte grandissant. Même la classe politique n'échappait pas au clivage de plus en plus haineux entre ceux que l'on appelait maintenant les «colombes» pacifistes et les «faucons» bellicistes.

C'étaient les étudiants qui semblaient donner le ton. Les plus prestigieuses universités connaissaient désormais l'activisme et la contestation. Yale, Harvard, Columbia et Berkeley furent occupées par des manifestants, et parfois fermées pendant de longs mois. En 1970, à Kent State dans l'Ohio et à Jackson State au Mississippi, la garde nationale tira sur les manifestants, et fit des morts et des blessés.

Le mouvement d'opposition à la guerre prenait des allures de raz-de-marée social. En 1967, ils avaient été 20 000 à manifester à Washington. L'année suivante, ils furent 100 000 à Chicago lors de la convention du Parti démocrate et, en 1971, 200 000 contestataires se retrouvèrent à Washington pour réclamer la paix. Des manifestations se tenaient partout et les affrontements se révélaient de plus en plus souvent sanglants, car la violence était maintenant omniprésente et touchait toutes les couches de la société américaine. En 1968, Martin Luther King et Robert Kennedy furent assassinés, tandis que des émeutes raciales enflammaient plus d'une centaine de villes. Entre 1963 et 1973, la criminalité s'accrût de 176% aux États-Unis.

Le désœuvrement et la rancœur gagnaient aussi ceux qui n'avaient pu échapper à la conscription. À la fin des années 1960, 80% des soldats engagés au Vietnam faisaient régulièrement usage de drogues dures. Certaines unités refusaient d'aller au combat, d'autres plongeaient dans le meurtre gratuit. Parfois, des officiers trop zélés étaient tués par leurs hommes. Des milliers et des milliers de jeunes soldats revenaient profondément marqués par l'horreur, et le retour au pays était souvent tout aussi traumatisant que la guerre elle-même. Plusieurs blessés et démobilisés étaient accueillis par des manifestants qui leur crachaient dessus et les traitaient de tueurs d'enfants. Des familles ayant perdu un fils reçurent des lettres et des télégrammes hystériques où l'on se félicitait de la mort d'un autre «bâtard assassin». Des milliers de vétérans devaient sombrer dans la folie, le vagabondage ou le crime; beaucoup d'autres préféreraient se tuer.

Finalement, le mouvement anti-guerre finit par marquer des points. Au printemps de 1968, le président Johnson, unanimement détesté et profondément humilié des revers subis, au Vietnam, par la plus puissante armée du monde, renonça à un second mandat présidentiel. Profondément divisé, le Parti démocrate misa alors sur le vice-président Hubert Humphrey qui, aux élections de novembre 1968, fut totalement écrasé par le candidat républicain Richard Nixon. Malgré son passé de droite et son anticommunisme notoire, ce dernier était suffisamment habile politicien pour tenir compte de la volonté populaire de sortir l'Amérique du bourbier asiatique. Nixon y réussira lentement et presque malgré lui.

LA DÉFAITE AMÉRICAINE

En janvier 1968, une offensive générale déclenchée durant les fêtes du Nouvel An bouddhiste, le Têt, avait permis au Vietnam du Nord de démontrer magistralement, malgré des pertes très sévères, qu'il n'était nullement battu. De plus, chaque mois, plus de 4 000 nouveaux soldats communistes s'infiltraient au Vietnam du Sud par une route secrète serpentant à travers la jungle et symboliquement nommée «piste Hô Chi Minh». En 1969, la mort de l'Oncle Hô et son remplacement par Pham Van Dong n'amenèrent aucun changement dans la stratégie offensive du Vietnam du Nord, ni aucune intention de renoncer à la guerre.

Cette même année 1968, le gouvernement américain commença enfin à ne plus croire les généraux et gens d'affaires qui continuaient d'affirmer que la guerre était presque gagnée. Amorcé dans les derniers mois de l'administration Johnson et poursuivi par l'administration Nixon, le désengagement américain du Vietnam réduisit de moitié le total des troupes présentes en Asie. Pour ne pas perdre la face, l'état-major mit au point une ridicule fiction, appelée «vietnamisation du conflit», suivant laquelle les forces armées du Vietnam du Sud étaient maintenant tout à fait capables de contenir, à elles seules, les offensives communistes. Personne n'y crut, mais tout le monde accepta de se taire si on pouvait ainsi permettre de ramener définitivement tous les soldats aux États-Unis. Cela prit encore presque quatre ans.

Mal entraînées et mal commandées, les troupes sud-vietnamiennes étaient absolument incapables de se mesurer équitablement avec les soldats aguerris du Viet-cong ou avec l'armée régulière du Vietnam du Nord. Dès 1969, les défaites commencèrent à s'accumuler et des manifestations antigouvernementales et anti-guerre éclatèrent à Saïgon et dans d'autres villes. Pour éviter le chaos et sauver le régime militaire incompétent et corrompu qu'ils avaient eux-mêmes mis en place, les conseillers américains ne trouvèrent rien de mieux que d'étendre la guerre au Laos et au Cambodge voisins sous prétexte que ces pays toléraient sur leur territoire le passage des troupes nord-vietnamiennes. Les bombardements sauvages des populations civiles, ainsi que les exactions commises par les bandes pillardes de l'armée sud-vietnamienne brisèrent le fragile équilibre de neutralité qui préservait encore le Laos et le Cambodge. Ces deux petits pays, devenus des champs de bataille, connurent une atroce guerre civile, avant de tomber sous la coupe de régimes communistes particulièrement sanguinaires.

Sur le plan diplomatique, des pourparlers de paix s'étaient amorcés dès 1968, à Paris, entre Américains et Nord-Vietnamiens. Mais les deux côtés faisaient preuve d'une telle mauvaise foi que, après huit mois de rencontres, on ne s'était même pas mis d'accord sur la disposition de la salle où se tenaient les séances de discussion.

Les choses changèrent à partir de 1970, quand le président Nixon expédia à Paris son secrétaire d'État Henry Kissinger pour qu'il négocie directement avec son homologue nord-vietnamien,

Le Duc Tho. Le déblocage soudain des pourparlers de paix fut cependant brusquement éclipsé par un extraordinaire bouleversement diplomatique sur la scène internationale. En avril 1971, la Chine communiste du président Mao Zedong (Tsetung) renversait ses alliances idéologiques et se rapprochait de son ennemi de toujours, les États-Unis, invitant même le président Richard Nixon à venir visiter la Grande Muraille.

Pour le Vietnam du Nord, la volte-face chinoise fut perçue comme une méprisable trahison, tandis que les Sud-Vietnamiens y virent enfin la possibilité que l'ennemi communiste abandonne la lutte. Aux États-Unis, la cote de popularité de Nixon monta en flèche, d'autant que le nombre de soldats au Vietnam ne s'élevait plus qu'à 158 000 hommes et continuait de baisser régulièrement. En conséquence, le mouvement d'opposition à la guerre commençait à s'essouffler, tandis que la population se préoccupait davantage de l'inflation galopante et d'un déficit budgétaire atteignant 23 milliards de dollars.

En 1972, alors que se poursuivait le retrait régulier des forces américaines, le Vietnam du Nord, militairement épuisé et financièrement au bord du désastre, tenta un dernier coup de force pour gagner la guerre. Son importante offensive militaire vira rapidement au désastre, tandis que le président Nixon reprenait le bombardement aérien systématique des villes nord-vietnamiennes. Pendant l'automne 1972, les négociateurs de Hanoï aux pourparlers de Paris proposèrent des compromis spectaculaires, probablement imposés par l'Union soviétique, désormais la seule alliée du Vietnam du Nord et fort désireuse de se rapprocher, elle aussi, des investisseurs américains.

Le 8 janvier 1973, un traité de paix fut enfin signé. Les Américains quittaient le Vietnam en proclamant une victoire à laquelle eux-mêmes ne croyaient pas. Les États-Unis y avaient englouti 110 milliards de dollars et y avaient perdu leur honneur et leur orgueil, ainsi que 58 000 morts et 300 000 blessés.

LE CHAPITRE FINAL

Les Américains partis, un état de non-guerre s'installa entre le Nord et le Sud vietnamiens, ponctué d'escarmouches et d'affrontements locaux. À Saïgon, le régime du général Thieu plongeait maintenant dans des abîmes de corruption et de répression politique, tandis que Hanoï se préparait discrètement à la bataille finale. Au début d'avril 1975, le Vietnam du Nord attaqua massivement au Sud. Les États-Unis refusèrent d'intervenir.

En moins de trois semaines, l'armée sud-vietnamienne s'effondra totalement. Le 21 avril, Thieu passa le pouvoir, ou ce qu'il en restait, au général Minh, puis quitta le pays pour Taiwan avec trois tonnes et demie d'or comme bagage personnel. Le 29 avril, les troupes communistes encerclèrent Saïgon, que les derniers conseillers américains paniqués évacuèrent par hélicoptère, amenant avec eux 6 000 collaborateurs sud-vietnamiens. Le 30 avril, le drapeau du Viet-cong et celui du Vietnam du Nord flottaient sur le palais présidentiel sud-vietnamien.

Plus de 1,5 million de Vietnamiens, civils et militaires, du Nord comme du Sud, avaient perdu la vie dans cette sale guerre.

Au même moment, les communistes cambodgiens, connus sous le nom de Khmers rouges, s'emparaient de la capitale Phnom Penh et mettaient en place un des plus infâmes régimes de toute l'Histoire, dont l'idéologie intransigeante devait entraîner le génocide de deux millions de Cambodgiens. Devant l'indifférence du monde entier, il fallut l'intervention de l'armée vietnamienne, en 1978, pour renverser les Khmers rouges, dont le chef, Pol Pot, se réfugia en Chine. En 1991, un gouvernement de coalition et de réconciliation nationale vit enfin le jour, présidé par le prince Norodom Sihanouk.

Réunifié officiellement en 1976, le Vietnam sortit profondément affaibli de ses 30 années de conflit armé. Avec les camps de rééducation politique, une économie en ruine, des millions d'invalides et d'orphelins, ainsi qu'une armée maintenant désœuvrée, le gouvernement communiste réagit par une répression très sévères des éléments contre-révolutionnaires, dont la majorité furent expédiés dans les sinistres camps de rééducation politique ou tout simplement éliminés. Les pressions économiques favorisèrent également, à la fin des années 1970, le départ plus ou moins volontaire de près d'un million de personnes, les fameux *boat-people*, partis chercher en exil un avenir plus souriant.

En 2000, le Vietnam signait un premier véritable accord commercial avec les États-Unis, mais les échanges économiques, touristiques et même culturels entre les deux pays sont demeurés fort limités par méfiance politique réciproque. Dirigé fermement par un des derniers régimes communistes du monde, le Vietnam, à cause d'une pauvreté endémique et d'une corruption généralisée, est de plus en plus fréquemment agité par les revendications d'une population exaspérée, dont plus de la moitié n'était pas née à la fin de la guerre. Aux demandes populaires réclamant davantage d'ouverture sur le monde et de liberté sociale, le gouvernement a surtout répondu par une politique de répression des mouvements d'opposition, particulièrement des groupes religieux.

En 1983, devant le refus de l'administration et de l'armée américaines d'honorer les morts d'une guerre perdue, les vétérans du Vietnam financèrent eux-mêmes un monument, érigé à Washington, à la mémoire de leurs 58 022 camarades tombés dans un lointain petit pays d'Asie. Le *Mémorial* est d'une austère sobriété et il est rapidement devenu un des endroits de recueillement les plus visités des États-Unis.

En 1995, le nombre de suicides chez les anciens combattants du Vietnam avait dépassé le nombre de morts au combat.

« On ne naît pas femme, on le devient »

La lutte des femmes pour l'égalité

C'est en 1949, dans un livre intitulé *Le Deuxième Sexe*, que Simone de Beauvoir apostropha en ces mots toute la société pour son hypocrisie à reconnaître les préjugés qui, dès l'enfance, modélisaient les femmes dans un rôle d'infériorité. La formule choquait, mais elle reflétait une prise de conscience de l'identité féminine. Amorcée dès le XIXe siècle, celle-ci allait progressivement s'épanouir à travers plusieurs générations de femmes en une inlassable volonté de changer les perceptions et les rôles sociaux qui semblaient pourtant immuables. Pour certaines personnes, et pas seulement des hommes, la révolution féministe allait susciter la colère ou la moquerie. Pour beaucoup d'autres gens, et pas seulement des femmes, elle provoquerait des transformations fondamentales dans la société occidentale, tout en entraînant une remise en question et une recherche d'autres voies dans d'autres cultures.

Le XXe siècle est, dans toute l'histoire humaine, celui de l'avancée la plus spectaculaire des femmes dans la conquête de leurs droits collectifs et individuels. De grandes guerres mondiales ont transformé les mentalités, mais aussi les aspirations, permettant une prise de conscience, même ponctuelle, des capacités productives et intellectuelles des femmes. Puis, des développements technologiques ont favorisé l'abandon de certaines tâches traditionnellement réservées aux épouses et aux mères, laissant à celles-ci le temps et le droit de penser à d'autres avenues de vie. Enfin, les découvertes scientifiques ont libéré toute une nouvelle génération de femmes de la contrainte de grossesses répétitives et souvent non désirées, leur rendant un certain contrôle sur leur corps, malgré les obstacles d'ordre religieux ou culturel.

Si tous ces changements ont été possibles, c'est, fondamentalement, parce que, tout au long du XXe siècle, des femmes de tous âges et de toutes conditions se sont dressées pour faire échec aux préjugés et aux traditions. Certaines le firent sur des tribunes publiques ; d'autres se regroupèrent en associations ; d'autres enfin se battirent seules et anonymement, dans leur propre milieu, souvent contre ceux qu'elles aimaient. Parfois, leur lutte fut également celle de leurs filles et de leurs petites-filles, parce que toute société n'intègre que lentement les changements les plus profonds. Mais la marche continue.

UN BREF SURVOL HISTORIQUE

Dans les sociétés les plus anciennes et les plus primitives, le mystère de la procréation conféra très tôt une aura sacrée à la femme qui portait un enfant, transcendée dans l'image et le culte de la « Déesse-Mère », associée à la Nature elle-même. Cette mystique dura pendant des millénaires mais ne rendait pas plus facile pour autant la vie de l'épouse du chasseur, de l'agriculteur ou du guerrier ancestral. Toutes les cultures humaines connues ont, en effet, développé des rôles sociaux spécifiques à chaque sexe, toujours fondés sur une domination masculine. Certaines sociétés ont, bien sûr, possédé un matriarcat, mais d'inspiration et de pouvoir essentiellement religieux plutôt que pratiques. Pour quelques-unes, plus sages ou plus vieilles, la capacité d'interpréter la volonté des dieux pouvait conférer un certain respect, qui ne s'étendait toutefois jamais à leurs sœurs plus jeunes ou moins douées.

Certes, il est arrivé, dans toute l'Histoire et sur tous les continents, que certaines femmes occupent, presque par accident, le pouvoir réel de commander, de décider ou de modifier: Hatchepsout, la pharaonne d'Égypte, Élisabeth Ire, la reine d'Angleterre, Catherine II, la tsarine de Russie, et Cixi, l'impératrice de Chine, régnèrent avec un pouvoir absolu. Bodiccéa, la reine celte, et Jeanne d'Arc furent de remarquables chefs de guerre. Enfin, Aliénor d'Aquitaine, Thérèse d'Avila et Florence Nightingale influencèrent respectivement l'art, la spiritualité et la médecine. Mais toutes étaient l'exception. L'Histoire s'est écrite au masculin.

En Occident, le XIXe siècle imposa une morale rigide et protectrice à l'intérieur de laquelle la femme fut dépouillée de ses aspirations personnelles et symboliquement reléguée aux seules possibilités d'être vierge, mère ou prostituée. Éternellement mineure selon la plupart des législations, elle n'était souvent que génitrice soumise si elle était épouse, ou force de travail exploitable si elle était pauvre et ouvrière. Vers 1850, en Europe et en Amérique du Nord, toutes classes confondues, une femme sur quatre mourait en couches, l'espérance de vie en usine dépassait à peine 40 ans, et la tuberculose ou d'autres maladies tuaient 1 femme sur 8 avant la trentaine. Dans les pays les plus avancés, comme la Grande-Bretagne, les États-Unis et la France, plus des deux tiers des jeunes filles ne fréquentaient l'école que deux ou trois ans. Et c'est pourtant dans ce contexte dévalorisant que devaient apparaître les premiers mouvements de cette revendication féminine qui allait embraser tout le siècle suivant.

Il faut reconnaître que les premières féministes se recrutèrent parmi une élite privilégiée des classes sociales supérieures, jouissant de l'éducation et de la fortune qui rendaient moins précaire la survie quotidienne. De même, leurs revendications premières portaient sur des droits civiques et légaux qui n'incluaient nullement la défense, ni même la reconnaissance des conditions de vie exécrables de leurs sœurs moins favorisées. Par contre, les luttes ouvrières pour obtenir des conditions de travail plus décentes favorisèrent l'émergence, à l'intérieur des premiers mouvements syndicaux et socialistes, d'une conscientisation de besoins plus spécifiques aux femmes, puis de quelques personnes capables de les exprimer et de les réclamer. Progressivement, l'impossibilité de dissocier complètement les revendications relatives aux droits du travail de celles des droits civiques et légaux allait entraîner une forme d'alliance puis une véritable fusion de tous les mouvements de femmes.

LA LUTTE POUR L'ÉGALITÉ CIVIQUE

En 1793, en pleine Révolution française, une femme de lettres, Olympe de Gouges, obtint de haute lutte que la Convention révolutionnaire accorde des mesures égalitaires pour les femmes de France, comme le droit au divorce, la maturité légale et la liberté d'idée et d'expression. Avant d'être à son tour guillotinée, sous les injures et sarcasmes de ceux qui détestaient son féminisme avant l'heure, elle déclara : « Une femme doit avoir le droit de monter à la tribune, puisqu'elle a celui de monter à l'échafaud ! » Malheureusement, le Code Napoléon, instauré quelques années plus tard, allait retirer la plupart des acquis faits par les femmes et entraîner, pour les 150 années suivantes, un recul social encore perceptible aujourd'hui en France.

Les conceptions d'Olympe de Gouges eurent cependant un écho légèrement plus favorable dans les pays anglo-saxons, comme l'Angleterre et les États-Unis, moins pétris de traditions machistes et moins influencés que les pays latins par l'obscurantisme de l'Église catholique en matière de considération de la femme. L'éloquente exception britannique fut d'ailleurs fournie par l'Irlande, dont le catholicisme intransigeant n'autorisa aucune législation libérale avant les dernières décennies du XXe siècle.

En 1848, un groupe de femmes activistes américaines se réunirent dans la petite ville de Seneca Falls près de New York, pour un congrès présidé par Elisabeth Stanton et Lucretia Mott. Bien qu'elles aient appelé prioritairement à une renaissance morale de la nation, à des mesures anti-alcooliques et à l'abolition de l'esclavage, elles inclurent dans leur cahier de revendications le droit des femmes à l'égalité civique et politique, particulièrement par l'obtention du droit de vote.

Aux États-Unis, les 20 années suivantes furent toutefois presque complètement centrées sur les question de l'esclavage et de la guerre de Sécession. Dès 1869 pourtant, l'État du Wyoming accordait le droit de vote aux femmes, bientôt suivi par quelques autres nouveaux États de l'Ouest américain. Par contre, le traditionalisme chevaleresque du vieux Sud et le puritanisme de la Nouvelle-Angleterre s'accommodaient mal d'une égalité des droits, de sorte que toutes les procédures visant à instaurer le droit de vote des femmes à l'échelle nationale furent battues au Congrès. Notons cependant que les Américaines avaient obtenu, progressivement et presque sans combat, une égalité légale quasi complète, quant à leur droit de posséder et d'administrer seules des biens et fortunes, situation qui échappait encore à la majorité de leurs sœurs européennes.

À l'échelle mondiale, la reconnaissance du principe de l'égalité civique des femmes, largement symbolisé par le droit de vote, variait énormément selon les mentalités. Ainsi, en 1893, la Nouvelle-Zélande devint le premier pays à accorder le droit de vote aux femmes et, conséquemment, toutes les autres garanties d'égalité civique et politique. L'Australie fit de même en 1902, suivie peu à peu par les pays scandinaves et anglo-saxons. Le dernier pays européen à céder fut le Portugal, en 1976. Toutefois, presque partout, les femmes durent batailler ferme pour obtenir ce droit légitime.

À la fin du XIXe siècle, les atermoiements et les reports sans fin des différents gouvernements avaient amené les femmes activistes à s'organiser en mouvements solides, riches et de plus en plus en plus radicaux. Ainsi, le premier du genre, la National American Women Suffrage Association, fut créé en 1890. Mais c'est en Grande-Bretagne surtout que l'activisme politique prit une ampleur sans précédent. À partir de 1895, la Women Social and Politic Union, brillamment animée par la remarquable Emmeline Pankhurst, occupa toutes les tribunes, organisa manifestations et actions d'éclat et harcela chaque parlementaire. Ni les insultes ni les coups ni la prison ne les arrêtèrent. Plus encore, en 1913, Emely Davidson fut tuée en se jetant volontairement devant le cheval royal lors des courses d'Epsom, pour attirer l'attention du roi sur la cause des femmes réclamant leur droit au suffrage. Les suffragettes brandissaient haut et fort leur slogan : *Plus de paroles, mais des actes*. En 1918, les lords britanniques cédèrent, en accordant le droit de vote aux femmes de plus de 30 ans, puisqu'une femme plus jeune n'aurait jamais la maturité affective pour faire un choix électoral avisé. Une décennie plus tard, cette restriction paternaliste tombait enfin, quelques semaines après le décès de madame Pankhurst.

Jusqu'après la Première Guerre mondiale, les femmes des pays d'Occident avaient, étonnamment, le droit de se présenter aux élections et de siéger, mais pas celui de voter. Aux États-Unis, Janet Rankin représenta le Montana au Congrès dès 1916 et se prononça contre l'entrée en guerre de son pays en 1917 et en 1941 ; mais elle n'eut le droit de vote qu'en 1920. En France, le député Barrès réclama dès 1916 que les veuves de guerre aient le « suffrage des morts », mais il faudra attendre encore 28 ans avant qu'une femme ne vote dans ce pays.

En Allemagne, le flambeau de la lutte féministe fut surtout porté par Clara Zelkin, une militante socialiste qui invita, en 1910, l'Internationale socialiste à adopter la date du 8 mars comme Journée internationale des femmes. Proche de l'activiste marxiste Rosa Luxembourg, elle devint plus tard communiste et amie de Lénine. Elle mourut à Moscou... le 8 mars 1933. En Union soviétique, elle croisa fréquemment Alexandra Kollonoïova, une ancienne activiste féministe sous le régime tsariste, devenue la première femme élue commissaire du peuple au sein du gouvernement de Lénine, puis la première femme au monde nommée ambassadeur, en Norvège, parce que Staline la trouvait encombrante et souhaitait l'éloigner de Moscou.

La première femme chef d'État élue fut Indira Gandhi, en Inde en 1966. Puis vinrent Siri Bandaranaike, au Sri Lanka, qui remplaça en 1967 son mari assassiné, Golda Meir en Israël en 1969 et Margaret Thatcher en Grande-Bretagne en 1979. Plusieurs pays, sur tous les continents, allaient progressivement élire des femmes comme chefs d'État.

Pourtant, dans tous les pays, la proportion de parlementaires féminins reste, en ce début du troisième millénaire, inférieure à la moyenne de la population, puisque le pourcentage le plus élevé est de 40 %, obtenu en Suède. Mais il faut également reconnaître que ces parlementaires ne sont pas élues pour représenter les femmes, pas plus que leurs collègues masculins n'ont à représenter les hommes. L'égalité civique n'est pas et ne doit pas être affaire de sexe, de couleur de peau ou de religion.

LA LUTTE POUR L'ÉGALITÉ AU TRAVAIL

La révolution industrielle du milieu du XIXe siècle entraîna rapidement une accélération extraordinaire de la production et du rendement dans toute l'industrie. Mais le développement de nouvelles machines, favorisant moins la force que la finesse et la rapidité d'exécution, eut aussi un effet pervers. Dès 1850, 40% de la population industrielle en Occident était désormais féminine, mais les salaires étaient moindres et les conditions de travail épouvantables: horaires quotidiens de 12 heures, nombreux accidents, absence de tout repos autorisé, ainsi que de fréquentes maladies consécutives à l'insalubrité des ateliers. De plus, l'ouvrière devait continuer d'assumer pour sa famille les tâches domestiques traditionnelles, tandis que la grossesse garantissait automatiquement le chômage.

Le syndicalisme naissant intégrait les revendications féminines dans le principe de la lutte des classes et acceptait très mal qu'on réclame certaines particularités spécifiques, comme l'existence de syndicats féminins indépendants. D'ailleurs, jusqu'en 1920, une ouvrière française ne pouvait adhérer à un syndicat sans l'autorisation de son mari ou de son père. Pourtant, les femmes de nombreux pays commencèrent très tôt à se regrouper, et la première grève féminine connue fut celle d'ouvrières allemandes du textile, en 1893, qui réclamaient moins des augmentations salariales que le simple droit de s'asseoir quelques minutes par jour. Le premier syndicat officiel féminin fut la Women's Trade Union League américaine, en 1911.

Le slogan «À travail égal, salaire égal» fut clamé pour la première fois par Clara Zelkin au Congrès social démocrate allemand de 1896. Ironiquement, les dirigeants du parti, tous masculins, dénonçaient parallèlement le travail féminin... «en ce qu'il est contre la nature profonde de la femme orientée uniquement vers l'accomplissement de ses devoirs de mère et de ménagère».

Pour la plus grande partie de la population, la femme au travail n'apportait un salaire d'appoint au ménage et ne devait nullement provoquer un chômage masculin. En même temps, cette réalité s'imposait de plus en plus et les normes durent progressivement s'adapter.

En 1914, le déclenchement de la Première Guerre mondiale força une utilisation massive de la seule main-d'œuvre disponible dans tous les pays belligérants : les femmes. Particulièrement les plus jeunes, elles y découvrirent certes des conditions de vie fort pénibles mais aussi, paradoxalement, une forme d'émancipation personnelle que très peu accepteraient dorénavant de perdre. La fin du conflit suscita une tendance sociale et politique qui visait le retour des femmes au foyer, afin de rendre leurs emplois aux hommes démobilisés. Plus tard, la Crise économique des années 1930 puis la fin de la Seconde Guerre mondiale allaient encore accentuer ces pressions traditionalistes. Par contre, les périodes de croissance économique, de même que l'intérêt financier de nombreux employeurs continuaient de rendre nécessaire et irréversible l'emploi d'une main-d'œuvre féminine.

À partir des années 1920, le développement du secteur tertiaire, celui des services, s'ajouta, du moins dans les pays occidentaux, à une hausse notable du niveau d'éducation de la population féminine. Cela favorisa rapidement une spécialisation accrue et donc l'apparition de nombreux types d'emplois majoritairement occupés par des femmes : secrétaires, sténographes, téléphonistes et enseignantes. Le corollaire décevant fut toutefois un certain discrédit, méprisant et durable, accolé à ces carrières. Mais la croissance économique continue des années 1950 et 1960 puis, surtout, la vigueur revendicatrice des mouvements féministes des années 1970 favorisèrent une augmentation spectaculaire des femmes diplômées et, conséquemment, l'arrivée massive de professionnelles absolument décidées à obtenir et à conserver une égalité encore problématique de droits au travail.

Dans les faits pourtant, la plupart des fonctions les plus lucratives, les plus prestigieuses et les plus détentrices de pouvoir continuèrent d'échapper largement aux femmes. Et puis, surtout, le vieux débat entre carrière et famille restait le dilemme personnel d'une très grande majorité de femmes au travail. Il allait être la suivante et la plus difficile des batailles féministes.

LA LUTTE POUR L'ÉGALITÉ DE LA PERSONNE

Une femme est d'abord épouse et mère. C'est du moins ce que des millénaires de conditionnement social avaient profondément inculqué à des générations d'hommes et de femmes. Cela dit, on ne fait injure à personne en reconnaissant que la volonté de maternité était fondamentale chez la quasi-totalité de la composante féminine de l'espèce humaine. Mais le désir, peut-être en partie génétique, d'avoir des enfants et de les élever ne signifiait nullement l'acceptation benoîte de grossesses répétitives. L'accession véritable de chaque femme à l'autonomie individuelle et à la maîtrise de sa propre destinée devait donc passer par la libération des contraintes naturelles de la sexualité, puis de leurs renforcements sociaux, religieux et même affectifs.

Le concept de naissances planifiées était pourtant bien antérieur au XXe siècle. Dès l'Antiquité romaine, existaient des techniques et des produits, souvent aussi absurdes qu'inefficaces, destinés à limiter les risques de grossesse ou, du moins, à y mettre prématurément fin. Au cours des âges, un nombre incalculable de femmes laissèrent leur vie aux mains d'avorteuses de l'ombre qu'on appelait les faiseuses d'anges. Cependant et pendant des siècles, la puissance de l'Église catholique en Occident et celle de l'islam en Orient renforcèrent terriblement les traditions ancestrales de nombreuses cultures, pour lesquelles seule une famille nombreuse pouvait compenser une mortalité infantile effroyable et assurer la sécurité du clan.

Bien que l'information pertinente ait toujours continué à circuler discrètement, il fallut attendre 1921 pour que s'ouvre, à Londres, le premier centre légal reconnu de contrôle des naissances. Les États-Unis allaient emboîter le pas en 1923, grâce aux efforts acharnés de Margaret Sanger. Il fallut encore 20 ans d'efforts à cette pionnière pour convaincre la richissime Katherine McCormick de mettre son immense fortune au service de la recherche scientifique d'un contraceptif universel et sûr. Après des années d'efforts, l'équipe du docteur Gregory Piscus de Boston mit enfin sur le marché, en 1956, l'Enovid, la première pilule anticonceptionnelle accessible aux femmes de toutes conditions sociales.

Ce fut une révolution. Pour la première fois, chaque femme avait le pouvoir de décider quand et combien d'enfants elle voulait. Certes, la pilule n'était pas parfaite et certains effets secondaires la rendaient même inutilisable pour plusieurs. Mais sa légalisation et sa généralisation rendirent inévitable la mise au point d'autres techniques contraceptives propres à répondre à l'éventail le plus large possible des besoins des femmes. Évidemment, la réaction traditionaliste ne tarda pas à monter au front, au nom de la morale et de la survie de la civilisation. Certains pays mirent des années à légaliser les contraceptifs. Les Églises jetèrent l'anathème sur les pécheresses, particulièrement l'Église catholique dont l'encyclique *Humanæ vitæ*, en 1968, condamnait toute forme de contraception. Rien n'y fit, les femmes se contentèrent majoritairement d'ignorer avec mépris ces propos d'un autre âge et à poursuivre leur quête d'émancipation.

La lutte pour la légalisation de l'avortement fut encore plus pénible et sa victoire bien fragile. De plus, elle concernait presque exclusivement l'Occident, puisque les pays asiatiques surpeuplés en avaient déjà presque tous généralisé ou même forcé l'usage et que les sociétés africaines, de même que les bastions intégristes islamiques ou catholiques du Moyen-Orient et d'Amérique latine, se contentaient d'en nier l'existence.

La Grande-Bretagne légalisa l'avortement en 1967, en la balisant de normes, particulièrement en termes d'avancement maximal de grossesse, dont devaient s'inspirer la plupart des législations ultérieures. Dans d'autres pays, cette légalisation fut toutefois beaucoup plus ardue à obtenir. Les femmes italiennes montèrent aux barricades par millions pour contrer, entre 1973 et 1978, l'énorme influence de l'Église catholique. En 1990, le roi Baudoin de Belgique préféra renoncer temporairement à sa royale sanction plutôt que d'avoir à signer le décret infâme qui légalisait le droit de mettre volontairement fin à une grossesse. En 1997, les groupes pro-vie américains entamèrent une succession d'attentats meurtriers contre des cliniques d'avortement et des médecins furent tués pour avoir «assassiné» des fœtus, tandis que les groupes de pression religieux obtenaient un resserrement des critères d'admission et réclamaient la criminalisation de l'avortement, même pour des motifs médicaux ou humanitaires.

Moins problématique pour les consciences, la question du divorce fut néanmoins un champ de bataille pour les femmes du XXe siècle. À part l'inévitable exception de l'Église catholique, toutes les religions et tous les gouvernements du monde convenaient depuis longtemps que la notion de mariage à perpétuité était révolue. Toutefois, la législation était à l'avantage de l'homme, chef de la famille et du ménage. Ce n'est qu'à partir des années 1970, et largement sous la pression de plus en plus politiquement puissante des mouvements féministes, que les lois s'assouplirent et devinrent enfin plus égalitaires sur ce point précis, malgré quelques archaïsmes persistants, particulièrement dans les cultures islamiques. Cela dit, la généralisation du phénomène de l'union libre et de celui des familles monoparentales posait de nouveaux défis économiques et sociaux, que les législateurs tardèrent fréquemment à régler.

Pendant tout le XXe siècle, les femmes durent presque continuellement se battre pour revendiquer et finalement obtenir des droits politiques, économiques et sociaux qui en faisaient des citoyennes égales, du moins en théorie, à leurs partenaires masculins. La plus rude, la plus spectaculaire et, en même temps, la plus intime de toutes leurs luttes, les femmes apprirent à la mener contre les préjugés et les perceptions subjectives de la société tout entière, y compris souvent elles-mêmes.

LE FÉMINISME D'AFFRONTEMENT

Le cri de colère et d'impuissance poussé par Simone de Beauvoir en 1949, face à la soumission absolue de toute la société à des rôles et des archétypes fondés sur l'appartenance à l'un ou l'autre des sexes, fut long à être entendu. Quand il le fut, tout l'édifice des schèmes et valeurs sociales de l'Occident implosa et ne put jamais plus, ensuite, être le même.

Au début des années 1960, une nouvelle génération de femmes, militantes de la condition féminine, réorienta progressivement le débat et les revendications dans une direction à la fois plus théorique et plus intime. Elles souhaitaient s'en prendre aux perceptions profondes qui classifient et différencient les gens selon des valeurs, des idéaux et des aspirations liées à l'appartenance à un sexe. Elles menèrent également cette bataille idéologique avec un radicalisme et parfois un extrémisme qui leur vaudraient un triomphe spectaculaire mais aussi, un peu plus tard, une désintégration presque complète des grands mouvements féministes.

En 1963, l'universitaire Betty Friedan publiait *La femme mystifiée,* un pavé incendiaire qui s'en prenait violemment à la société mâle qui était coupable d'aliéner les femmes dans la prison dorée du foyer familial et de marteler sans cesse, par la publicité et les médias, comment l'épanouissement et le bonheur n'étaient possibles qu'en tant qu'épouse et mère. L'auteure accusait également la culture masculine d'inculquer, dès l'enfance, des stéréotypes sociaux différents aux filles et aux garçons, en y intégrant des attitudes et comportements qui perpétuaient inlassablement un carcan relationnel infantilisant pour la femme.

Betty Friedan avait raison. Des dizaines de milliers de femmes américaines se reconnurent rapidement dans son virulent portrait. Dans les deux années suivantes, plusieurs mouvements féminins de revendications sociales commencèrent à prêcher une affirmation positive de l'image de la femme, ainsi que son droit à ses propres rêves et à ses propres aspirations. Le discours ressemblait fort à celui des mouvements noirs américains alors en pleine mutation et, comme les Noirs, les femmes parlèrent d'oppression et d'égalité. Bientôt, le vocabulaire se transforma : on ne cherchait plus l'égalité mais la liberté, pour laquelle il fallait être prête à tout sacrifier. Le Women's Lib était né.

Cette radicalisation du mouvement féministe venait largement de l'exaspération ressentie quotidiennement devant les sarcasmes ou l'ignorance systématique des hommes, mais aussi devant l'apathie décourageante de millions d'autres femmes. Elle devait également beaucoup à des théoriciennes engagées, et parfois enragées, comme Kate Millet ou Germaine Greer, l'auteure d'un essai fondamental intitulé *La femme-eunuque*, qui développèrent une mystique féministe dans laquelle l'homme n'était plus le partenaire ou l'égal, mais bien l'Ennemi, le Violeur en puissance, la Bête qu'il faudrait éventuellement détruire. Les plus extrémistes poussèrent au lesbianisme et accablèrent de mépris les hétérosexuelles, accusées de collaboration avec l'ennemi. On parlait désormais de féminitude et de phallocratie.

Reconnaissons toutefois que le Mouvement de libération de la femme (MLF) atteignit rarement ces extrêmes. Il dénonça haut et fort le sexisme et l'exploitation d'une certaine image de la femme. Il s'en prit à la poupée Barbie, aux concours de beauté, aux émissions féminines débilitantes, au magazine *Playboy* et même à l'image véhiculée par les contes comme *La Belle au bois dormant.* Plus que tout, il revendiqua le respect de la femme, pour et par elle-même. Progressivement, le MLF marqua des points, transformant durablement des perceptions sociales qu'on croyait immuables. En même temps, il n'y eut jamais de victoire totale. Barbie était toujours populaire, *Playboy* et Miss Univers également. Une nouvelle génération de femmes, et aussi d'hommes, avait grandi en entendant enfin un message différent.

Les Européennes avaient également connu la révolution féministe. Elles aussi avaient dénoncé le « sois belle et tais-toi », avec le même radicalisme et parfois le même extrémisme que leurs sœurs américaines. Les mouvements européens n'atteignirent pourtant jamais la cohésion qui exista aux États-Unis, en partie à cause d'idéologies politiques opposées, en partie par méfiance de toute hiérarchie organisée, en partie aussi à cause de différences culturelles et religieuses beaucoup plus affirmées.

À la fin des années 1970, le mouvement féministe s'essouffla peu à peu, en même temps qu'il apparaissait de plus en plus évident que le modèle occidental n'était peut-être pas aussi universel qu'on l'avait souhaité.

LE MYTHE DU MODÈLE UNIVERSEL

Peut-on voir une équivalence entre le soutien-gorge et le tchador? Le concours de Miss Univers est-il aussi choquant que l'excision du clitoris? L'adultère vaut-il la polygamie?

Bien sûr, ces questions sont absurdes, mais elles marquent bien l'épouvantable fossé qui sépare les femmes d'Occident de leurs sœurs d'Afrique ou d'Asie. Les luttes des féministes devaient être menées. Mais qu'en était-il de la femme vivant sous un régime islamique intégriste ou de la femme chinoise enceinte d'une seconde fille?

En Occident, le désarroi de nombreuses femmes, et aussi d'hommes, fut de comprendre que les malheureuses qu'on voulait tant sauver, ailleurs, préféraient fréquemment, en toute conscience, la tradition au modernisme. Ainsi, les femmes iraniennes furent, très majoritairement, un des piliers majeurs de la révolution de l'ayatollah Khomeyni et demeurèrent un des principaux soutiens d'un régime théocratique fort peu libéral. Ce sont elles qui adoptèrent le tchador, en signe d'opposition à la politique du shah qui l'interdisait.

Plus tragique, l'excision du clitoris, officiellement interdite par tous les pays, touche annuellement plus de 3 millions de fillettes africaines, dont plus de 100 000 en meurent. Elle est pourtant pratiquée par les femmes âgées, souvent les grand-mères, la plupart du temps à la demande des mères.

Nous refusons de rester indifférents, parce que ces rites nous apparaissent aberrants, cruels et stupides. Et ils le sont... du moins à notre point de vue. Nous savons aussi que certaines de ces femmes se rebellent et que, alors, elles risquent l'ostracisme, la prison et bien souvent la mort. Alors, comment concilier le respect d'autres cultures avec le manque de respect humain fondamental qu'elles semblent parfois endosser?

L'islam n'est pas l'apanage exclusif des Talibans réactionnaires et extrémistes qui gouvernent l'Afghanistan, pas plus que l'Afrique ne peut être réduite à quelques images méprisantes de villages primitifs. L'Occident n'a guère de leçon à donner et ne peut, ni ne doit, être la norme universelle.

La connaissance et le savoir vont continuer à circuler et d'autres voies d'émancipation vont, tôt ou tard, apparaître. Elles seront probablement différentes, parce que les gens, les contextes et les réalités sont différentes. Le XXe siècle a eu besoin des Emmeline Pankhurst, Simone de Beauvoir et Betty Friedan. Le XXIe siècle aura également ses femmes de lutte, mais elles s'appelleront probablement Tchou Lin, Kwalambe ou Halimi.

Elles sont en marche, quelque part.

Viva la Revolucion !

Le siècle politique de l'Amérique latine

Le romantisme de la pampa argentine ; la lascivité du tango ; la forêt amazonienne qu'on détruit ; les barons de la drogue en Colombie ; le Cuba de Castro ; le Chili de Pinochet ; le carnaval de Rio ; la pollution de Mexico ; le Temple du Soleil ; le général Alcazar…

Nous avons tous mille images et dix mille clichés de l'Amérique latine. Même le titre de ce chapitre en est un qui semble réduire tout le continent à n'être qu'une succession de républiques de bananes où se bousculent les dictateurs ! Comme tout les clichés, il contient sa part de vérité, mais n'a de valeur réelle que s'il permet d'aller au-delà du préjugé.

L'Histoire témoigne d'une vie qui fut rarement facile pour les peuples d'Amérique latine. À l'ombre souvent inquiétante et impérialiste du géant nord-américain, elle ne l'est toujours pas. Pourtant, des millions de gens, courageux et persévérants, continuent de croire, entre les généraux criminels et la démocratie souvent corrompue, aux chemins périlleux de la liberté.

L'ÈRE PRÉCOLOMBIENNE

Les premiers humains à fouler le sol de l'Amérique vivaient il y a environ 10 000 ans. Venus d'Asie par le détroit de Béring à l'ère glaciaire, ils occupèrent progressivement le continent, prenant toutefois des caractéristiques et des cultures distinctes selon les régions. Au moment de la conquête espagnole, tout à la fin du XVe siècle, les hommes au teint de cuivre étaient peut-être 12 millions, entre l'Alaska et la Terre de Feu.

Globalement, nous connaissons relativement peu de choses des peuples de chasseurs et d'agriculteurs qui vécurent sur le continent américain pendant plusieurs millénaires. Par contre, nous savons qu'au moins trois grandes civilisations ont profondément marqué l'histoire de l'Amérique avant l'arrivée de l'homme blanc : les Mayas, les Incas et les Aztèques.

Un des premiers peuples à se sédentariser, grâce à la culture du maïs, les Mayas occupèrent l'actuel Guatemala et la presqu'île du Yucatan dès le VIIIe siècle. Regroupés en une fédération très souple des diverses tribus, ils développèrent une société théocratique, caractérisée par l'absence de villes au profit de vastes sanctuaires régionaux comportant plusieurs grands temples consacrés à leurs principaux dieux. Les Mayas utilisaient, à des fins essentiellement religieuses, une pré-écriture composée de hiéroglyphes complexes et, en astronomes remarquables, ils composèrent, des centaines d'années avant l'Europe, un calendrier qui comptait déjà une année de 365 ¼ jours. La civilisation maya disparut brusquement vers le XIIIe siècle, probablement à la suite d'invasions par des peuplades guerrières.

Entre 1100 et 1538, un vaste empire, organisé et théocratique, domina la région des Andes, du nord du Chili à l'Équateur, en passant par le Pérou et la Bolivie : les Incas. L'empereur en était le grand-prêtre, le fils du Dieu-Soleil régnant par droit divin sur une société où seul le blasphème était puni de mort. L'empire s'agrandissait par conquêtes, puis par assimilation religieuse, dans un système rigide de castes. Les Incas construisirent des routes, des ponts, des aqueducs et d'immenses forteresses pour garder les frontières. Ils furent aussi le seul peuple de l'Amérique précolombienne à domestiquer un animal autochtone, le lama, élevé pour sa laine. Quand, en quête d'or et de richesses, les hommes blancs tuèrent le symbole religieux intouchable qu'était le prêtre-empereur, le monde inca s'effondra.

Vers 1325, une tribu semi-nomade et terriblement belliqueuse se sédentarisa dans la vallée où se trouve aujourd'hui la ville de Mexico. Les Aztèques cultivaient un peu de maïs, connaissaient le cacao et l'alcool de cactus et savaient construire des temples et des villes. Mais, fondamentalement, ils étaient des guerriers au service de dieux cruels et sanguinaires exigeant de fréquents sacrifices humains. À l'image de ces divinités terribles, il en résulta une société fascinante mais violente et oppressive. Pendant près de deux siècles, les Aztèques soumirent par la terreur toutes les populations avoisinantes, suscitant partout une haine telle qu'ils ne trouvèrent aucun appui quand vint pour eux le moment d'affronter les armes à feu des Espagnols. Fidèles à leur réputation, les guerriers aztèques se battirent avec courage, mais leur civilisation fut totalement anéantie.

L'AMÉRIQUE ESPAGNOLE

Pour comprendre toute la cruauté et le fanatisme de la conquête du Nouveau Monde par les Espagnols, il faut plonger dans la spiritualité ibérique. Dans le reste de l'Europe, le Moyen Âge avait été centré sur Dieu et la Renaissance sur l'homme. En Espagne, les deux se confondirent pour devenir un État-Église où la doctrine religieuse servait de base au gouvernement. Il fallait conquérir pour Dieu et, en ce sens, la conquête de l'Amérique fut la dernière grande croisade.

Le 12 octobre 1492, Christophe Colomb toucha terre à Santo Domingo (République dominicaine), persuadé d'avoir atteint les Indes et ses fabuleuses richesses, au nom de Dieu et de l'Espagne. En 10 ans, les Espagnols colonisèrent presque toutes les Antilles, réduisant les peuples autochtones à un esclavage complet... tout en s'efforçant de sauver leurs âmes païennes. Quand la misère et la maladie eurent achevé d'exterminer totalement ces populations, les nouveaux maîtres importèrent des esclaves africains, dont les descendants formeraient ultérieurement la majorité des habitants de plusieurs îles antillaises.

La conquête ne fut guère plus longue. En moins de 40 ans, l'Espagne possédait un empire partant de la Terre de Feu, à l'extrême sud, jusqu'au milieu des États-Unis actuels, au nord, incluant la Californie, l'Arizona, le Texas et la Floride. Seul lui échappa le Brésil, conquis par les Portugais à partir de 1 500. La plupart des *conquistadores* n'étaient pas des nobles, mais plutôt des soldats de fortune, qui obtenaient le droit royal de conquérir de nouvelles terres, pour Dieu et pour l'Espagne, moyennant un généreux pourcentage pour eux-mêmes. Ils étaient cruels et cupides, mais ils étaient aussi courageux. En 1521, Hernan Cortés n'avait que 1 500 hommes pour s'emparer du puissant empire aztèque, tandis que son compatriote Francesco Pizzaro détruisit les Incas avec seulement 400 soldats, en 1538.

Après la période de conquête qui avait occupé la première moitié du XVIe siècle, les Espagnols organisèrent leurs colonies américaines de manière plus efficace et en commencèrent l'exploitation sans vergogne. L'empire colonial d'Amérique fut divisé en provinces ou, plutôt en vice-royautés, dont les administrateurs avaient deux responsabilités fondamentales : acheminer vers l'Espagne la quasi-totalité des immenses richesses accumulées par pillage ou par exploitation des populations locales et faire du Nouveau Monde une terre essentiellement catholique, pour la plus grande gloire de Dieu. Ainsi, les juifs, les musulmans et les étrangers non catholiques furent interdits de séjour en Amérique latine pendant presque trois siècles. De même, des missionnaires avaient accompagné toutes les expéditions de conquête, afin de convertir les âmes païennes ou de condamner aux souffrances du bûcher puis de l'enfer les récalcitrants qui refusaient l'infinie bonté du Christ.

De fait, les vaincus de la conquête furent beaucoup plus souvent massacrés qu'aidés, y compris par l'Église. Dans l'ensemble, seuls les Jésuites semblèrent prendre à cœur la misère des populations autochtones. Ainsi, à partir de 1580, ils obtinrent du roi le droit de regrouper les tribus guaranies du Paraguay dans des territoires réservés appelés « réductions », interdites aux soldats et aux planteurs espagnols. Ils y établirent des collectivités protégées, de type communautaires, qui prospérèrent rapidement. Elles devaient se maintenir intactes pendant presque

200 ans, jusqu'à ce que la disgrâce des Jésuites en Europe les contraigne à quitter l'Amérique. Les réductions furent détruites et leurs habitants massacrés ou réduits en esclavage. Partout dans le Nouveau Monde, des millions d'autres moururent de maladie, de faim, d'épuisement, de meurtre ou parfois de désespoir.

Ironiquement, ceux que Colomb lui-même avait appelés « Indiens » survécurent le plus souvent en s'unissant, de gré ou de force, avec leurs terribles conquérants. Dans les premières décennies de présence espagnole ou portugaise, l'absence quasi complète de femmes européennes devait favoriser un métissage entre hommes blancs et femmes indigènes, qui créa finalement une nouvelle race absolument typique au Nouveau Monde espagnol. Presque cinq siècles plus tard, leurs descendants formeraient la majorité des populations d'Amérique latine.

L'empire espagnol, de par sa richesse et son gigantisme, excitait la convoitise des autres nations coloniales européennes, particulièrement de l'Angleterre, de la France et de la Hollande. Quand l'hégémonie militaire de l'Espagne sur l'Europe commença à décliner, au milieu du XVIIe siècle, ces pays décidèrent de s'emparer d'une partie du trop grand gâteau qu'était le Nouveau Monde latin. Alors que les actes de piraterie étaient déjà fréquents, et sanguinaires, toutes les îles des Antilles et des Caraïbes devinrent, en l'espace de quelques décennies, des colonics anglaises, françaises ou hollandaises. Seules Santo Domingo, Cuba et Puerto Rico restèrent espagnoles. Après une tentative infructueuse pour s'emparer du Brésil, ces mêmes puissances obtinrent, entre la Colombie et le Brésil, trois petits territoires sans grande valeur, dont ils firent leurs seules colonies sud-américaines. Les Guyanes connaîtront finalement un développement et une histoire différents du reste du continent latin.

Enfin, la période d'administration espagnole en Amérique allait aussi voir se développer une société coloniale particulière, ayant une culture propre et une composition unique, de plus en plus différente de celle de l'Espagne. Tout en haut de la hiérarchie siégeait une élite de pur sang espagnol : vice-rois, gouverneurs, généraux et évêques, tous venus temporairement aux colonies pour servir le roi. Puis venaient les « créoles », une classe supérieure de grands propriétaires, d'hommes de loi et de médecins, souvent installés au Nouveau Monde depuis des générations, mais soucieux de préserver leur précieux héritage européen. Enfin, la grande masse du peuple, petits fonctionnaires, prêtres, commerçants, artisans et paysans, était essentiellement constituée de Métis méprisés par les autres groupes sociaux. C'est au sein de la population créole que, à la fin du XVIIIe siècle, allait se développer le sentiment national et le besoin d'autonomie par rapport à l'étouffante mainmise espagnole. Alors viendrait le temps des révolutions.

INDÉPENDANCE ET TYRANNIE

Au début du XIXe siècle, l'Amérique latine était lasse de servir les intérêts des métropoles européennes, et le sentiment nationaliste gagnait toutes les couches de la population. Il était largement inspiré des principes de la Révolution française, mais plus encore du succès de la Révolution américaine. D'ailleurs, la proclamation faite en 1823 par le président des États-Unis, James Monroe, et dénonçant l'ingérence européenne dans les affaires du continent américain, apparut comme un encouragement majeur à l'autonomie politique, pour laquelle se battaient les colonies espagnoles. Le XXe siècle allait tristement démontrer l'envers de la médaille et les dangers de la doctrine Monroe.

Profitant de ce que les guerres napoléoniennes avaient déstabilisé les monarchies d'Espagne et du Portugal, les vice-royautés d'Amérique devaient toutes, en quelques années, gagner leur indépendance. Autour de 1820, le Mexique et le Brésil se donnèrent des empereurs, tandis que tous les autres États devenaient des républiques. Les cruelles guerres d'indépendance virent apparaître de grands dirigeants, comme Simon Bolivar et José de San Martin. Rapidement, hélas! tous les pays, sauf le Brésil et le Costa Rica, tombèrent aux mains de dictateurs militaires ou de petits tyrans locaux, surnommés les «caudillos».

L'exemple le plus significatif fut celui du Paraguayen Francisco Lopez. En 1864, prétextant que le Brésil avait aidé l'Uruguay à renverser son dictateur local, qu'il disait être son ami personnel sans l'avoir jamais rencontré, Lopez déclara la guerre à ces deux pays. Puis, comme les Argentins refusaient de laisser les troupes paraguayennes traverser leur territoire pour attaquer l'Uruguay, il déclara aussi la guerre à l'Argentine. Le conflit allait durer cinq ans, car Lopez refusait de capituler et avait totalement fanatisé ou terrifié sa population. Tous les hommes furent mobilisés, de 10 à 70 ans, et quand, enfin, le tyran fut tué au combat, le Paraguay ne comptait plus que 220 000 habitants, dont à peine 30 000 hommes, comparativement à une population qui s'était élevée à 1,3 million de personnes avant la guerre.

Par ailleurs, le XIXe siècle vit s'installer l'impérialisme militaire et économique des États-Unis, dont le Mexique et le Nicaragua furent les principales victimes. Sur le plan militaire, le Mexique perdit deux guerres contre son puissant voisin et se vit finalement amputé de la moitié de son territoire. Entre 1864 et 1867, le pays fut même dirigé par un empereur étranger imposé par les Français, jusqu'à ce que les Américains, s'appuyant sur la doctrine Monroe, forcent les troupes françaises à évacuer le Mexique, qui fut vite dominé par un dictateur favorable aux intérêts des États-Unis. Quant au Nicaragua, il fut, pendant plusieurs années, le domaine privé d'un soldat de fortune américain, William Walker, qui vendit presque toutes les terres du pays aux grandes compagnies américaines qui finançaient son armée.

IMPÉRIALISME ET DICTATURE

En 1895, sous un prétexte futile, les États-Unis déclarèrent la guerre à l'Espagne et lui arrachèrent ses dernières colonies, Cuba et Puerto Rico, qui devinrent des protectorats américains semi-indépendants. Dès le début du XXe siècle, les Américains intervinrent militairement au Nicaragua, au Honduras, au Guatemala, à Haïti et à Saint-Domingue, au nom de la protection des intérêts des grandes compagnies américaines installées dans ces pays pour y contrôler le commerce du sucre, des fruits et du pétrole. Washington provoqua même le détachement du Panama de la Colombie, afin de se faire offrir, par les dirigeants reconnaissants du nouvel État, le contrôle du canal qu'on y creusait.

Plus lointaine, l'Amérique du Sud arrivait mieux à se préserver de l'impérialisme des États-Unis, d'autant que l'Argentine, le Brésil et le Chili étaient suffisamment riches et démocratiques pour ne pas être aussi facilement intimidés. Mais tous les pays latins avaient finalement compris les implications néfastes de la doctrine Monroe et leur littérature, riche et originale, ne manqua plus jamais de dénoncer, avec talent et vigueur, la voracité sans scrupule des États-Unis.

En plus de devoir supporter l'ingérence rarement subtile des Américains, la majorité des pays latins allaient devoir, tout au long du XXe siècle, composer avec le recours fréquent aux dictateurs et aux hommes forts qui promettaient de régler à peu près tous les problèmes. Certains comme l'Uruguay, le Venezuela et le Chili possédaient une réelle tradition démocratique, même si les militaires y attendaient fréquemment en coulisses le moment inévitable où ils s'empareraient du pouvoir. À l'exception notable du Costa Rica, qui alla jusqu'à dissoudre son armée en 1946, tous les États d'Amérique latine connurent des dictatures militaires ou des guerres civiles, à une période ou une autre du XXe siècle.

La Crise économique des années 1930 favorisa également l'émergence de régimes fascistes, comme, en Argentine, celui de Juan Peron, grand admirateur de Mussolini. Charismatique et démagogue, Peron parvint à faire oublier les excès de son régime en affichant partout le charme et la popularité de sa femme Evita Duarte, dont l'intérêt pour les pauvres ainsi que la mort prématurée en firent une figure mythique aux yeux du peuple argentin. Le Brésil fut, pour sa part, longtemps dirigé par Getulio Vargas, qui préconisait une démocratie musclée, mais qui sut malgré tout répondre aux besoins et aux aspirations de son peuple.

Deux éléments sont toutefois essentiels pour la compréhension de la réalité politique de l'Amérique latine, particulièrement dans la seconde moitié du XXe siècle. D'abord, les prodigieux écarts entre riches et pauvres, observés partout, amenèrent progressivement les défavorisés à se tourner vers le marxisme et le communisme pour améliorer leur sort, ce qui inquiéta l'oligarchie des riches propriétaires bien décidés à préserver leurs privilèges. Deuxièmement, l'anticommunisme primaire des Américains les amena rapidement à soutenir systématiquement n'importe quelle junte militaire d'extrême droite, aussi violente et corrompue fût-elle, pourvu qu'elle affirmât lutter contre Moscou et pour la survie du Monde libre. La plupart du temps, ces colonels et généraux avaient d'ailleurs été formés à l'académie militaire que les États-Unis avaient créée dans ce but au Panama.

Cette politique devait entraîner des interventions plus fréquentes des services secrets américains, pour renverser les gouvernements trop réceptifs aux idées de gauche. Ainsi, en 1950, le Guatemala avait élu démocratiquement Jacobo Arbentz, un communiste sincère mais impulsif qui s'empressa de confisquer et de redistribuer aux paysans plusieurs grands domaines privés avant de nationaliser une grande partie des immenses avoirs de grandes compagnies américaines, comme la toute-puissante United Fruit. Cette multinationale, avec l'accord de Washington, finança alors et encadra un coup d'État militaire, dont les dirigeants retournèrent toutes les terres et biens confisqués à leurs premiers propriétaires. Arbentz lui-même fut tué avec des centaines de ses partisans, tandis que les survivants passaient dans la clandestinité et entamaient contre l'armée une atroce guerre civile, jamais réellement reconnue ni jamais réellement terminée, qui prendrait les vies de quelque 250 000 personnes.

Le modèle guatémaltèque devait faire école. À partir des années 1950, plusieurs pays d'Amérique latine furent déchirés par des luttes sanglantes, opposant des mouvements de guérilla de gauche à des gouvernements civils ou militaires généralement de droite. Les premiers bénéficiaient de l'appui financier et logistique de l'Union soviétique, puis de Cuba, tandis que les seconds dépendaient de l'argent et de l'encadrement militaire des États-Unis. Plusieurs dirigeants politiques n'hésitèrent pas à employer officieusement les sinistres escadrons de la mort, des milices paramilitaires d'extrême droite spécialisées dans l'assassinat sélectif d'opposants au régime ou dans l'exécution massive de populations civiles accusées de soutenir les rebelles. De même, certains groupes d'extrême gauche en vinrent à discréditer l'idéal de justice sociale qu'ils affirmaient défendre, comme les Tupamaros d'Uruguay qui, dans les années 1970, sombrèrent dans le banditisme pur et le meurtre gratuit, ou encore les terrifiants disciples du Sentier lumineux du Pérou des années 1980-1990, dont le fanatisme justifiait l'élimination systématique de quiconque ne partageait pas intégralement leur idéologie.

Les exemples furent nombreux de l'ingérence américaine en Amérique latine. La Grenade, avec sa petite armée fut envahie en 1983, pour contrer un gouvernement marxiste. La junte militaire argentine des années 1980 était fortement appuyée et financée par les dollars américains, malgré des dizaines de milliers d'opposants torturés ou assassinés. Le gouvernement marxiste de Daniel Ortega, au Nicaragua, fut déstabilisé durant des années par une guérilla sauvage encadrée par les services d'espionnage américains de l'Agence centrale de renseignements (CIA), alors que l'administration Reagan appelait romantiquement «Combattants de la liberté» des bandes armées surtout composées de mercenaires ou de criminels au service des multinationales ou des barons de la drogue. Le dictateur de service au Panama, un petit caïd corrompu du nom de Noriega, fut longtemps un homme de main puis un informateur de la CIA, avant d'être finalement renversé et kidnappé, en 1989, par l'armée américaine, peu intéressée à ce qu'il raconte trop de choses qu'on préférait garder secrètes.

Au-delà du clivage habituel de la gauche et de la droite, certains pays d'Amérique latine durent composer avec un favoritisme outrancier et une corruption endémique de leur classe dirigeante, qui dilapida un potentiel économique et humain dont ne bénéficieraient ultimement que quelques privilégiés. Le cas le plus éloquent, dans les dernières décennies du XXe siècle, fut celui de la Colombie, où les profits faramineux engendrés par la production et la transformation de la cocaïne éveillèrent l'insatiable cupidité de certains politiciens et gens d'affaires. Il s'ensuivit alors la mainmise progressive sur l'État par le crime organisé, qui entraîna presque la désintégration morale et politique au pays. Cartels des barons de la drogue, mouvements de guérilla gauchistes nébuleux, dirigeants politiques véreux ou groupes paramilitaires d'extrême droite, les factions devinrent tellement nombreuses et leurs intérêts tellement entremêlés que la Colombie s'enfonça chaque jour un peu plus dans une anarchie qui pourrait durer encore fort longtemps.

RÉVOLUTIONS ET RÉPRESSION

En ce début de troisième millénaire, deux pays symbolisent davantage, par leur expérience politique propre, la difficile résistance de l'Amérique latine contre l'impérialisme américain, mais aussi contre ses propres démons totalitaires.

La révolution cubaine

Dernière colonie espagnole à obtenir son indépendance en 1898, Cuba devint, dans les faits, un protectorat des Américains, qui nommaient à leur gré les dictateurs locaux. En 1933, Fulgenço Batista prit le pouvoir et ne le céda qu'en 1944, sous la pression du président Roosevelt. Un gouvernement démocratique lui succéda, mais l'incompétence et la corruption des nouveaux dirigeants fit que Batista revint en 1952, avec la bénédiction de Washington qui craignait désormais une révolution communiste. Malgré qu'il ait assuré une étonnante liberté de presse, Batista livra rapidement son pays à la mafia américaine et l'île devint un paradis pour le blanchiment d'argent, le jeu et la prostitution. Ce contexte déshonorant éveilla bientôt la conscience nationale et, dès 1953, un premier soulèvement, vite réprimé, s'organisa derrière un jeune marxiste nommé Fidel Castro.

Castro était issu d'une famille aisée de planteurs et détenait une licence en droit de l'Université de La Havane, où il s'était d'ailleurs initié au marxisme. Son échec de 1953 lui valut 11 mois de prison, après lesquels il se rendit au Mexique d'où il revint, en 1956, pour une nouvelle tentative révolutionnaire. Quand le coup échoua, encore une fois, il décida de prendre le maquis dans les montagnes de l'île, où sa réputation et celle de ses compagnons barbus, les *barberos*, se mit à grandir. En janvier 1959, Batista comprit qu'il ne pouvait plus s'accrocher au pouvoir et il s'enfuit en République dominicaine, ce qui permit à Castro de faire une entrée triomphale dans les rues de la capitale cubaine.

Dans les premiers mois de la révolution, Fidel Castro mit en sourdine son idéologie marxiste et dirigea plutôt un gouvernement arc-en-ciel où étaient représentées à peu près toutes les tendances. Même la presse américaine le décrivait alors comme une sorte de Robin des Bois latin et son prestige international augmentait sans cesse. Rapidement toutefois, les tensions s'installèrent entre les dirigeants du nouveau gouvernement cubain, entraînant peu à peu la démission, l'emprisonnement ou l'exil de tous ceux qui ne partageaient pas l'idéologie de Castro. Pour la première fois depuis l'expérience d'Arbentz au Guatemala, un gouvernement clairement de gauche était au pouvoir dans la sphère d'influence américaine et il tournait à la dictature.

En fait, Fidel Castro était et demeure un homme paradoxal. D'une part, il est d'une incorruptibilité totale et recherche sincèrement le bien-être de la population ; d'autre part, il est profondément convaincu d'être le seul à détenir la vérité, au point de se faire appeler le *Lider Maximo*, le chef suprême qui ne tolère aucune forme d'opposition ou de dissidence. Cette dualité apparaît encore aujourd'hui dans la société cubaine, où l'éducation, la santé et les événements sportifs sont gratuits, de même que le travail et les salaires sont quasi assurés, mais où, en revanche, il y a une absence totale de liberté d'opinion et de liberté de presse, ainsi qu'une limitation sévère des déplacements et une interdiction presque totale de l'entreprise privée.

Au début des années 1960, les États-Unis voyaient désormais le dirigeant cubain comme un dangereux communiste, d'autant qu'il s'était nettement rapproché de l'URSS et qu'il envisageait maintenant d'étendre la révolution à toute l'Amérique latine. Castro autorisa même son principal lieutenant, Che Guevara, à entreprendre une guérilla perdue d'avance en Bolivie, où il fut finalement capturé et exécuté, en 1967. Or, les Américains avaient très tôt accueilli chez eux la plupart des opposants politiques de Castro, y compris une forte proportion des barons mafieux et corrompus du régime Batista. Comme la majorité de ces exilés juraient avec passion de libérer Cuba du communisme, les patrons de la CIA décidèrent d'encadrer et d'entraîner militairement ces peu recommandables éléments, afin de reprendre éventuellement le contrôle de l'île.

Dans les premiers mois de 1961, un débarquement fut donc tenté à la baie des Cochons, mais il échoua lamentablement car, malgré les espoirs des anti-castristes, il était évident que la population cubaine soutenait massivement son *Lider Maximo*. Ce dernier en profita pour obtenir, dans le plus grand secret, des missiles russes qui furent pointés sur les principales villes américaines. Quand l'affaire devint toutefois publique en 1962, le monde entier passa à un cheveu de la guerre nucléaire, jusqu'à ce que les Russes cèdent et démantèlent leurs installations. Au cours des années suivantes, la CIA fit encore plusieurs tentatives pour assassiner Castro, qui échouèrent toutes mais eurent pour effet pervers de faire condamner à de lourdes peines des centaines de dissidents cubains accusés de collusion avec l'ennemi américain.

Les États-Unis avaient pourtant, dès le début des années 1960, mis en place une mesure moins spectaculaire mais terriblement efficace pour maintenir Cuba dans une stagnation financière permanente et susciter ainsi une instabilité sociale chronique : le blocus économique total. En interdisant légalement à tous les particuliers et à toutes les firmes commerciales américaines de traiter la moindre affaire avec l'île, les Américains réussirent presque à asphyxier financièrement Cuba et à affecter dangereusement tous les besoins vitaux de la population. Pendant trois décennies, les Cubains apprirent à survivre, grâce surtout aux subsides énormes consentis par l'Union soviétique, officiellement versés pour acheter la récolte annuelle de sucre. Mais, en 1991, la chute du communisme en Russie isola l'île antillaise et augmenta les privations.

En 1999, un nouveau bras de fer s'engagea entre le dictateur vieillissant et la turbulente communauté des Cubains anti-castristes de Miami. L'enjeu humain était un garçon de six ans, Elian Gonzales, survivant miraculé du naufrage d'une petite embarcation empruntée par sa mère et quelques autres Cubains pour fuir leur pays natal. Recueilli par un grand-oncle maternel installé en Floride depuis des décennies, l'enfant devint un symbole de la lutte éternelle entre la liberté et la tyrannie. Quand le père d'Elian, resté à Cuba, exigea qu'on lui rende son fils, les anti-castristes déchaînés entreprirent une guérilla juridique pour empêcher le départ du bambin, ce qui embarrassa fort le gouvernement américain, tandis que le régime de Castro s'empressait de galvaniser le sentiment national cubain en organisant des manifestations « spontanées » réunissant des dizaines de milliers de Cubains et dénonçant le rapt de l'enfant par les traîtres et les impérialistes. En juillet 2000, une décision de la cour supérieure de Floride autorisa le retour de l'enfant à Cuba et déclencha la colère démesurée des anti-castristes dont les excès hystériques avaient fini par dégoûter une forte majorité des Américains. Elian fut accueilli triomphalement à Cuba, tandis que Castro remerciait sobrement le gouvernement des États-Unis en évitant, pour une rare fois, de jeter encore plus d'huile sur le feu.

En juillet 2001, le *Lider Maximo* dut temporairement interrompre un de ses fréquents et longs discours, après avoir été victime d'un malaise. L'incident était certes mineur, mais il rappelait que, à 74 ans, Fidel Castro avait beaucoup vieilli et il ramenait à l'avant-plan toutes les spéculations au sujet de sa succession politique. Or, celui qui, en un peu plus de 40 ans de pouvoir sans partage, avait croisé le fer avec 9 présidents américains ne paraissait nullement prêt à partir, malgré l'impression générale de fin de règne. Ayant finalement désigné Raul Castro, son propre frère et principal collaborateur, pour continuer la révolution castriste après lui, le vieil autocrate continua simplement de prêcher un paradis communiste, dans lequel il était cependant toujours dangereux d'exprimer la moindre dissidence.

La tragédie chilienne

Pendant presque tout le XXe siècle, le Chili avait été une exemplaire démocratie. C'était un pays de tradition européenne, cultivé et riche, malgré des contrastes sociaux assez importants. Dans les années 1960, l'économie chancelante appelait des réformes de plus en plus nécessaires, ce qui amena une poussée populaire considérable de la gauche, laquelle gagna finalement les élections de 1970. Le nouveau chef du gouvernement s'appelait Salvatore Allende et il était communiste. Démocratiquement élu, il entendait bien rester dans la plus complète légalité et ne pas devenir un pantin de Moscou ou de La Havane.

Cette élection, et ses politiques de nationalisation, irritaient la haute bourgeoisie dominante, l'armée et, bien sûr, les Américains, qui ne voulaient pas d'un nouveau Cuba. Un nombre considérable d'investissements étrangers quitta bientôt le pays, ce qui, combiné à une gestion économique peu habile, conduisit à une quasi-banqueroute de l'État culminant avec une inflation annuelle de 508% en 1973. La CIA, qui avait largement orchestré la faillite du système, poussa l'armée chilienne à renverser le gouvernement. Les militaires mirent à leur tête un général d'extrême droite, Augusto Pinochet, un fasciste arrogant et pompeux. Le coup d'État fut sanglant. Des centaines de personnes furent tuées, des milliers d'autres emprisonnées, tandis que Salvatore Allende lui-même était « suicidé » dans le palais présidentiel de Santiago. Pendant des mois, sinon des années, la junte militaire arrêta, tortura et fit disparaître des dizaines de milliers de Chiliens, en plus d'en contraindre bien d'autres à l'exil.

Sans surprise, les États-Unis reconnurent rapidement la légitimité du nouveau régime et lui accordèrent une importante aide militaire et économique afin de refaire une santé financière au pays et démontrer ainsi à quel point la « liberté » pouvait se révéler payante. Pendant des années, Pinochet et sa clique furent la honte d'un continent, mais aussi du monde entier qui les méprisait ouvertement. Naturellement, les dollars américains permirent progressivement au Chili de redevenir un des pays riches de l'Amérique du Sud, en même temps toutefois que Washington commençait à prendre peu à peu ses distances vis-à-vis des néo-nazis vieillissants de Santiago.

En 1988, Pinochet tint un référendum national pour demander une nouvelle extension de son mandat présidentiel, mais les Chiliens, de plus en plus las de son régime odieux et aspirant à une démocratisation du pays, rejetèrent son projet. Il fallut pourtant encore deux ans pour que le grand homme accepte enfin de se retirer, largement sous la pression officieuse des Américains qui l'avaient assez vu. Pinochet se bombarda alors sénateur à vie, ce qui lui permettait de garder un œil sur le pouvoir tout en s'assurant l'immunité parlementaire contre toute poursuite éventuellement engagée à l'endroit de son régime.

Pendant l'automne 1998, Pinochet se rendit à Londres pour traiter un cancer bénin. Une plainte faite auprès du tribunal international demanda son extradition vers l'Espagne, pour crime contre l'humanité. Le gouvernement britannique, mal à l'aise, fit traîner les procédures, car il considérait le dangereux précédent que pouvait impliquer un procès public et tenait compte des intérêts nombreux qu'il y avait à ce que des secrets bien enfouis ne refassent pas surface. Au-delà de l'étrange silence des Américains, le vieux général trouva quelques appuis à sa cause, comme le Vatican ou l'ancien premier ministre britannique Margaret Thatcher, sans compter le gouvernement chilien qui plaidait pour une procédure judiciaire menée au Chili même.

Et puis, en mars 2000, les magistrats britanniques refusèrent finalement l'extradition vers l'Espagne, après qu'un comité de trois médecins eut statué que le frêle vieillard de 83 ans n'avait plus les facultés intellectuelles pour qu'on puisse instruire une procédure judiciaire contre lui. Pinochet fut donc immédiatement embarqué sur le premier avion en partance pour le Chili, où l'accueil des militaires fut à ce point chaleureux que le vieux général fut soudainement capable de se lever sans peine de son fauteuil roulant et de marcher gaillardement jusqu'à sa limousine. Malgré les menaces à peine voilées de l'armée, le gouvernement chilien persista à engager de nouvelles poursuites criminelles contre l'ancien dictateur. De report en report, les avocats de Pinochet obtinrent finalement, en juillet 2001, que la Cour d'appel du Chili suspende toutes les procédures en raison de la détérioration constante de la santé mentale du prévenu.

DES DÉMOCRATIES FRAGILES MAIS DÉTERMINÉES

La chute du régime soviétique, au début des années 1990, a laissé les États-Unis sans «Empire du Mal» à combattre. En quête d'un nouveau rôle héroïque à jouer, les Américains ont beaucoup de difficultés à trouver, même chez eux, l'appui nécessaire pour une politique de soutien à de sinistres dictateurs, dont la seule raison d'exister était l'anticommunisme. C'est peut-être, en partie, l'explication au peu de remous causés par la démocratisation d'un nombre croissant de pays d'Amérique latine. De fait, les dictatures y tombent les unes après les autres.

Bien sûr, rien n'est acquis. Même sans l'ingérence américaine, les problèmes intérieurs, sociaux ou économiques, pèsent lourdement sur l'idéal démocratique de plusieurs États latino-américains. Partout dans le monde, la tentation sera toujours forte, pour certains, de se tourner vers des hommes forts, fussent-ils sans conscience ni scrupule. L'Histoire a tendance à bégayer.

Le sang de nos frères

Le conflit irlandais

C'est une petite île, perdue dans les brumes du nord de l'Atlantique. On dit qu'elle est le pays des lutins et des fées. Elle a donné naissance à un peuple romantique et passionné qui a, pendant des décennies, taché ses verts pâturages du sang généreux de ses enfants. Frères contre frères, voisins contre voisins, les Irlandais se sont ainsi entretués à cause d'une distinction religieuse devenue symbole de haine.

En gaélique, l'île d'Irlande est appelée «Éire», du nom d'une très ancienne tribu celte. Elle baigne doucement dans l'océan, comme un vert joyau sur l'épaule de sa grande sœur britannique. Ensemble, elles partagent une même langue et des cultures presque identiques ; mais les deux îles ont aussi en commun une Histoire d'incompréhension, de haine et de sang.

L'Irlande n'est pas très grande mais compte pourtant deux États indépendants. Au sud, la République d'Irlande s'étend sur 69 000 kilomètres carrés où vivent 3,6 millions d'habitants à 92% catholiques ; au nord, l'Irlande du Nord ou Ulster est une composante du Royaume-Uni et ne couvre que 13 000 kilomètres carrés comptant 1,6 million de personnes à 60% protestants. Dans son ensemble, l'île elle-même a peu de ressources naturelles, hormis des terres pour l'élevage et l'agriculture.

Pendant des décennies, l'Ulster a bénéficié d'industries lourdes, particulièrement de vastes chantiers maritimes, que l'état de conflit presque permanent a aujourd'hui ruinées. Le Sud, longtemps à la traîne du fait de la mainmise politique et sociale d'une Église catholique ultra-conservatrice et omnipotente, possède depuis le milieu des années 1990, le taux de développement économique le plus spectaculaire et le plus constant d'Europe.

UNE TERRE DE QUERELLES ET DE DÉVOTION

Au IVe siècle avant J.-C., les Celtes Gaëls s'implantèrent progressivement dans l'île et y créèrent plusieurs petits royaumes, en conflit permanent les uns avec les autres. Environ un siècle avant notre ère, il ne subsistait plus que cinq États, plus grands et plus puissants, dont les noms celtes désignent encore aujourd'hui les cinq régions d'Irlande : Ulster, Connacht, Leinster, Munster et Meath. Puis, vers l'an 46, l'île fut brièvement occupée par les légions romaines. Mais la résistance acharnée des Celtes et leur sauvagerie au combat convainquirent rapidement les Romains qu'ils n'arriveraient jamais à soumettre ces barbares, dont l'île brumeuse portait désormais le nom latin d'Hibernia. Et les Celtes recommencèrent à se battre entre eux, tandis qu'une des tribus dominait progressivement toutes les autres, jusqu'à donner définitivement son nom à toute l'île : les Ires.

Vers l'an 425, un adolescent gallois, issu d'une famille romanisée plutôt aisée, fut enlevé par des pirates celtes et vendu comme esclave en Irlande. Après dix ans de captivité, Patricius réussit à s'échapper et à regagner le pays de Galles. Mais il s'était aussi découvert une sincère vocation religieuse et, après quelques années d'études dans les monastères de Bretagne et d'Italie, il obtint du pape la mission d'aller évangéliser la terre des Ires. Pendant une trentaine d'années, celui qui s'appelait désormais Patrick allait prêcher le christianisme, n'hésitant jamais à cogner quelques têtes rétives pour développer ses arguments. Sa foi profonde et ses méthodes musclées se révélèrent tellement efficaces que l'Irlande devint totalement et farouchement chrétienne, tandis que, vite canonisé, saint Patrick devenait le patron et le protecteur de l'île.

En fait, ce furent les monastères irlandais qui, entre le VIe et le VIIIe siècle, préservèrent la science et le savoir de l'Occident chrétien, alors que le reste de l'Europe s'efforçait de survivre au chaos général provoqué par d'incessantes invasions de peuples barbares. Leur dévotion inébranlable et leur remarquable érudition permirent, à la même époque, à plusieurs moines irlandais, dont le plus connu reste saint Colomban, de réorganiser ou de fonder bon nombre d'abbayes célèbres en Angleterre et en France. Une légende très appréciée des Irlandais veut même que Colomban, guidé par l'esprit de saint Patrick, ait atteint l'Amérique au début du VIIe siècle.

Mais tout bascula pour l'Irlande quand, à partir du VIIIe siècle, l'île fut presque constamment soumise aux sanglantes expéditions de pirates scandinaves, les redoutables Vikings. Pillant, brûlant et tuant en toute impunité, ces envahisseurs causaient une terreur tellement épouvantable que la plupart des livres de prières des monastères de l'époque contenaient la prière suivante : « Préserve-nous, Seigneur, de la fureur des hommes du Nord. » Les Vikings ne contribuèrent à l'histoire de l'Irlande qu'en fondant un petit comptoir commercial qui allait devenir la ville de Dublin. Après trois siècles d'exactions et de crimes, ils furent définitivement battus et chassés de l'île en 1014, par le roi Brian Boru qui avait réussi à unir les différentes tribus contre l'ennemi commun.

En un peu plus d'un siècle toutefois, les rivalités et les haines entre les divers clans irlandais avaient causé une telle anarchie que le nouveau roi d'Angleterre, Henri II Plantagenêt, réussit très facilement à convaincre le pape Adrien IV, qu'une heureuse coïncidence avait fait naître anglais, qu'il lui fallait impérativement conquérir l'île voisine, au nom de l'unité et de la concorde entre chrétiens. En 1175, les Anglais envahirent donc l'Irlande et, après l'avoir mise à feu et à sang, s'y installèrent en maîtres absolus. L'île de Patrick et de Colomban allait désormais être, pour plusieurs siècles, une province anglaise parmi d'autres. Elle serait cependant la plus rebelle, la plus indomptable et la plus sanglante de toutes.

CATHOLIQUES CONTRE PROTESTANTS

En 1541, désireux d'amadouer ces damnés insulaires, le roi anglais Henri VIII fit renaître le titre de roi d'Irlande, mais ne trouva rien de mieux que de le porter lui-même. Le problème irlandais était toutefois beaucoup plus fondamental qu'un simple titre royal. Avec le roi Henri, l'Angleterre était désormais passée dans le camp de la Réforme protestante, tandis que l'Irlande restait farouchement catholique. Le conflit séculaire entre les deux îles voisines prit dorénavant une dimension religieuse qu'il conserverait à jamais.

Pendant plus d'un demi-siècle, Irlandais catholiques et Anglais protestants allaient se faire une guerre atroce, marquée par d'abominables massacres perpétrés de part et d'autre, au nom de la Vraie Foi. Alliés à la puissante Espagne, les clans irlandais réussirent à s'entendre suffisamment entre eux pour chasser temporairement les Anglais de l'île en 1598. Mais, l'année suivante, l'immense flotte envoyée par l'Espagne pour conquérir l'Angleterre fut anéantie et des centaines de marins espagnols naufragés se réfugièrent en Irlande où, en quelques générations, ils se fondirent complètement dans la population locale. Toutefois, la terrible défaite subie par l'Armada espagnole marqua la fin des espoirs d'indépendance irlandaise. Pour punir ces haïssables catholiques, la reine Élisabeth Ire d'Angleterre décida de leur confisquer définitivement les meilleures terres et de les octroyer à des colons anglais ou écossais, tous loyaux protestants qui sauraient bien résister à ces sauvages irlandais. Au début du XVIIe siècle, l'Ulster, région la plus au nord de l'île, était désormais majoritairement protestante.

En 1642, l'incompétence et l'impopularité du roi Charles I entraînèrent une révolution politique en Angleterre et le pays devint, pour une quinzaine d'années, une république parlementaire, dirigée d'une main de fer par un soldat impitoyable, Oliver Cromwell. Ce dernier appartenait à la frange la plus inflexible du protestantisme, la secte des puritains, qui détestait passionnément les catholiques. Quand les Irlandais se rebellèrent de nouveau et prirent parti pour la dynastie royale désormais abolie des Stuart, Cromwell ordonna la plus cruelle répression de toute l'histoire de l'Irlande. Ainsi, des dizaines de milliers d'Irlandais, hommes, femmes et d'enfants, furent tués, comme dans les massacres épouvantables de Drogheda et de Wexford en 1649. Des milliers d'autres furent emprisonnés ou exilés, tandis que ceux qui restaient libres se voyaient interdire toute fonction officielle et même toute éducation supérieure. Enfin, une loi inique, le Cromwellian Settlement, accordait 80 % de toutes les terres de l'île à des officiers anglais.

Oliver Cromwell mourut en 1658 et, très rapidement, la dynastie des Stuart fut rétablie sur le trône britannique. En Irlande, les catholiques se réjouirent, convaincus que l'aide qu'ils avaient apportée à la royauté, à l'époque de la guerre civile anglaise, leur vaudrait maintenant quelques avantages. Mais les Stuart ne semblaient rien apprendre, ni rien comprendre : ils récupérèrent simplement leur couronne et leurs privilèges, parfaitement indifférents à tout le reste.

En 1688 pourtant, l'impopularité générale de la dynastie régnante atteignit un point de non-retour quand Jacques II décida de redevenir officiellement catholique, une situation évidemment impensable pour un souverain qui était, de par sa fonction même, chef de l'Église protestante d'Angleterre. Le roi fut chassé du trône et se réfugia aussitôt en Irlande, afin d'y rassembler une puissante armée catholique. Une fois de plus, les Irlandais firent confiance aux Stuart et se rangèrent en masse sous la bannière royale, tandis que tous les protestants britanniques s'unissaient derrière le propre beau-frère du roi, un prince hollandais nommé Guillaume III d'Orange.

Au cours de l'été 1690, l'armée protestante des Orangistes écrasait définitivement les troupes catholiques à la bataille de La Boyne, une victoire que les protestants d'Irlande continueraient de célébrer trois siècles plus tard. Les catholiques, une fois de plus, avaient choisi le mauvais camp et perdaient désormais les quelques derniers droits qui leur restaient. L'aristocratie anglaise, seule propriétaire de l'île, allait rapidement faire de l'Irlande une terre de grands seigneurs et de paysans miséreux.

LA DURE RECONQUÊTE DE L'AUTONOMIE

Un siècle plus tard, en 1792, la Grande-Bretagne redoutait terriblement la contagion que pourrait entraîner en Irlande les révolutions américaines et françaises. Aussi, le premier ministre britannique William Pitt concéda un certain nombre de libertés aux Irlandais catholiques, comme celui de posséder une terre ou celui d'avoir accès à l'université. Mais les catholiques y virent surtout un signe de faiblesse du gouvernement anglais et entrèrent en rébellion. Encore une fois battus, les Irlandais subirent l'humiliation de voir leur île, en 1800, intégrée dans une union politique avec l'Angleterre, l'Écosse et le Pays de Galles pour former le Royaume-Uni. Cela constituait cependant un gain important pour les protestants d'Irlande, qui y gagnaient tous les droits reconnus aux citoyens britanniques. Les catholiques, par contre, durent attendre 1829 pour obtenir enfin l'émancipation politique et sociale au Royaume-Uni.

En Irlande, la vie était toujours difficile pour la très grande majorité des catholiques, presque tous petits paysans ou ouvriers, contraints à une misère presque permanente par les propriétaires protestants qui les méprisaient. Et puis, en 1846, la monoculture intensive de la pomme de terre, imposée dans toute l'île, provoqua une terrible tragédie humaine, quand toute la récolte fut anéantie, comme celles des années suivantes, par un parasite virulent. Ce fut une épouvantable famine dans laquelle moururent plus de 500 000 personnes, tandis que 1,5 million d'autres étaient obligées de partir pour l'Amérique du Nord ou pour l'Australie. En moins de cinq années, l'Irlande devait ainsi perdre plus du quart de ses enfants, par la faim, la maladie ou l'exil.

L'indifférence, affichée par la plupart des propriétaires protestants devant l'abjecte misère de ceux qu'ils surnommaient avec mépris les « Paddy », contribua, peut-être plus que tout le reste, à distiller une haine irrépressible dans bien des cœurs catholiques. Avec elle, vint alors la volonté de systématiser et d'organiser enfin efficacement la lutte pour la liberté complète de l'Irlande. En 1858, un Irlando-Américain, John Mahorny, fonda la Fraternité républicaine irlandaise (IRB) qui se partagea bientôt en deux branches distinctes. La première, militante, préconisait l'action terroriste contre les intérêts protestants et britanniques et prit le nom de Armée républicaine irlandaise (IRA). La seconde, politique, s'organisa autour de quelques parlementaires catholiques siégeant au Parlement britannique et utilisant les procédures législatives pour promouvoir les intérêts d'une Irlande libre. Le plus remarquable de ces hommes politiques fut incontestablement Charles Parnell, un maître dans l'art d'obstruer systématiquement les travaux parlementaires par toute une série d'artifices légalistes.

En 1893, l'action plus ou moins combinée de l'IRA et du groupe parlementaire de Parnell permit d'obtenir, du gouvernement de Londres, le Land Act, une loi autorisant le démantèlement de plusieurs grands domaines ruraux d'Irlande et leur rachat en parcelles familiales par les paysans catholiques qui les cultivaient déjà. C'était bien peu, si l'on considère que les Irlandais ne rêvaient que d'un gouvernement autonome, le Home Rule.

Ce fut cet unique cheval de bataille qu'enfourcha, à partir de 1902, un nouveau parti politique, le Sinn Fein, fondé par Arthur Griffith pour promouvoir une République irlandaise indépendante. Parallèlement, les protestants, largement concentrés dans le nord de l'île, en Ulster, s'organisèrent en Parti unioniste, voué au maintien perpétuel de l'union avec la Grande-Bretagne et dirigé par Sir Edward Carson. Pour répliquer au terrorisme de l'IRA catholique désormais menée par un certain Aemon de Valera, les unionistes développèrent également leur propre milice paramilitaire, officiellement rattachée à la Royal Irish Constabulary du général britannique Henry Wilson. Les principaux acteurs et tous les éléments susceptibles de conduire à une guerre civile étaient désormais réunis.

L'IRLANDE ENSANGLANTÉE

En 1914, la Grande Guerre éclata soudain en Europe. L'Ulster protestante allait fournir des dizaines de milliers de volontaires à l'armée britannique, mais le reste de l'île résistait farouchement, surtout quand la conscription vint forcer l'enrôlement obligatoire des jeunes catholiques. Encouragés par des agents allemands qui promettaient de reconnaître l'indépendance irlandaise sitôt la guerre finie, les républicains se soulevèrent massivement le dimanche de Pâques 1916. Malgré quelques succès éphémères à Dublin, la révolte catholique fut vite écrasée par l'armée anglaise et par la police protestante. Dans ce coup de force héroïque mais raté que l'Histoire retiendrait sous le nom de «Pâques Sanglante», quelques milliers de gens seraient tués au combat, exécutés pour trahison en temps de guerre ou bien emprisonnés pour plusieurs années.

Quand, en 1918, la Première Guerre mondiale prit fin, les esprits s'échauffèrent de nouveau. Cette année-là, les élections britanniques donnèrent au Sinn Fein les deux tiers des sièges irlandais. Mais comme la plupart des nouveaux élus étaient encore en prison, les autres choisirent de boycotter le Parlement de Londres et, dans un coup d'éclat, déclarèrent unilatéralement l'indépendance de la République irlandaise, sous la présidence d'Aemon de Valera. Cet homme paradoxal devait marquer profondément l'histoire de l'Irlande durant le XXe siècle.

Descendant de ces marins espagnols survivants du désastre de l'Armada en 1599, De Valera était né à New York où ses grands-parents avaient émigré à l'époque de la Grande Famine. Très brillant, cultivé et charismatique, Aemon montrait également une absence totale de scrupules et une fascination réelle pour l'action violente. Encore jeune homme, il avait clairement défini les deux passions qui dirigeraient toute sa vie: l'amour de l'Irlande et la haine des Anglais. Mais même ces deux passions restaient subordonnées à un impérieux besoin de tout diriger et de tout contrôler: pour De Valera, il ne pouvait y avoir qu'un seul chef, De Valera.

Installé en Irlande dès le début du siècle, l'ambitieux personnage s'enthousiasma d'abord pour le Sinn Fein, mais bifurqua très tôt vers l'action directe de l'IRA, dont il gravit rapidement tous les échelons pour en devenir un des principaux dirigeants. Il s'illustra tout particulièrement dans la planification d'assassinats sélectifs d'élites protestantes ou de policiers, famille incluse, et justifia ces exécutions par une froide dialectique sur les privilèges des peuples opprimés. De Valera fut aussi un des principaux organisateurs du soulèvement de 1916 et, de façon étonnante, un des rares républicains emprisonnés à bénéficier des mesures de clémence proclamées par les Britanniques à la fin de la Première Guerre mondiale. Ayant désormais le champ à peu près libre, Aemon de Valera devint alors la figure emblématique de la lutte pour l'indépendance irlandaise : il ne laisserait désormais personne lui contester son statut de chef, quitte à éliminer ses rivaux politiques.

La proclamation unilatérale d'une République irlandaise indépendante souleva évidemment les passions. La répression policière fut brutale et força De Valera à retourner dans la clandestinité et à accentuer l'action terroriste de l'IRA. Les protestants de Carson et du général Henry Wilson répliquèrent par la création d'un corps d'auxiliaires de police formé d'anciens soldats, les Black & Tan, tout aussi impitoyables que les tueurs de l'IRA. Ce fut désormais la terreur presque quotidienne dans toute l'île.

En 1921 cependant, tout le monde paraissait épuisé et las du sang versé. Le premier ministre britannique Lloyd George ouvrit enfin la porte à une éventuelle Home Rule pour l'Irlande. De Valera délégua alors à Londres son principal lieutenant dans l'IRA, Michael Collins, pour entreprendre des discussions formelles avec le ministre désigné, Winston Churchill. À l'étonnement général, ces deux hommes, que tout aurait dû séparer, se découvrirent un respect et une estime réciproques qui leur permirent d'arriver à un compromis acceptable qui divisait l'île en deux : au Sud, le Dominion d'Irlande, massivement catholique, se voyait enfin reconnaître son autonomie politique, tout en conservant des liens privilégiés avec la Grande-Bretagne, tandis que la région de l'Ulster devenait l'Irlande du Nord, majoritairement protestante et membre du Royaume-Uni. Cette partition n'était certes pas idéale, mais elle permettait au moins la paix.

FRÈRES CONTRE FRÈRES

Dès que fut connu le principe de la partition, De Valera et l'aile la plus extrémiste du Sinn Fein crièrent à la trahison et proclamèrent que jamais les Irlandais n'accepteraient de céder un pouce de leur île à ces damnés Anglais. Mais le peuple en avait assez de la violence et de la mort au quotidien, de sorte que les élections référendaires de 1922 donnèrent une victoire spectaculaire au camp de la partition. Dans le tout nouveau Dominion d'Irlande, les électeurs soutinrent massivement le gouvernement provisoire établi par le fondateur du Sinn Fein, Arthur Griffith, et par l'ancien tueur de l'IRA devenu coauteur de l'historique compromis avec les Britanniques, Michael Collins. De Valera refusa pourtant le verdict populaire, et la guerre civile recommença dans le Sud, frères contre frères, IRA contre IRA.

En Irlande du Nord, les unionistes n'avaient pas tous applaudi à la division de l'île. Mais ils étaient également conscients de détenir la région d'Irlande la plus riche et la plus industrialisée et se consolèrent en monopolisant tous les pouvoirs, au détriment de la minorité catholique. Prenant prétexte de défendre ses frères sacrifiés du Nord, De Valera annonça que l'IRA combattante porterait désormais la guerre partout dans l'île. Quelques jours plus tard, il faisait assassiner le général Wilson, chef des Black & Tan protestants, puis le trop populaire Michael Collins, seul rival politique à son ambition démesurée.

L'Irlande, dans son ensemble, fut profondément écœurée et, plutôt que le bain de sang recherché par De Valera, opta pour une trêve des armes. La guerre s'arrêta et De Valera, qui n'en était pas à une pirouette idéologique près, accepta de se rallier « pour le bien de la paix et par respect pour la mémoire de Michael Collins ». Contre une promesse d'amnistie totale, il s'engagea aussi à ne plus prendre les armes et redevint le chef du Sinn Fein. À la tête de cette formation, il fut le chef de l'opposition parlementaire jusqu'en 1936, année où il devint premier ministre du Dominion d'Irlande.

LA DIFFICILE COHABITATION

Aemon de Valera n'était pourtant pas homme à renoncer à sa haine des Anglais ni à limiter sa soif du pouvoir. Aussi, profita-t-il de la Seconde Guerre mondiale pour se distancer politiquement de la Grande-Bretagne, sous prétexte de neutralité. Ce principe ne l'empêchait pas de maintenir des contacts réguliers et plus ou moins secrets avec des agents nazis. De Valera fut le seul chef d'État au monde à transmettre des condoléances officielles à l'Allemagne à l'annonce de la mort d'Hitler.

En 1948 toutefois, la Grande-Bretagne n'avait plus les moyens de conserver son empire et, tout naturellement, le Dominion d'Irlande devint la République d'Irlande. De Valera en fut le premier président et le resta presque jusqu'à sa mort, en 1975. Notons que, dans la Constitution du pays, le principe de la partition de l'île était officiellement «constaté», tandis que le rattachement de l'Ulster à la République était «souhaité». Pour en forcer l'éventualité, l'IRA décida de porter la guerre terroriste en Ulster. Les troubles allaient désormais sévir en Irlande du Nord, particulièrement dans sa capitale, Belfast.

L'autonomie interne de l'Ulster était administrée, depuis la partition, au parlement de Stormont, totalement contrôlé par les unionistes. Pour défendre les droits des catholiques du Nord, le Sinn Fein s'implanta en Ulster, mais le pouvoir politique continuait d'appartenir exclusivement aux partis protestants. Au cours des années 1960, l'amertume politique et les flagrantes inégalités économiques ou sociales entre les deux communautés d'Irlande du Nord provoquèrent des troubles qui se transformèrent en désordres puis en émeutes. Ainsi, en 1968, des marcheurs catholiques réclamant le respect de leurs droits civiques furent malmenés par la police protestante et certains tués lors d'affrontements violents contre le gouvernement du premier ministre Chichester-Clark, lui-même de plus en plus dépassé par sa frange la plus extrémiste dirigée par un pasteur farouchement anti-catholique, Ian Paisley. L'année suivante, l'armée britannique fut appelée en renfort pour s'interposer entre deux communautés désormais consumées par la haine: elle devait finalement rester 30 ans en Irlande du Nord, une période pleine de violence et de haine qu'on appellera les Troubles.

Le 30 janvier 1972, pour des motifs nébuleux, les soldats anglais tirèrent sur des manifestants catholiques désarmés à Derry: le «dimanche sanglant» fit 14 morts. L'extrémisme des uns appelant l'extrémisme des autres, on assista à une résurgence de l'IRA, maintenant scindée en une section «officielle» plutôt politique et une section «provisoire» nettement favorable à l'action violente. En 1972 toujours, Londres prit acte de l'impossibilité de parvenir à un compromis politique acceptable pour les catholiques comme pour les protestants. Le gouvernement britannique décida alors de simplement dissoudre le parlement de Stormont et d'administrer directement l'Ulster.

Entre 1973 et 1993, l'IRA « provisoire » fut responsable de plus de 500 attentats meurtriers, en Angleterre, en Ulster et ailleurs dans le monde, avec l'appui financier d'autres mouvements terroristes internationaux et avec le complaisant silence du gouvernement de la République d'Irlande. Les milices paramilitaires protestantes répliquèrent en assassinant en retour quelques centaines de catholiques. Il est toutefois fondamental de souligner que, durant tout le XXe siècle, jamais les Églises catholique et anglicane ne cautionnèrent, même partiellement, l'usage de la violence.

Pourtant, la campagne de terreur menée par l'IRA fit perdre progressivement beaucoup de crédibilité à un mouvement autrefois prestigieux. Les riches communautés irlandaises du Canada et des États-Unis cessèrent même presque complètement de le soutenir financièrement, après l'explosion d'une bombe lancée dans la foule innocente d'un grand magasin londonien, ou bien à la suite du meurtre gratuit d'un populaire héros de la Seconde Guerre mondiale et oncle de la reine Élisabeth II, Lord Louis Mountbatten, en 1979. Pour redorer leur blason, certains membres de l'IRA emprisonnés dans les geôles britanniques commencèrent une série de grèves de la faim. Dix hommes moururent ainsi, devenant des héros aux yeux d'une partie de l'opinion mondiale, mais sans obtenir la moindre concession politique du gouvernement de Londres, alors dirigé par la peu flexible Margaret Thatcher. En 1983, les bombes explosaient de nouveau.

L'ÉBAUCHE D'UNE PAIX INSAISISSABLE

L'Irlande du Nord, autrefois plus riche et plus industrialisée que le Sud, était désormais en ruine. Mais de plus en plus d'Irlandais aspiraient à la paix. En 1993, l'IRA déclara un cessez-le-feu unilatéral et, parallèlement, les gouvernements de Londres et de Dublin signaient la Déclaration de Downing Street, laquelle reconnaissait que l'unité complète de l'île d'Irlande devenait un but ultime, à condition d'être entérinée par une majorité de la population au Nord comme au Sud.

Puis, en 1995, une commission internationale, pilotée par les Américains et les Britanniques, parvint à obtenir l'adhésion de toutes les tendances plus ou moins modérées au principe de pourparlers pour la recherche d'une paix équitable. Le 7 octobre 1997, tous, y compris Gerry Adams de l'IRA provisoire, s'assirent enfin à la même table. Le 10 avril 1998, l'accord de paix, dit «du Vendredi saint», fut signé, surtout grâce aux représentants des partis modérés, le protestant David Trimble et le catholique John Hume. Le parlement de Stormont allait ainsi renaître, avec une assemblée proportionnelle et un partage des pouvoirs entre les deux communautés. Un référendum, le 22 mai 1998, donna l'aval de 71% de la population au Nord et de 94 % au Sud pour la création d'un gouvernement provisoire de l'Ulster, siégeant en tant que «Assemblée semi-autonome», en préparation d'une union ultérieure.

L'optimisme général était prématuré. En juillet et en août 1998, des églises catholiques, puis des temples protestants furent incendiés. Puis une frange plus extrémiste de l'IRA, dite «véritable», recommença à lancer des bombes qui tuèrent et mutilèrent beaucoup d'innocents, tandis que des milices terroristes protestantes, excitées par les diatribes haineuses de Ian Paisley, furent directement responsables de la mort horrible de trois enfants catholiques brûlés vifs dans l'incendie criminel de leur maison. Enfin, la bonne volonté générale n'arriva jamais à convaincre les orangistes que la commémoration de l'historique victoire de La Boyne en 1690 pouvait apparaître comme une provocation gratuite par les catholiques.

En décembre 1998, Trimble et Hume reçurent conjointement le prix Nobel de la paix, alors même que le parlement de Stormont, rénové, continuait de rester vide. Il le resta d'ailleurs pendant 18 mois, la formation d'un gouvernement de coalition butant constamment contre les tergiversations de l'IRA qui refusait de désarmer ses milices, malgré des engagements fermes. Sous la pression commune de Londres, de Dublin et de Washington, Gerry Adams dut finalement accepter certains compromis et, au début de décembre 1999, un gouvernement de coalition était enfin créé, sous la direction de David Trimble.

L'IRA, une fois de plus, parut incapable de tenir ses promesses de désarmement. Ayant déjà presque anéanti la crédibilité politique des modérés catholiques de John Hume et favorisé un durcissement notable des unionistes de David Trimble, Adams et son groupe montrèrent une telle mauvaise foi politique que, en février 2000, le gouvernement de coalition démissionna massivement, ce qui força Londres à dissoudre l'Assemblée semi-autonome de Stormont et à reprendre l'administration directe de l'Ulster.

Les efforts combinés du premier ministre britannique Tony Blair et de son homologue irlandais Bertie Ahern parvinrent toutefois, quelques mois plus tard, à mettre sur pied un nouveau gouvernement provisoire en Irlande du Nord, encore une fois dirigé par David Trimble et encore une fois déchiré sur les mêmes questions. Puis, en juin 2001, les élections générales en Ulster confirmèrent une remontée significative des partis extrémistes protestants et catholiques, aux dépens des modérés. Découragé, David Trimble démissionna, tandis que Londres et Dublin organisaient une autre série de rencontres dites «de la dernière chance», pour sauver, encore une fois, les désormais bien peu crédibles «accords du Vendredi saint».

Une fois de plus, la paix semble avoir échoué en Irlande. Ponctuellement, de nouveaux attentats font des victimes, le clivage entre catholiques et protestants s'élargit, les modérés se lassent et rentrent chez eux. La petite île verte risque bien de se voir de nouveau éclaboussée du sang généreux de ses enfants.

L'année où tout faillit basculer

L'année 1968

Ce fut une année de grandeurs et une année d'horreurs ; une année de transition et une année de révolution. De grands hommes y furent assassinés, tandis que de grands pays allaient perdre leur honneur dans les rues de Prague ou dans celles de Saïgon. Des étudiants d'un peu partout vinrent près de renverser des gouvernements. Des gens à la peau noire crièrent leur dégoût du racisme ; certains, à la peau blanche, affrontèrent des chars d'assaut en n'étant armés que de convictions ; d'autres, à la peau jaune, s'immolèrent par le feu en guise d'ultime contestation.

L'an 1968 fut réellement l'année de tous les dangers.

Il arrive parfois que, en dehors des moments de grandes guerres ou de grandes crises, survienne une période où, soudainement, sans que rien ait annoncé l'explosion, le monde paraît sur le point de s'embraser. De fait, l'année 1968 ne semblait pas devoir être très différente des quelques années précédentes, avec son lot habituel de conflits encore relativement mineurs, de tensions politiques et idéologiques courantes et de revendications sociales limitées. L'époque était plutôt prospère, les premiers baby boomers atteignaient l'âge adulte, une culture musicale et un art de vivre nouveaux s'installaient peu à peu, l'avenir promettait de tout régler... comme avant.

Pourtant, cette année-là, des gouvernements solides allaient chanceler, des blocs politiques ennemis opter pour la même répression réactionnaire face à des mouvements réformateurs, et une jeunesse dorée et gâtée deviendrait passionnément militante dans sa quête, inattendue, d'un monde différent. Nous avons choisi de nous arrêter sur quelques-uns de ces moments.

LES PETITS HOMMES JAUNES EN PYJAMAS NOIRS

Au début de l'année 1968, la plus grande puissance militaire et économique du monde s'embourbait de plus en plus profondément dans une guerre contre un petit pays asiatique, le Vietnam, dont à peu près personne ne connaissait même le nom cinq ans auparavant. Depuis des mois et des mois, des politiciens triomphants et des militaires trop confiants annonçaient à tout moment que la guerre était presque gagnée et l'ennemi communiste presque battu. En même temps, ils réclamaient sans cesse plus de renforts pour les 150 000 soldats américains qui s'y battaient déjà, sans trop parler des 20 000 victimes qu'ils comptaient à ce jour.

Aux États-Unis même, la guerre du Vietnam commença vraiment à diviser le pays entre ceux qu'on appelait «colombes» ou «faucons», entre jeunes pacifistes et vieux belliqueux, dans un climat social de plus en plus tendu. Quelques scénarios de pourparlers de paix étaient envisagés occasionnellement, mais personne n'y croyait vraiment. Et puis, tandis que le conflit s'étendait progressivement au Laos et au Cambodge voisins, les Américains se voyaient de plus en plus critiqués dans le monde entier pour leur impérialisme arrogant et leur soutien continu aux militaires corrompus qui gouvernaient le Vietnam du Sud et disaient défendre le monde libre contre les dangers du communisme.

En janvier 1968, les stratèges nord-vietnamiens qui entouraient Hô Chi Minh constatèrent que le moment semblait idéal pour donner une grande leçon d'humilité à l'orgueilleuse Amérique. Eux, qu'on disait presque battus, allaient déclencher une offensive majeure contre les positions jugées imprenables des Américains et, ainsi, marquer de nouveaux points, ne serait-ce que sur le plan diplomatique.

Il faut toutefois reconnaître que le général Vo Nguyen Giap et son état-major étaient absolument conscients de ne pouvoir remporter la victoire militaire, mais leur but était tout autre. En réalité, l'offensive prévue visait d'abord à démontrer à la population américaine que la guerre n'était nullement finie et pouvait même coûter encore très cher en vies humaines, une prise de conscience qui, éventuellement, fractionnerait davantage la société des États-Unis et favoriserait de véritables pourparlers de paix. L'autre but, moins avouable, du gouvernement communiste de Hanoï était d'affaiblir l'autorité morale et même la capacité militaire des combattants volontaires du Viet-cong, ces irréguliers dont les techniques de guérillas s'avéraient si efficaces qu'elles jetaient de l'ombre sur les performances de l'armée régulière du Vietnam du Nord.

Le 21 janvier, en pleine trêve du Nouvel An vietnamien, le Têt, les communistes lancèrent une attaque simultanée contre toutes les places fortes et les villes sud-vietnamiennes que croyaient contrôler les Américains. En quelques jours, Hué, Khé Sang et tous les autres points visés tombèrent entre leurs mains. À Saïgon même, l'ambassade américaine fut occupée pendant plusieurs heures, au prix de lourdes pertes, tandis que la panique gagnait les généraux des États-Unis et leurs alliés sud-vietnamiens. Dans les semaines suivantes, la puissante machine de guerre américaine allait reprendre peu à peu l'initiative militaire et déclencher des bombardements de représailles contre les villes du Nord. Mais le mal était fait. Le président Lyndon Johnson annonça qu'il renonçait à briguer un second mandat, tandis que le commandant en chef des forces américaines au Vietnam, le général Westmoreland, était discrètement mis à la retraite, après avoir toutefois obtenu de nouveaux renforts. Enfin, de véritables pourparlers de paix furent engagés à Paris.

Mais c'est aux États-Unis même que l'offensive du Têt devait avoir l'effet le plus intense et le plus lourd de conséquences. D'abord, le clivage entre «colombes» pacifistes et «faucons» belliqueux devint désormais irréparable. Les mouvements pacifistes gagnèrent des millions d'adhérents et la contestation s'organisa partout, particulièrement sur les campus universitaires. La commotion fut à son comble quand, en mars, Walter Cronkite, le journaliste de télévision le plus écouté et le plus respecté, osa affirmer sur les ondes que le conflit vietnamien était vain autant qu'immoral et que le public avait été sciemment trompé par l'optimisme factice de politiciens et de militaires, tous incapables de reconnaître qu'ils avaient eu tort. Le même mois, une escouade de soldats américains, commandée par le lieutenant William Calley, pénétra dans le petit village sud-vietnamien de My Laï et massacra gratuitement les 400 vieillards, femmes et enfants qui s'y trouvaient. L'Amérique découvrit brusquement que ses *boys* ne valaient guère mieux parfois que des nazis.

La guerre du Vietnam devait durer encore quelques années, mais Hô Chi Min, le dirigeant nord-vietnamien, avait gagné son pari. Moralement, les États-Unis étaient vaincus et au bord de l'éclatement social. Le Viet-cong ne se relèverait jamais des pertes énormes subies durant l'offensive du Têt et l'initiative militaire appartiendrait désormais à l'armée régulière du Vietnam du Nord. Bientôt, le Laos et le Cambodge allaient basculer dans l'orbite communiste, mais bien peu de gens, de part et d'autre, se préoccuperaient des millions de civils asiatiques qui continueraient de mourir à cause de la politique des grands.

LE PRINTEMPS DE PRAGUE

En janvier 1968, le parti communiste de Tchécoslovaquie se nomma un nouveau premier secrétaire en la personne du Slovaque Aleksander Dubcek. Personne ne concevait alors que cet homme tranquille et souriant allait bientôt menacer tout l'édifice monolithique du communisme international, faire perdre à l'Union soviétique son crédit moral et, à long terme, entraîner sa chute.

Dubcek était conscient que son petit pays étouffait de plus en plus sous la chape de plomb maintenue par Moscou et que des réformes politiques et sociales étaient nécessaires si la Tchécoslovaquie voulait enfin sortir de la stagnation économique et idéologique dans laquelle elle languissait. En même temps, le premier secrétaire était un communiste honnête qui croyait sincèrement aux vertus du socialisme et qui souhaitait simplement réconcilier le marxisme et la liberté.

Dès la fin de l'hiver, Dubcek et son équipe amorcèrent donc une série de réformes dans le pays, favorisant un début de libéralisme économique, une ouverture sur le monde et, surtout, l'abolition quasi totale de la censure de l'État sur les médias et sur la vie intellectuelle des Tchécoslovaques. Sa politique, appelée le socialisme à visage humain, était déjà en train de faire renaître un petit pays où, désormais, les gens souriaient, parlaient et échangeaient entre eux. Des secrets malodorants sur les abus antérieurs commençaient même à être connus et la lourdeur du système communiste était contestée, parce que les gens avaient maintenant soif de liberté... intellectuelle surtout.

Il fut aussi rapidement évident que le Printemps de Prague dérangeait terriblement les tenants de l'orthodoxie marxiste qui régnaient en Union soviétique, en République démocratique allemande (RDA), en Pologne, en Hongrie et en Bulgarie. Or, ces dirigeants, au pouvoir à peu près incontesté, craignaient désormais comme la peste la contagion du modèle tchèque chez eux. À quelques reprises, Dubcek fut convoqué à Moscou pour s'expliquer. Fort de l'appui unanime de ses concitoyens de toutes les conditions sociales, il restait naïvement persuadé que ses frères socialistes comprendraient qu'il n'y avait rien à craindre de gens simplement plus heureux qu'auparavant.

En juin, plusieurs artistes, savants et athlètes tchécoslovaques signèrent *le Manifeste des 2 000 mots*, par lequel ils déclarèrent tous soutenir la démocratisation de leur pays. Cette fois, c'en était trop pour la vieille garde communiste.

Le 20 août 1968, 500 000 soldats du pacte de Varsovie, l'alliance militaire des pays communistes d'Europe, envahirent la Tchécoslovaquie, officiellement pour protéger le gouvernement et le peuple d'un grand complot capitaliste visant à renverser la merveilleuse liberté marxiste. Dubcek et ses collaborateurs furent immédiatement amenés à Moscou et forcés de signer un document où ils reconnaissaient le danger capitaliste et se disaient ravis de l'aide fraternelle qui leur était apportée. Malgré l'appui moral du monde entier et celui, plus spécifique, de la Yougoslavie et de la Roumanie, seuls pays communistes à dénoncer l'agression militaire, les Tchécoslovaques se retrouvèrent seuls et désarmés devant les chars russes. Plus de 50 personnes y laissèrent d'ailleurs leur vie, mais le geste de résistance le plus éloquent fut celui de Jan Palach, un étudiant de 19 ans, qui s'immola par le feu pour protester contre le viol de son pays.

Dans les mois suivants, les réformateurs du Printemps de Prague furent peu à peu écartés du pouvoir, la censure rétablie et les libertés abolies. Évidemment, les Soviétiques avaient trouvé un homme de paille, le Slovaque Gustav Husak, qui se déclara fin prêt à sauver son pays et qui s'empressa de démanteler, bien à l'abri derrière les canons des chars russes, ces épouvantables réformes dites «antisocialistes». Aleksander Dubcek fut bientôt limogé et envoyé dans un obscur consulat de Turquie, avant d'être tout simplement écarté de la vie politique.

Le Printemps de Prague allait être suivi d'un hiver qui durerait un peu plus de 20 ans.

UN CERTAIN MOIS DE MAI À PARIS

Cela avait commencé l'année précédente quand les étudiants ouest-allemands avaient dénoncé la rigidité et le caractère archaïque des programmes universitaires. Puis, le mouvement de contestation avait peu à peu gagné les autres pays d'Europe de l'Ouest, ainsi que le Japon, le Mexique et le Brésil, à mesure qu'une jeunesse dorée découvrait le plaisir de remettre en question «la loi et l'ordre de Papa», s'éveillant ainsi à une conscience sociale et morale qu'offusquaient les certitudes impérialistes de l'Amérique et de l'Union soviétique. La contestation gagna aussi la Pologne et la Yougoslavie, où les autorités communistes durent accepter certains assouplissements sociaux. Les enfants de Marx et ceux de Coca-Cola commençaient à penser par eux-mêmes et voulaient changer le monde.

Nulle part, le terreau de la contestation n'était aussi fertile qu'en France, où les revendications étudiantes allaient de pair avec un malaise social, particulièrement vif dans les mouvements syndicaux et ouvriers de gauche, las de la tutelle paternaliste qu'incarnait le gouvernement du général Charles de Gaulle. En fait, la France était prospère et démocratique mais s'impatientait, sous une gestion d'État vieillissante et hostile au changement.

Le feu qui couvait lança ses premières braises incendiaires, en janvier 1968, à la faculté des lettres de l'Université de Nanterre, où les étudiants commencèrent à contester le contenu des programmes pédagogiques et à réclamer un droit de participation à leur gestion et à leur application. En mars, le leader étudiant de gauche Daniel Cohn-Bendit, un Allemand élevé en France, fit scandale en attaquant verbalement et violemment le ministre de la Jeunesse, Missoffe, accusé de ne rien comprendre aux problèmes des jeunes, particulièrement sur le plan sexuel. La réplique pourtant savoureuse du ministre, «Je ne doute pas que, avec la tête que vous avez, vous ayez en effet des problèmes de ce genre!», excita les étudiants qui occupèrent l'administration et entamèrent une série de manifestations, dirigées fréquemment contre l'impérialisme militaire et culturel américain. Peu après, Cohn-Bendit était arrêté, mais le mouvement avait déjà fait tache d'huile dans toutes les universités du pays.

Au début de mai, les troubles prirent une ampleur accrue quand, sous l'incitation de Cohn-Bendit et de ceux de Nanterre, les occupations se multiplièrent et qu'apparurent les premiers slogans idéologiques: «Il est interdit d'interdire!» et «Professeur, professe-toi toi-même!». Le gouvernement du premier ministre Georges Pompidou décida alors de faire évacuer l'université de la Sorbonne par les Compagnies républicaines de sécurité (CRS), corps d'élite de la police française profondément redouté et haï. Mais cela s'avéra une erreur stratégique, puisqu'il laissait ainsi des dizaines de milliers d'étudiants soudainement libres de descendre dans la rue. Dès le 6 mai, des barricades furent érigées dans Paris. Les heurts violents entre étudiants et forces de l'ordre firent près de 1 000 blessés et entraînèrent 500 arrestations. Une situation de quasi-émeute dura quelques jours, jusqu'à ce que les centrales syndicales de gauche appellent à la grève générale pour soutenir les étudiants.

Le 13 mai, 200 000 manifestants défilèrent dans Paris et les ouvriers de plusieurs usines, ainsi que des fonctionnaires d'État commencèrent la grève. En quelques jours, étudiants et ouvriers occupaient ensemble les universités et les usines, particulièrement celles de la firme automobile Renault où flottait désormais le drapeau rouge de la révolution. Les réclamations ouvrières portaient sur les salaires, mais aussi sur la participation et la cogestion. Le 20 mai, il y avait en France 10 millions de grévistes et la paralysie du système devenait générale, entraînant la chute du franc et même une pénurie d'essence. Pour l'unique fois de son histoire, le Festival de Cannes fut annulé.

Le général de Gaulle, rentré d'urgence d'un voyage officiel en Roumanie, accepta le principe de procéder à certaines réformes et sacrifia même quelques ministres. Mais il refusa absolument de négocier dans l'anarchie. Il appela donc la «France silencieuse» à descendre à son tour dans la rue pour soutenir l'État légitime. Le 30 mai, ils étaient un million de Parisiens à venir appuyer le gouvernement. Le même jour, De Gaulle choisit de dissoudre l'Assemblée nationale et annonça des élections pour le mois suivant.

Parallèlement, des différends commencèrent à s'élever entre étudiants et ouvriers, à mesure que ceux-ci obtenaient des acquis dans leurs négociations avec le patronat. Au début de juin, le travail avait repris presque partout et même le mouvement étudiant montrait des signes d'essoufflement. Cohn-Bendit avait déjà été expulsé en Allemagne, avec interdiction de revenir en France, tandis que certains assouplissements dans le contenu et l'application des programmes académiques paraissaient satisfaire une majorité de plus en plus grande de contestataires.

Le 30 juin 1968, les élections législatives se traduisirent par un raz-de-marée gaulliste, alors que la droite s'emparait de presque 80 % des sièges. La révolution était terminée.

LA SECONDE GUERRE CIVILE AMÉRICAINE

La contestation étudiante aux États-Unis prit, à partir de 1968, une voie différente de celle du reste du monde. En effet, elle s'orienta presque exclusivement vers un mouvement pacifiste opposé à la politique gouvernementale par rapport à la guerre du Vietnam. Il faut se rappeler que, sur les quelque deux millions d'Américains qui combattirent en Asie, plus de 80 % n'étaient pas des soldats de métier mais bien de jeunes conscrits. À mesure que l'évidence démontrait l'absurdité et l'immoralité de cette guerre, ils furent des centaines, puis des centaines de milliers à contester l'obligation qui leur était faite d'aller se battre au Vietnam. Certains s'exilèrent au Canada ou en Suède, d'autres préférèrent être emprisonnés. Mais beaucoup allèrent au combat, y perdant sinon leur vie, du moins leur jeunesse et leur équilibre mental, dans l'enfer de drogues et d'amoralité qu'était devenu le corps expéditionnaire américain au Vietnam.

Comme il apparut rapidement qu'une proportion abusive des appelés était de race noire, la tension raciale s'accrut dangereusement, à mesure que montait aussi l'impatience face à des droits civiques qui tardaient à être appliqués. Or, le 4 avril 1968, le pasteur Martin Luther King, figure emblématique du mouvement d'émancipation civique des Noirs américains, était assassiné à Memphis par un Blanc, James Earl Ray, dans ce qui semblait bien être un complot organisé. Aussitôt, les Noirs de tout le pays se soulevèrent. Des émeutes violentes enflammèrent 125 villes, dans lesquelles 45 personnes furent tuées. Au Vietnam, des soldats noirs tuèrent leurs officiers blancs. Bien que la succession de King ait été assurée par Ralph Abernathy, c'est son jeune secrétaire, Jesse Jackson, qui prit la direction morale réelle du mouvement de revendication des Noirs, en même temps que grandissait l'influence de groupes de revendication beaucoup plus violents, comme celui des Black Panthers.

En avril toujours, des étudiants activistes de race blanche, occupèrent l'université Columbia, menés par un certain Mark Rudd. Ils furent rapidement rejoints par les activistes noirs du quartier voisin de Harlem et séquestrèrent le doyen pendant deux jours, durant lesquels ils détruisirent les dossiers de l'administration et pratiquèrent leur slogan «faire l'amour plutôt que la guerre». Mais la répression policière fut, elle, très violente: elle fit 148 blessés et 700 arrestations. Les événements de Columbia allaient d'ailleurs marquer un changement dans le mouvement de contestation étudiant. Comme plus tard aux universités de Berkeley et de Kent, une frange activiste et plus ou moins communiste ne craindrait pas de provoquer les autorités ni d'avoir recours à la même violence que la police. Les grands dirigeants étudiants ou pacifistes s'appelaient Abbie Hoffman, Jerry Rubin, Mark Rudd, Mario Savio, ainsi que le fondateur des Black Panthers,

Bobby Seales. Pour les gens au pouvoir, ils étaient devenus les plus grands ennemis de l'Amérique.

À ce moment encore, un homme seulement aurait peut-être pu calmer le jeu, car il disposait du respect d'à peu près toutes les tendances. Robert Kennedy s'était lancé dans la campagne électorale pour succéder à Johnson et, au soir du 5 juin 1968, il célébrait sa victoire décisive dans les élections primaires de Californie, à l'hôtel Ambassador de Los Angeles. Il fut mortellement atteint par les coups de feu tirés par un jeune émigré jordanien, Shiran Shiran, qui ne pardonnait pas aux Kennedy leur sympathie pour Israël. De nouveau, l'Amérique prit le deuil, mais, pour les jeunes, pour les Noirs et pour les libéraux opposés à la guerre, il n'y avait plus de champion vers qui se tourner. Il ne semblait leur rester que la colère.

Ce fut un été très chaud dans tout le pays, avec des flambées sporadiques de violence un peu partout. En août, s'ouvrit la convention démocrate à Chicago et les pacifistes décidèrent de s'y faire entendre. Il en vint presque 100 000. Parmi eux, se trouvaient Hoffman, Rubin et Seales. Au début, les plus naïfs crurent que les fleurs des *hippies* ralentiraient les matraques de la police. Le maire Daly concevait autrement le maintien de l'ordre dans sa ville et les policiers, bientôt renforcés par les soldats de la Garde nationale, reçurent l'ordre de frapper dur. Il y eut donc 750 blessés et 650 arrestations. Même des journalistes et des caméramans furent molestés, dont Walter Cronkite qui parla d'une attitude digne de la Gestapo nazie. Les mêmes mots allaient revenir, l'année suivante, quand s'ouvrirait le procès des « Sept de Chicago », c'est-à-dire Hoffman et ses amis, tous accusés de conspiration et d'incitation à l'émeute. Ils furent tous acquittés de ces charges... mais condamnés pour avoir violé la loi « dans le but de provoquer une émeute ».

Les démocrates choisirent Hubert Humphrey pour être leur candidat à la présidence, mais le parti restait profondément divisé et il était clair qu'il ne l'emporterait jamais contre les républicains à l'automne. De fait, en novembre, Richard Nixon, un homme nettement à droite, devenait président des États-Unis. Décidément, rien n'allait pour la cause de la paix.

QUE S'ACHÈVE ENFIN CETTE ANNÉE

Les derniers mois de 1968 ne furent pas plus réjouissants nulle part dans le monde et bien des gens se mettaient à souhaiter que cette année maudite s'achève enfin.

En octobre, les Jeux olympiques s'ouvraient à Mexico, quelques semaines après que l'armée eut investi l'université par la force, tuant 61 étudiants et en blessant des centaines d'autres. Pendant les Jeux, des athlètes noirs humilièrent l'Amérique blanche en dressant un poing ganté durant l'hymne national, pour protester contre le racisme toujours présent.

Presque au même moment, le monde découvrait l'horreur de la guerre civile dans la province nigériane du Biafra, où des civils mouraient de faim au rythme de 10 000 par jour. L'Union soviétique et la Grande-Bretagne fournissaient des armes au Nigeria, tandis que la France et les États-Unis équipaient le Biafra, terriblement riche en pétrole.

Le pape Paul VI provoqua la consternation et la colère de millions de catholiques dans le monde, et accentua même le mouvement de désaffection dans l'Église, quand il s'opposa, sous peine d'excommunication, à toute forme de contraception artificielle dans son encyclique *Humanæ Vitæ*.

Et puis, durant la période de Noël, les astronautes d'Apollo VIII réussirent le premier tour complet de la Lune. Depuis l'espace, ils transmirent aux peuples du monde un message de «Paix sur Terre aux hommes de bonne volonté!».

L'année de tous les dangers était terminée.

CE QU'ILS SONT DEVENUS

La guerre du Vietnam

La guerre ne s'acheva, pour les Américains, qu'en 1973, lorsqu'ils quittèrent le pays qu'ils disaient pacifié. Deux ans plus tard, le Vietnam du Nord s'emparait de tout le Sud. Le Vietnam est aujourd'hui un des pays les plus pauvres d'Asie et compte de plus en plus ouvertement sur les investissements que commencent à y faire ceux qui avaient fui le pays dans les années 1970 et qui se sont enrichis à l'étranger.

Vingt-cinq militaires américains furent poursuivis relativement au massacre de My Laï, mais un seul, le lieutenant William Calley, fut reconnu coupable. Il fut condamné à la prison à vie. Sa peine fut aussitôt réduite à 20, puis à 10 ans de prison, mais après 5 mois, il fut gracié par le président Nixon. Il est aujourd'hui dans le commerce automobile. Durant son procès, des centaines de milliers d'Américains virent en lui un héros et on composa même une chanson en son honneur, la «Ballade du lieutenant Calley», qui se vendit à plus d'un million de copies.

Le Printemps de Prague

Quand Mikhaïl Gorbatchev amorça en Union soviétique sa série de réformes, la majorité d'entre elles s'inspiraient de ce qu'avaient proposé les Tchèques 20 ans plus tôt. Au début des années 1990, le bloc communiste s'écroulait.

La Tchécoslovaquie fut un des premiers pays de l'Est à restaurer un régime démocratique, durant la «révolution de velours». Le dramaturge Vaclas Havel, longtemps emprisonné comme dissident sous Husak, en fut le premier président. En 1994, la République tchèque et la Slovaquie se séparèrent à l'amiable.

Aleksander Dubcek fut, après 1968, peu à peu privé de tout rôle politique et, pendant des années, gagna difficilement sa vie comme balayeur et comme concierge. En 1989, il se vit décerner le prix Shakarov pour la paix et, la même année, fut nommé président du nouveau parlement tchécoslovaque. Il mourut en 1992 dans un accident d'automobile.

Mai 1968

Le général de Gaulle resta au pouvoir encore un an, jusqu'en 1969, quand il se retira après sa défaite à un autre référendum pourtant peu important. Il mourut l'année suivante et son successeur à la présidence fut Georges Pompidou, qu'il avait politiquement sacrifié en 1968.

Daniel Cohn-Bendit retourna en Allemagne après les événements de mai 1968 et y créa un mouvement révolutionnaire étudiant. Il fut ensuite auteur et éditeur de livres de gauche, puis s'associa au Parti vert. En 1989, il devint maire adjoint de la ville de Francfort et, depuis 1994, il siège au parlement européen de Strasbourg. En 1996, il a conçu une série de télévision sur l'héritage de mai 1968, intitulée *Nous l'avons tellement aimée, la Révolution.*

La révolte de l'Amérique

Richard Nixon fut, paradoxalement, l'homme qui sortit l'Amérique du Vietnam et qui créa les premiers liens diplomatiques avec la Chine. En 1973, il s'empêtra dans un bizarre scandale politique appelé « Watergate », d'après le nom d'un immeuble de Washington dans lequel des hommes de main du Parti républicain furent arrêtés alors qu'ils cambriolaient les bureaux du Parti démocrate. Mis le nez dans ses trop nombreux mensonges, le président n'échappa à des poursuites judiciaires qu'en démissionnant lui-même en 1974. Ayant reçu le pardon présidentiel de son successeur Gerald Ford, il écrivit quelques livres et donna de nombreuses conférences, tout en restant un homme détesté par la majorité des Américains. Il mourut en 1994.

Jesse Jackson reprit, après la mort de Martin Luther King, le flambeau de la lutte pour les droits civiques. Dans les années 1970, il fut élu au Congrès à quelques reprises et tenta, par deux fois, de recevoir l'investiture présidentielle du Parti démocrate. Désormais retiré de la politique active, il anime sa propre émission d'informations générales à la télévision américaine, mais son influence réelle paraît de plus en plus diminuée.

Abbie Hoffman fonda la Students for a Democratic Society et resta politiquement actif jusqu'au milieu des années 1970. Il obtint ensuite un diplôme de psychologie de Berkeley, puis enseigna et écrivit de nombreux livres et articles. Il se suicida en 1989.

Jerry Rubin renonça rapidement à sa carrière d'activiste. Il étudia l'économie puis se lança en affaires. Il travailla à Wall Street et, millionnaire, mourut en 1994, quand un automobiliste le heurta, alors qu'il pratiquait son jogging.

Mark Rudd resta activiste plusieurs années encore avec Abbie Hoffman. À la fin des années 1970, il obtint sa licence en droit et adhéra à la National Lawyers Guild, un regroupement d'avocats spécialisé dans la défense de groupes écologiques ou sociaux, qui paient désormais fort bien ses services.

Mario Savio, celui qui avait déclaré *«Don't trust anybody over thirty»,* devint auteur puis enseigna les mathématiques et la philosophie à l'université californienne de Somosa. Il resta proche des démunis à qui il donnait des cours du soir. Il mourut d'un infarctus en 1996.

Bobby Seales, fondateur des Black Panthers, passa quelques années en prison, pour diverses accusations criminelles qui furent peu à peu abandonnées. Il accepta progressivement de renoncer à la violence, mais resta toujours critique face aux trop nombreux dérapages dans l'application des droits civiques accordés aux Noirs. Depuis le milieu des années 1990, il enseigne à l'université Temple de Pennsylvanie, consacrée aux Noirs.

Walter Cronkite, le journaliste le plus respecté du XXe siècle, anima le *CBS Evening News* jusqu'en 1980. Il devint ensuite correspondant spécial pour le réseau national CBS, produisit des documentaires et publia plusieurs livres d'interviews et de politique. Désormais octogénaire, l'homme qui avait débarqué avec les troupes américaines en Normandie continue de collaborer à des émissions spéciales et a publié, en 2000, sur cédérom, un document consultatif à propos des 12 présidents qu'il a côtoyés.

Les vols spatiaux

Après Apollo VIII, plusieurs autres vols ont finalement permis à des hommes de marcher sur la Lune. Les programmes spatiaux tendent toutefois à s'internationaliser, comme en fait foi l'installation progressive d'une station spatiale permanente, tremplin nécessaire à une éventuelle expédition vers Mars.

Aux dernières nouvelles, seule la Lune n'a pas changé depuis 1968.

« ... non pas parce que c'est facile, mais parce que c'est difficile »

La conquête de l'espace

C'est par ces mots que, en 1962, le président John Kennedy annonçait au monde entier que les Américains avaient choisi d'envoyer des hommes sur la Lune avant la fin de la décennie et de les en ramener sains et saufs. En même temps, il relevait officiellement le défi lancé quelques années plus tôt par les Soviétiques et mettait ainsi toutes les immenses ressources de son pays à conquérir l'ultime frontière de l'humanité : l'espace.

Depuis la nuit des temps, l'homme a observé le ciel et contemplé, avec autant de crainte que de fascination, son immensité sans fin. Pendant des millénaires, il a appris à reconnaître planètes et étoiles, leur a attribué les noms de dieux, les a associées par constellations, a calculé leur course immuable et s'en est servi comme guides lorsqu'il établissait des calendriers, franchissait les mers ou cherchait à prévoir son destin. Et, toujours, l'homme a rêvé de toucher aux étoiles.

L'astrologie, prise dans son sens premier de langage des astres, fut probablement la première science dans toutes les sociétés humaines. Une science pleine de faussetés et de superstitions, que la connaissance et le véritable savoir scientifique n'arriveront pourtant jamais à discréditer complètement. Même aujourd'hui, chacun de nous refuse de croire en l'horoscope, mais connaît son signe zodiacal et aime bien se retrouver dans les descriptions que les mages modernes en font. Très longtemps, les astrologues furent aussi des astronomes qui apprivoisaient la connaissance et la compréhension des phénomènes et des corps célestes, parce que l'humanité est avide de savoir et de maîtriser.

Et puis, au XXe siècle de notre ère, l'homme acheva la longue conquête de la Terre. Ses continents et ses océans étaient largement cartographiés et répertoriés, ses jungles et ses déserts, ses sommets et ses abysses étaient presque tous vaincus. Il chercha donc un nouveau défi, toujours plus grand, plus difficile et plus impossible. Comme ses ancêtres préhistoriques, il leva les yeux vers les étoiles... et voulut les atteindre. La conquête du ciel commença véritablement le 4 octobre 1957, par un petit «bip bip» qui fit le tour du monde.

LES RÊVEURS ET LES PRÉCURSEURS

«La Terre est le berceau de l'humanité, mais celle-ci n'y restera pas éternellement.» Ces mots datent de 1903 et sont de Konstantin Tsiolkovski, physicien visionnaire russe que l'on considère comme le père spirituel de la conquête de l'espace. Tsiolkovski avait fort bien compris que le génie humain devait, avant toute autre chose, maîtriser les lois et contraintes élémentaires de la physique, à son époque insurmontables, avant de partir à la conquête des étoiles. Cela signifiait d'abord s'arracher à la pesanteur à l'aide d'un lanceur suffisamment puissant. Puis il faudrait concevoir et développer des vaisseaux et des équipements capables d'assurer la survie des pionniers dans le vide sidéral mortel. Enfin, il fallait avoir les moyens techniques d'atteindre un objectif précis et ceux d'en ramener les explorateurs sains et saufs. Le programme était ambitieux, mais il était aussi à la mesure de l'espèce humaine, depuis toujours convaincue qu'elle était elle-même à l'image des dieux.

La première réponse aux trois problèmes soulevés par Tsiolkovski, celle des lanceurs, était, en principe, connue depuis que les Chinois avaient inventé les premières fusées, emplies de poudre inflammable, vers l'an 1 000 de notre ère. Elles étaient alors essentiellement utilisées en tant que feux d'artifice, mais leur potentiel militaire fut rapidement perçu et exploité, en même temps que la poudre noire permettait de créer l'artillerie des armées. Les troupes britanniques rapportèrent les premières roquettes des Indes en 1791 et les utilisèrent quelques années plus tard contre Napoléon Bonaparte.

À la fin du XIXe siècle, les développements de la balistique incitèrent de plus en plus de scientifiques à envisager la possibilité de voyages dans l'espace. De nombreux littéraires se le permettaient déjà dans des œuvres. Rappelons *De la Terre à la Lune* de Jules Verne et *Les premiers hommes sur la Lune* de H.G. Wells. Tsiolkovski et quelques autres, comme le Tchèque Hermann Oberth, concevaient plutôt des fusées potentielles, voire des stations spatiales habitées, répondant aux critères et aux normes formelles de la physique. Ces travaux allaient inspirer particulièrement trois hommes qui, dans la première moitié du XXe siècle, devaient, chacun de son côté mais s'appuyant sur les avancées des deux autres, révolutionner la balistique et rendre possible la conquête spatiale.

Le Russe Sergueï Korolev (1907-1966) développa largement les principes du moteur à réaction pour avions, puis pour fusées. Il fut le père du programme spatial soviétique, à qui il donna le premier lanceur connu, la fusée Zemiorka, dont les modèles les plus récents sont toujours utilisés. L'Américain Robert Goddard (1882-1945) conçut les fusées à carburant liquide et plus de 200 autres technologies balistiques qui permettraient un jour de créer les lanceurs géants de type Saturne et Titan. Enfin, l'Allemand Wernher von Braun (1912-1976) mit d'abord son génie au service de Hitler, pour qui il créa les premiers missiles balistiques, ancêtres directs des missiles contemporains mais aussi des fusées des programmes spatiaux russes et américains.

Au milieu des années 1950, la guerre froide entre l'Est et l'Ouest en était probablement à son point le plus glacial. Les populations et les gouvernements redoutaient une guerre nucléaire apocalyptique, dans un délire de paranoïa idéologique fortement entretenue par l'imagination fébrile, mais fascinante, des géants de la littérature et du cinéma de science-fiction. Chacune des deux superpuissances rivalisait avec sa vis-à-vis pour développer au plus tôt un arsenal balistique intercontinental susceptible de lui assurer la suprématie loin au-dessus de la planète. Ce furent les Russes qui marquèrent les premiers points.

UN BRUIT NOUVEAU DANS LE CIEL D'AUTOMNE

En 1945, la Seconde Guerre mondiale n'était pas encore terminée que, déjà, Russes et Américains récupéraient toutes les informations disponibles et raflaient tous les techniciens allemands qui avaient travaillé au programme des bombes volantes hitlériennes au centre de recherche de Peenemünde. Le plus important de ces scientifiques était Wernher von Braun, le concepteur de fusées explosives qui s'étaient abattues sur Londres et ses environs dans les deux dernières années de guerre, terrifiant la population et tuant des milliers de personnes. Ces armes de destruction aveugle, appelées V-1 et V-2, volaient plus haut et plus vite qu'un avion, et les savants allemands s'apprêtaient à finaliser une V-3 suffisamment puissante pour atteindre des villes comme New York ou Moscou.

Von Braun avait toutefois compris que son pays était en train de perdre la guerre et qu'il n'échapperait lui-même à la prison qu'en offrant très vite ses précieuses compétences scientifiques aux vainqueurs. Aussi, au printemps de 1945, il empila ses dossiers et documents dans quelques camions et, avec ses principaux collaborateurs, partit se livrer aux Américains, en jurant qu'il n'avait jamais été nazi et qu'il n'avait certainement pas voulu que ses fusées tuent des innocents. Les États-Unis l'accueillirent à bras ouverts et acceptèrent aussitôt sa version pour le moins douteuse de son récent passé, car ils considéraient à quel point cet homme pouvait leur permettre de prendre beaucoup d'avance sur les Russes dans le développement prévisible de missiles capables d'atteindre un autre continent. Quelques années plus tard, Wernher von Braun était devenu citoyen américain et l'une des personnalités les plus connues et les plus écoutées du programme spatial des États-Unis. Il écrivit même une autobiographie intitulée *L'homme qui visait les étoiles*. Peu convaincus par ses piètres explications au sujet de ses engagements idéologiques à l'époque du nazisme, beaucoup d'humoristes s'interrogèrent alors sur ses faibles capacités d'orientation, car «... il avait peut-être visé les étoiles mais il avait surtout atteint Londres!».

Dans les années 1950, l'Amérique et l'Union soviétique avaient toutes deux mis au point des missiles intercontinentaux, mais leur incapacité à développer un lanceur assez puissant pour placer un objet en orbite faisait toujours du satellite un objet de science-fiction apparenté à la soucoupe volante. Toutefois, les Soviétiques disposaient déjà, depuis plusieurs années, d'un complexe de recherche aéronautique et spatiale centralisé, dirigé par Sergueï Korolev, mais sous contrôle militaire. Les Américains, pour leur part, éparpillaient leurs ressources et leurs savants dans des programmes rivaux appartenant à l'armée, à la marine, à l'aviation ou même à l'industrie privée, le tout chapeauté par un organisme fédéral sans le moindre pouvoir, le National Advisory Committee for Aeronautics (NACA), fondé en 1915 pour promouvoir l'aviation.

Le 4 octobre 1957, l'équipe de Korolev fit entrer le monde dans une nouvelle ère, en lançant une fusée Zemiorka, qui plaça sur orbite basse le premier satellite artificiel de l'Histoire. Spoutnik, nom signifiant «compagnon de voyage», ne pesait que 84 kilos et ne pouvait qu'émettre un signal radio synchronisé du genre «bip bip». Pourtant, il existait bel et bien, et passait même plusieurs fois par jour au-dessus des États-Unis. Pour ajouter à l'injure, les Russes récidivèrent en novembre avec Spoutnik II, qui amenait dans l'espace la petite chienne Laïka... sans toutefois pouvoir la récupérer.

Les Américains organisèrent aussitôt le lancement, très médiatisé, d'une fusée Vanguard de la marine portant un impressionnant satellite de 1,5 kilo. Elle s'écrasa au décollage, comme toute les suivantes, jusqu'en février 1958 quand Explorer I, pesant 14 kilos, put finalement être placé sur orbite.

L'humiliation des États-Unis fut portée à son comble quand Wernher von Braun annonça publiquement que le retard américain sur le programme spatial soviétique était d'au moins cinq ans et risquait de s'aggraver encore si on ne prenait pas les grands moyens. On les prit donc. En octobre 1958, naissait la National Aeronautics and Space Administration (NASA), organisme civil doté de pouvoirs bien réels et d'un budget annuel colossal de quatre milliards de dollars, sans compter les fonds plus ou moins secrets ajoutés par l'armée, la marine, l'aviation, l'Agence centrale de renseignements (CIA) et à peu près tous les grands cartels industriels privés du pays. Il n'y avait qu'un mot d'ordre : battre les communistes dans l'espace. Un an plus tard, on présentait au public les sept premiers astronautes, tous militaires et pilotes chevronnés. Les cosmonautes russes étaient également militaires, mais restaient inconnus de la population avant leurs missions. Curieusement, le fameux retard de cinq ans fut comblé en moins de deux ans.

DES CHOIX IMPOSSIBLES

Dès la fin des années 1950, la course spatiale entre Russes et Américains s'accéléra et, dans l'un et l'autre camp, deux solutions divergentes tentaient de s'imposer : devait-on privilégier les vols habités ou plutôt favoriser les sondes robotisées? Bien sûr, l'utilisation de sondes exploratoires coûtait infiniment moins cher et représentait passablement moins de risques, puisque rien n'obligeait à les ramener sur terre. Par contre, elles ne soulevaient guère les passions populaires et n'assuraient donc pas l'octroi de budgets faramineux ni de grands effets de propagande une fois la nouveauté passée. Les vols habités, pour leur part, coûtaient une fortune et requéraient des raffinements technologiques considérables. Par contre, ils étaient infiniment plus spectaculaires et représentaient de merveilleux outils de propagande en ces temps de guerre froide. Incapables de trancher, Russes et Américains optèrent donc pour des programmes spatiaux combinant les deux types de vols.

Les vols non habités

Même si les populations, de l'Est comme de l'Ouest, n'en étaient guère conscientes, les obligations scientifiques et militaires rendaient absolument indispensable le lancement de vols spatiaux non humains. Les satellites devinrent alors de plus en plus nombreux autour de la Terre, qu'ils fussent d'observation astronomique, de télécommunication, de météorologie ou d'espionnage. Chez les Américains, Explorer VI (photographie) fut lancé dès 1959, Tiros (météorologie) en 1960 et Telstar (communications) en 1962. De même, les sondes d'observation, en missions d'exploration spectaculaires pour l'époque, se succédaient rapidement. Lunik II s'écrasait sur le sol lunaire en septembre 1959, en y laissant une plaque du drapeau soviétique. En octobre, Lunik III envoyait les premières photos de la face cachée de la Lune. Au début des années 1960, les Rangers et Mariners américains partaient pour Mars et Vénus, tout comme les Cosmos et Venera russes faisaient de même.

À partir des années 1960, l'espace commença également à s'internationaliser à mesure que divers pays européens et asiatiques mettaient en orbite des satellites nationaux, à l'aide toutefois de lanceurs russes ou américains. Puis, en 1965, la France plaça le satellite Astérix dans l'espace, avec son propre lanceur Diamant. Le Japon suivit en 1966, puis la Chine en 1969. Beaucoup d'autres pays y arriveraient progressivement, avec plus ou moins de succès. Toutefois, les coûts restaient fantastiques et les échecs encore fréquents.

Les vols habités

La petite chienne russe Laïka avait été le premier être vivant à atteindre l'espace et à y mourir. Quelques mois plus tard, les Soviétiques envoyèrent en orbite deux autres chiens, ainsi que des souris et des lapins, qu'ils purent cette fois ramener vivants. Quant aux Américains, ils commencèrent leurs vols habités avec les singes Abe et Baker, récupérés en mer en mai 1959. Signalons cependant que tous ces animaux furent ensuite tués et autopsiés pour qu'on puisse connaître les effets de l'apesanteur sur des organismes vivants. Il était désormais évident que le vieux rêve d'envoyer un humain dans l'espace n'était plus qu'une question de temps. Cette fois encore, ce furent les Russes qui marquèrent les premiers points.

Le 12 avril 1961, une fusée Zemiorka, lancée depuis le centre spatial de Baïkonour, plaçait en orbite le vaisseau Vostok I, piloté par le colonel Youri Gagarine. Il fit 2 révolutions complètes autour de la Terre, en 70 minutes. Trois semaine plus tard, les Américains répliquaient modestement en envoyant, depuis le cap Canaveral, Alan Sheppard passer 15 minutes en apesanteur à bord de Mercury I lancé par un missile Redstone. Les Soviétiques remirent ça, en août de la même année, avec Gherman Titov sur Vostok II qui réalisa 17 révolutions. Toutefois, les Américains disposaient enfin d'un lanceur de qualité, la célèbre fusée Saturne, et, en février 1962, John Glenn deviendra un héros national en accomplissant trois révolutions complètes dans son vaisseau nommé Friendship-7. Glenn fut plus tard sénateur de l'Ohio et retourna dans l'espace en 1999, à l'âge de 77 ans, à bord de la navette Discovery. Gagarine fut lui aussi un héros qui parcourait la planète comme représentant de l'Union soviétique. Il mourut en 1968, dans l'écrasement de son avion d'entraînement.

Américains et Russes procédèrent de la même façon dans le développement de leurs programmes de vols habités. Ils eurent d'abord des capsules avec un seul pilote (Mercury et Vostok), puis d'autres à deux astronautes (Gemini et Voshkod), enfin avec trois cosmonautes (Apollo et Soyouz). Durant toute la décennie 1960, les premières se succédèrent, presque toujours réalisées par les Soviétiques : la première femme dans l'espace fut la Russe Valentina Tereshkova, en juin 1963, suivie de l'Américaine Sally Ride, seulement en juin 1983. La première sortie dans l'espace fut effectuée par le Russe Victor Leonov, en mars 1965, et le premier rendez-vous spatial, entre les fusées américaines Gemini VI et Gemini VIII eut lieu en mars 1966. Tout cela coûtait des fortunes, mais chacune des deux superpuissances voulait absolument être la première à atteindre le but ultime de cette course : envoyer un homme sur la Lune.

UN PETIT PAS POUR L'HOMME

En septembre 1962, la NASA avait désormais un carnet de missions fort précis, qui culminerait avec l'envoi d'Américains sur la Lune et leur retour sains et saufs sur Terre, prévu pour le milieu de la décennie suivante. Mais le chauvinisme politique ne pouvait se satisfaire d'une date aussi lointaine, alors qu'on pouvait fort bien être dépassé par les Russes. En conséquence, les conseillers scientifiques et politiques du président John Kennedy décidèrent de faire monter les enchères, quitte à faire grimper la facture de quelques milliards de dollars supplémentaires. Et, le 12 septembre 1962, John Kennedy annonçait au monde que les États-Unis «... avaient choisi d'envoyer des hommes sur la Lune... avant la fin de cette décennie... non pas parce que c'est facile, mais parce que c'est difficile».

La NASA rechigna un peu, mais l'augmentation spectaculaire de ses budgets l'aida rapidement à se remettre au boulot. Or, un programme spatial aussi ambitieux coûtait très cher. Gemini avait représenté une dépense totale supérieure à 1 milliard de dollars, mais Apollo devait engouffrer plus de 15 milliards de dollars. La mission lunaire impliquait également la mise au point et le lancement de sondes chargées de découvrir un site d'alunissage sécuritaire, la préparation des conditions de rendez-vous des vaisseaux sur orbite lunaire et, enfin, les calculs effarants des trajectoires, des angles de rentrée dans l'atmosphère terrestre et des charges utiles de la fusée. En 1965, les Soviétiques comprirent qu'ils n'avaient plus les moyens financiers de poursuivre et, conséquemment, ils abandonnèrent la Lune aux Américains, pour se concentrer plutôt sur ce qui apparaîtrait plus tard comme la voie d'avenir: les stations spatiales.

La course à la Lune n'en était désormais plus une, mais la NASA était piégée par l'engagement qu'avait pris Kennedy, dont l'assassinat avait profondément bouleversé l'Amérique, désormais prête à tous les sacrifices pour réaliser la promesse faite. Cela dit, la conquête spatiale enthousiasmait déjà le public et les astronautes prenaient des statures de héros, dont les exploits se succédaient aussi bien dans la réalité que sur les plateaux de tournage de la série télévisée *Star Trek*. Et le temps des malheurs arriva.

Le 27 janvier 1967, trois astronautes (Grissom, White et Chaffey) moururent brûlés vifs dans l'incendie de la capsule Apollo I, lors d'une simulation au sol. Il y eut une enquête, quelques têtes tombèrent, des modifications furent apportées aux vaisseaux et des normes beaucoup plus strictes de sécurité furent mises en place. Toutes ces mesures s'avérèrent valables, puisque 19 années devaient s'écouler avant qu'un autre accident mortel ne frappe une mission spatiale américaine. En avril 1967, les Russes perdirent également leur premier cosmonaute, Victor Komarov, dont le Voshtok s'écrasa à son retour sur Terre. Quatre ans plus tard, en juin 1971, l'équipage de Soyouz II (Volkov, Pagajev et Dobrovolski) mourut d'une décompression soudaine de la capsule. Ces tragédies eurent au moins le mérite de favoriser l'établissement d'un protocole d'assistance mutuelle en cas d'accident spatial, premier geste de collaboration entre les États-Unis et l'Union soviétique, après des années de rivalité dans l'espace.

Puis, le 20 juillet 1969, Neil Armstrong, commandant de la mission Apollo XI, devint le premier être humain à fouler le sol de la Lune et prononça alors une des phrases les plus célèbres de l'Histoire : « C'est un petit pas pour l'Homme, mais un bond de géant pour l'Humanité ». Peu après, Buzz Aldrin le rejoignait sur la surface lunaire, avant que leur petit module appelé Eagle les ramène en orbite à la capsule Columbia où les attendait leur compagnon Michael Collins. La promesse faite par Kennedy avait été tenue.

CHANGEMENT DE CAP

Au cours de la décennie qui suivit l'exploit d'Apollo XI, l'intérêt du public pour les missions spatiales décrût rapidement. Les vols lunaires semblaient répétitifs et, malgré un sursaut d'intérêt temporaire lié au drame d'Apollo XIII en avril 1970, on commença un peu partout à trouver la conquête de l'espace beaucoup trop onéreuse pour ce qu'elle semblait rapporter. Au sens strict, cela était vrai. Les missions lunaires coûtaient une fortune et plus personne ne s'y intéressait vraiment. Une génération plus tard, peu de gens savaient combien d'hommes avaient marché sur la Lune (14), ni qui avait été le dernier à le faire (Gene Cernan, à bord d'Apollo XVII en décembre 1972).

Par conséquent, la NASA commença à voir fondre ses budgets d'exploitation et fut contrainte d'annuler certaines missions, voire même de modifier toute sa stratégie de développement pour les années à venir. On sortit alors des cartons un projet de navette spatiale, à la fois lanceur et capsule, qui avait le grand mérite d'être récupérable. Le prototype fut présenté au public dès mars 1970 et s'appelait Enterprise, en hommage au vaisseau spatial de *Star Trek*. Mais les navettes ne seraient réellement opérationnelles qu'au début des années 1980. Les Américains regardèrent alors ce que les Soviétiques avaient réalisé depuis quelques années.

Or, depuis leur abandon de la course à la Lune, les Russes ne s'étaient pas contentés de rester les bras croisés. En fait, ils avaient perfectionné les techniques de rendez-vous spatiaux et d'arrimage de vaisseaux, au point qu'ils purent mettre en place Saliout I, la première station spatiale, dès le printemps 1971 et laisser ainsi constamment des cosmonautes en orbite. La durée de vie réelle de telles stations ne dépassait pas quelques mois, mais d'autres Saliout prenaient la relève et les Soviétiques menèrent ainsi d'inestimables recherches scientifiques, accumulant un impressionnant bagage de connaissances sur les champs magnétiques, l'astrophysique et sur les effets du séjour prolongé en apesanteur. Mais, plus que tout, leur présence constante dans l'espace et les facilités potentielles d'espionnage que cela représentait irritaient profondément les Américains, qui lancèrent donc leur propre station spatiale, Skylab, en mai 1973. Elle survécut cinq ans avant de s'abîmer en mer.

Ni les États-Unis ni l'Union soviétique n'avaient toutefois délaissé l'utilisation des sondes robotisées, indispensables pour connaître les autres planètes du système solaire. Ainsi, des appareils russes se posèrent sur Vénus en 1975 et d'autres, américains, sur Mars en 1976. Avant la fin de la décennie, les Éats-Unis devaient aussi lancer Pioneer X et Voyager II, les premiers vaisseaux inhabités à quitter le système solaire pour apporter les salutations de l'humanité à d'éventuels habitants de mondes extraterrestres. Enfin, la création de l'Agence spatiale européenne en juillet 1973 fit désormais entrer un nouveau joueur important dans le marché fort lucratif du lancement de satellites commerciaux ou nationaux, que s'étaient jusque-là réservé les Russes et les Américains.

C'est aussi durant la décennie 1970 qu'on commença réellement à parler de collaboration dans l'espace. Des Tchèques, des Français, des Canadiens et des Allemands participèrent de plus en plus nombreux aux missions habitées vers Skylab ou vers Saliout, plus tard vers le Spacelab américain ou, surtout, le Mir soviétique lancé en 1986 et resté le plus prestigieux fleuron du programme russe. Le principal symbole de cette ère nouvelle fut toutefois l'arrimage d'un Soyouz et d'une capsule Apollo, en juillet 1975. Cette bonne volonté nouvelle fut pourtant mise à l'épreuve, au cours des années 1980, par la volonté du président Ronald Reagan de relancer l'idée d'une militarisation de l'espace avec son programme d'Initiative de défense stratégique (IDS), que le monde entier, et une bonne partie de l'Amérique, ridiculisa sous le nom de «Guerre des étoiles». Un peu plus tard, les bouleversements politiques puis la chute du communisme en Russie rendirent cette coûteuse paranoïa dépassée.

Toutefois, l'innovation la plus spectaculaire dans l'aéronautique spatiale fut sans conteste le développement des navettes américaines. Depuis le premier vol de Columbia en avril 1981, ces vaisseaux, récupérables et réutilisables, devaient accomplir plus d'une centaine de missions et ne connurent qu'un seul échec, mais extrêmement tragique. Le 8 janvier 1985, la navette Challenger explosa, moins de deux minutes après son décollage, tuant ses sept astronautes, dont l'enseignante Kristy McAuliffe, et forçant un rude examen de conscience de la NASA. Repris en septembre 1988, le programme des navettes spatiales conduisit finalement les Américains à renoncer presque complètement à tout autre type de lanceur, depuis 1989. À la fois capsule spatiale, laboratoire, observatoire astronomique, lanceur et réparateur de satellites, la navette américaine eut ses émules européennes (Hermès) et russes (Bourane), qui ne dépassèrent toutefois jamais les essais préliminaires.

L'ULTIME FRONTIÈRE

Dans la dernière décennie du XXe siècle, la conquête de l'espace devait retrouver une certaine aura populaire, en grande partie liée au fait qu'elle apparaissait enfin comme une aventure commune à toute l'humanité. Les bouleversements politiques survenus dans l'ancienne Union soviétique et, peut-être encore davantage, les importantes restrictions budgétaires qui affectaient désormais les programmes spatiaux de tous les pays eurent finalement pour effet positif de remplacer les rivalités nationales par une collaboration réelle à l'échelle internationale.

En ce début de troisième millénaire, la plus magistrale illustration en demeure incontestablement la construction d'une Station spatiale internationale permanente (ISS), à laquelle travaillent conjointement Américains, Russes, Européens, Japonais, Canadiens et bien d'autres. Prévue pour être achevée en 2004, d'un diamètre de 108,7 mètres, elle devrait alors accueillir en permanence des équipes rotatives de sept scientifiques. Malheureusement, le chauvinisme a encore ses droits et les États-Unis, qui paient les deux tiers des coûts, semblent fréquemment vouloir ramener leurs partenaires à un rang secondaire. Cette attitude méprisante irrite particulièrement les Russes, dont l'expérience unique, acquise sur Mir depuis plusieurs années, a déjà largement contribué à résoudre de nombreux problèmes biomédicaux sur les effets à long terme de la vie en apesanteur. L'ISS permettra enfin des expériences et des développements nombreux, en physique, en chimie, en métallurgie et en ingénierie, et constituera un banc d'essai prodigieux pour les futures missions humaines vers Mars ou vers la Lune.

La conquête spatiale, c'est aussi le télescope géant Hubbles placé en orbite en avril 1990, une collaboration américano-européenne qui fascine les astronomes du monde entier. Il sera remplacé en 2007 par le Next Generation Spatial Telescope, qui se veut encore plus performant. Ce sont également les spectaculaires missions de sondes robotisées. On se souviendra de Galileo, lancé en 1989 pour étudie Jupiter et ses principaux satellites dont Europa, le seul astre du système solaire susceptible d'avoir vu se développer la vie dans ses océans d'eau liquide prisonnière sous sa chape de glace. Il y eut aussi Ulysse, lancé en 1990, dont l'orbite elliptique à hauteur de Jupiter permet une étude approfondie des particularités du Soleil. Avec la mission Pathfinder qui s'est posée sur Mars en juillet 1997, des analyses et des images exceptionnelles ont été transmises et livrées au jour le jour sur Internet. Il y eut Cassini-Huygens, lancée en 1997, vers Saturne puis vers l'espace infini. Et il y aura aussi toutes les futures missions d'exploration vers les autres planètes, les astéroïdes ou les comètes de notre voisinage spatial. Plus contestables peut-être, existent également des projets privés de tourisme dans l'espace, déjà commencés en mai 2001, avec la visite du milliardaire Dennis Tito sur la station ISS, moyennant 20 millions de dollars versés aux Russes.

Depuis presque un demi-siècle, beaucoup de gens se demandent si les retombées scientifiques ou humaines de la conquête spatiale valent ses coûts exorbitants. Peut-être ont-ils raison, en regard des carences et problèmes innombrables qui affectent encore l'humanité. Les mêmes questions se posaient probablement à l'époque de Marco Polo, de Magellan et de Christophe Colomb. Mais peut-être, aussi, le besoin de connaître et de comprendre est-il la plus fantastique richesse de l'esprit humain.

L'espace est la dernière frontière et sa conquête conduira un jour le genre humain à la rencontre d'autres intelligences sur d'autres mondes, quelque part, là-haut.

« Si je t'oublie, Jérusalem... »

Psaumes, CXXXVII, 5

La poudrière du Moyen-Orient

Pour les fidèles de trois grandes religions, elle est une Terre sainte. Cette région aride, au carrefour de trois continents, est le berceau du christianisme et du judaïsme, ainsi qu'un des hauts lieux de l'islam. Les chrétiens y ont érigé la basilique du Saint-Sépulcre, à l'endroit supposé du tombeau du Christ. Les juifs, eux, viennent prier au mur des Lamentations, seul vestige du Temple de Salomon à l'apogée de leur civilisation. Pour les musulmans enfin, la grande mosquée d'Omar rappelle l'endroit où Mohammad fit son ascension vers le ciel, monté sur sa jument blanche.

Pourtant, aucune de ces grandes religions n'est monolithique. Chacune a connu ses schismes et ses divisions, souvent dans la guerre et dans la haine. Les chrétiens sont catholiques, protestants ou orthodoxes, par endroits coptes ou maronites ; les musulmans sont sunnites ou chiites, parfois druzes ; les juifs sont hassidiques, de tendances ashkénazes ou séfarades. Tous se complètent ou se détestent, vivant en harmonie relative les uns à côté des autres, mais se méfiant des uns et des autres.

Or, les passions religieuses composent mal avec une telle promiscuité et les soubresauts du XXe siècle ont fréquemment fait éclater des conflits pleins de haine réciproque qui couvaient peut-être depuis des centaines d'années. Pour comprendre l'origine de la discorde et de l'incompréhension, il faut remonter loin dans l'histoire de l'humanité.

LES ORIGINES

Le Moyen-Orient est une des plus anciennes terres habitées. Le plus vieil établissement urbain connu est Jéricho, au nord de Jérusalem, qui date de plus de 10 000 ans. Dans ce qui est aujourd'hui l'Irak, ont resplendi les grandes civilisations mésopotamiennes de Ninive et de Babylone. De là également est originaire un petit peuple semi-nomade de sémites, les Hébreux, dont la particularité religieuse était la foi en un dieu unique, Yahvé. Ils marquèrent l'Histoire de leur culture, racontée dans leur livre sacré, la Bible. Puis les Romains vinrent conquérir les lieux et, en 70 de notre ère, détruire le Temple de Jérusalem, symbole de leur foi, avant de disperser les juifs à la grandeur du monde connu, la diaspora.

C'est en Palestine aussi qu'un prophète juif nommé Jésus devint l'incarnation d'un dieu, dont les préceptes de bonté et de pardon donnèrent naissance à une autre grande religion, le christianisme, destinée à créer et à modeler toute la civilisation occidentale. Au VIIe siècle enfin, un autre peuple sémite, les Arabes, vit émerger un dernier grand prophète, Mohammad, lequel unifia ces tribus rivales dans une très grande religion, elle aussi faite de bonté et de pardon, l'islam. Du désert suffocant de la péninsule arabique, la foi musulmane s'élança à la conquête du monde, tandis que son prophète achevait son parcours terrestre à Jérusalem.

Quelques siècles plus tard, le Moyen Âge chrétien revendiqua la libération de la Terre sainte de la mainmise de ceux que l'Église appelait avec mépris les infidèles. Pour purger l'Europe de ses luttes fratricides, le pape Urbain II prêcha, en 1099, une expédition militaire placée sous le signe de la Croix et, pendant des siècles, les chevaliers chrétiens, les croisés, vinrent en Palestine se tailler des royaumes au nom du Christ. Puis, au XVe siècle, l'Empire musulman des Turcs ottomans vint, à son tour, prendre possession de toute la région et, pour quelques centaines d'années, la Terre trois fois sainte sembla s'assoupir, comme épuisée par tant de sang versé au nom d'un dieu qui portait des noms différents.

Et ce fut le XXe siècle.

LES PRÉMICES D'UN NOUVEAU CONFLIT

«Cette année, nous sommes esclaves. L'an prochain, nous serons des hommes libres. L'an prochain à Jérusalem.» C'est par cette prière que, depuis 2 000 ans, les juifs de la diaspora commencent la Pâque et supportent les persécutions multiples. De nombreuses générations avaient rêvé d'un retour à la Terre promise par Dieu Lui-même, où les juifs seraient de nouveau chez eux, en sécurité. En 1897, se tint à Bâle le premier Congrès sioniste mondial, où des juifs d'Europe et d'Amérique convinrent que seule la création d'un foyer juif en Palestine pourrait véritablement sauver leur peuple. Inspirés par leur dirigeant, le journaliste hongrois Theodor Hertz, ils commencèrent à y acheter des terres aux autorités turques, lesquelles étaient fort heureuses de faire ainsi quelques profits dans cette région aride et sous-peuplée de leur empire déjà décadent.

De fait, la Palestine ne comptait alors qu'environ 80 000 Arabes et 10 000 juifs, lesquels n'avaient jamais quitté l'endroit depuis l'époque romaine et formaient une petite communauté, la Yichouv. Bientôt, l'arrivée régulière de colons juifs, venant principalement de Russie et de Pologne, ainsi que la création de fermes collectives prospères appelées kibboutz inquiéta de plus en plus la population arabe locale qui était, elle aussi, en pleine augmentation démographique. Les heurts devinrent de plus en plus nombreux entre les deux communautés, chacune créant des milices défensives pour faire respecter ses droits légitimes à vivre sur la terre de ses ancêtres.

En 1914, la Première Guerre mondiale éclata et les Alliés voulurent rapidement en finir avec l'Empire turc, coupable d'avoir pris le parti de l'Allemagne. Plus particulièrement, les Anglais lorgnaient la région, afin de protéger le canal de Suez, vital pour leur commerce. Ils cherchèrent donc de nouveaux appuis dans la région et comprirent que le mieux, pour l'Empire britannique, était de convaincre les différentes tribus arabes, désunies et constamment en conflit entre elles, de se regrouper enfin pour chasser les Turcs puis créer des royaumes arabes indépendants sur les dépouilles toutes fraîches de l'Empire ottoman. Cette tâche délicate fut confiée au colonel T.H. Lawrence, qui réussit à unir les Arabes derrière l'émir Fayçal, de la dynastie des Hachémites, et à finalement écraser les armées turques. L'officier britannique y gagna le surnom de «Lawrence d'Arabie», mais les promesses d'indépendance faites aux Arabes se révélèrent plus difficiles à tenir.

En effet, les Anglais avaient, durant la guerre, multiplié les engagements contradictoires, comme celui fait aux juifs d'Allemagne pour les inciter à trahir leur pays. Ainsi, en 1917, le ministre Arthur Balfour déclara officiellement que la Grande-Bretagne favoriserait l'établissement d'un État juif permanent en Palestine, après la guerre, ce qui ne pouvait se faire qu'au détriment des tribus arabes.

En 1918, les Hachémites créèrent donc les royaumes arabes du Hedjaz, de Syrie, d'Irak et de Transjordanie, mais ils ne jouissaient finalement que d'une autonomie partielle, puisqu'ils étaient placés sous protectorat français ou anglais, jusqu'à ce que leurs dirigeants soient jugés capables de gouverner sans aide européenne. Pour satisfaire d'autres promesses, les Français installèrent également une République du Liban, dans laquelle les Arabes chrétiens étaient largement favorisés. Enfin, les Britanniques décidèrent d'administrer directement la Palestine, pour y maintenir la stabilité politique. D'un foyer juif, il n'était tout simplement plus question et même l'immigration sioniste fut désormais limitée. Évidemment, toutes les parties étaient furieuses et se sentaient trahies, mais ces sentiments de colère pouvaient difficilement s'exprimer sans danger contre le nouveau maître britannique. Ce seraient donc les petites gens des deux communautés, juives et arabes, qui en seraient les victimes.

LE MANDAT BRITANNIQUE

En 1920 et en 1921, la Palestine fut secouée par une série d'émeutes violentes de la majorité arabe contre la minorité juive. L'instigateur premier de ces événements, puis des massacres sanglants qui s'ensuivirent, était un nationaliste religieux fanatique, El Husseini, grand mufti de Jérusalem qui prêchait une guerre sainte contre les juifs de Palestine. Malgré une condamnation à quelques années de prison, El Husseini récidiva en 1929, faisant courir la rumeur que les juifs voulaient détruire la grande mosquée d'Omar. Des centaines de personnes furent alors massacrées et la petite communauté juive de la ville historique de Safed fut brûlée vive. Plus tard, El Husseini deviendrait un fidèle d'Hitler, au point d'être poursuivi par le tribunal de Nuremberg pour crimes contre l'humanité... avant que les charges ne soient abandonnées afin de calmer le monde arabe.

Les juifs de Palestine, comprenant que leur salut ne viendrait que d'eux-mêmes, créèrent, dès 1921, une armée secrète superbement organisée et efficace, la Haganah. Son chef et nouveau dirigeant de la communauté juive était un immigrant socialiste de Russie, David Ben Gourion. Ce dernier était un organisateur exceptionnel, brillant autant que bouillant, une sorte de Churchill juif qui conduirait finalement son peuple à l'indépendance et le dirigerait ensuite pendant plusieurs années. Sous sa gouverne, la Haganah commença à rendre coup pour coup aux Arabes et à favoriser l'immigration clandestine de juifs européens, en réplique à la décision des Anglais d'en limiter considérablement le flux. À la fin des années 1920, il y avait, en Palestine, 100 000 juifs et 600 000 Arabes : 10 ans plus tard, ils étaient respectivement 500 000 et 1 000 000.

Au début des années 1930, la Haganah se scinda en deux tendances rivales, puis ennemies : le Palmach modéré et défensif de Ben Gourion et l'Irgoun fanatique et offensif de Menahem Begin. Cette distinction devait ultérieurement persister dans la vie politique israélienne, avec les travaillistes à gauche et le parti Likoud à droite. Entre 1936 et 1938, le Palmach fut entraîné secrètement par un officier anglais, Ordi Wingate, qui se battit ensuite en Éthiopie contre les fascistes italiens et se révélerait un des plus grands stratèges des opérations de commandos de la Seconde Guerre mondiale. De son côté, l'Irgoun préconisera le terrorisme contre les Arabes, mais aussi contre les Anglais, voire même contre le Palmach. Désormais, les émeutes, les bombes et la haine allaient régir la vie de ces voisins ennemis.

En 1939 éclata la guerre contre Hitler. Les juifs de Palestine étaient pleinement conscients de la tragédie qui frappait leurs frères d'Europe et 100 000 d'entre eux se portèrent volontaires pour combattre le nazisme. Quant à l'Irgoun, maintenant associé à un groupe encore plus fanatisé appelé Stern, ses chefs refusèrent même d'accepter une trêve avec les Britanniques et passèrent la guerre à les combattre. Notons que, dans le même temps, les Anglais continuèrent à refouler les navires de réfugiés juifs qui gagnaient la Palestine, enfermant les passagers dans des camps de détention à Chypre ou, beaucoup plus cyniquement, retournant un certain nombre de navires vers l'Europe occupée par les nazis et vouant les juifs à une mort assurée.

Quand la guerre se termina en 1945, la découverte de l'horreur des camps de la mort vint directement troubler la mauvaise conscience de l'Occident, dont la plupart des pays avaient refusé d'accueillir des réfugiés juifs quand c'était encore possible. Ce sentiment fut particulièrement fort aux États-Unis où la communauté juive était importante et politiquement active. Les Américains commencèrent alors à faire pression sur les Anglais, puis sur l'Organisation des Nations Unies (ONU), pour que soit créé un État juif permanent en Palestine. En 1947, le vote final de l'ONU établit l'existence d'Israël, qui devint indépendant à la fin du mandat britannique. Certes, les anciens protectorats, comme le Liban, la Syrie, l'Irak et la Transjordanie, étaient maintenant devenus des États arabes indépendants mais, à aucun moment, la population arabe de Palestine n'avait, elle, été consultée quant au découpage de son propre territoire ou à son statut civique et politique sous administration juive.

UNE NAISSANCE DANS LA VIOLENCE

Le 14 mai 1948, Ben Gourion proclama l'indépendance d'Israël, sous un portrait de Theodor Hertz, le père du sionisme. La présidence du pays avait été proposée à Albert Einstein, qui déclina toutefois l'invitation. Le jour même, huit pays arabes déclarèrent la guerre à l'État hébreux. Plus de 100 000 civils arabes de Palestine se réfugièrent alors temporairement dans les pays voisins, croyant revenir très rapidement après la guerre. Ils devinrent plutôt, en exil, le peuple palestinien.

Au début, les chances de victoires militaires ne semblaient guère être favorables à Israël. Sa petite armée, la Tsahal, comprenait maintenant les factions rivales du Palmach et de l'Irgoun, mais restait sous-équipée malgré le commandement brillant du général américain David Marcus, premier général juif depuis 2000 ans. Cependant, des dizaines de personnes, dont une remarquable organisatrice nommée Golda Meir, qui deviendrait un jour permier ministre d'Israël, s'activaient partout dans le monde à amasser des fonds et à acheter des armes pour la cause juive.

À l'opposé, les Arabes disposaient d'armées bien entraînées et bien équipées, particulièrement la Légion arabe de Transjordanie sous le commandement d'un excellent officier britannique surnommé Glubb Pacha. Toutefois, cette supériorité militaire était gravement affaiblie par les rivalités, sinon les haines qui divisaient les principaux dirigeants arabes entre eux. Peu à peu, Israël prit le dessus et, à la fin de l'année 1948, signa un cessez-le-feu avec ses voisins, après avoir presque doublé la taille de son territoire. Dans l'autre camp, les Palestiniens exilés comprirent alors qu'ils n'avaient plus de pays.

Dans les années suivantes, Israël augmenta considérablement sa population et sa puissance militaire, avec l'aide financière des juifs de la diaspora et l'appui de la France puis, surtout, des États-Unis. Parallèlement, plusieurs pays arabes développèrent un nationalisme révolutionnaire calqué sur le modèle préconisé par Gamal Abdel Nasser, le nouveau dirigeant charismatique d'Égypte. Dans les années 1950, l'Irak et la Syrie chassèrent leurs rois et portèrent au pouvoir le parti Baas, qui visait une union de tous les pays arabes. Pourtant, les querelles restaient constantes et empêchaient toute unité réelle. En réalité, les États arabes ne semblaient s'entendre que sur une volonté commune, maintes fois répétée, celle de détruire Israël.

En 1956, Nasser décida de nationaliser le canal de Suez, ce qui provoqua la colère de la France et de la Grande-Bretagne, ses plus importants actionnaires, qui décidèrent de s'allier aux Israéliens pour donner une leçon militaire à l'Égypte. Sous la pression commune de l'Union soviétique et des États-Unis, les Français et les Anglais se retirèrent rapidement du conflit. Mais les Israéliens écrasèrent les troupes égyptiennes privées du soutien de leurs alliés arabes, lesquels avaient refusé de s'impliquer, probablement pour rabattre un peu le prestige de Nasser, décidément trop populaire dans leurs propres pays. Un cessez-le-feu intervint finalement entre l'Égypte et Israël et chacun regagna ses bases de départ. Mais la suprématie militaire de l'État hébreux était maintenant bien affirmée dans tout le Moyen-Orient.

LE PROBLÈME PALESTINIEN

Les Palestiniens en exil, dispersés en Jordanie, en Syrie, au Liban ou ailleurs, n'avaient rien. Ils vivaient dans des camps miteux, grâce aux subsides des riches pays producteurs de pétrole, ne possédaient ni droits ni terres et commençaient à agacer ceux-là même qui les hébergeaient. Il devenait donc indispensable qu'ils prennent eux-mêmes leur destin en main et, en 1964, ils créèrent l'Organisation de libération de la Palestine (OLP). À sa tête allait rapidement émerger le chef du Fatah, une des factions prônant l'action armée et même terroriste contre Israël. Yasser Arafat avait fort bien compris que les Palestiniens n'obtiendraient jamais l'attention des Occidentaux, à moins de les forcer à reconnaître enfin l'existence d'un peuple sans patrie ni amis. Pendant près de trois décennies, les combattants palestiniens allaient multiplier, partout dans le monde, les attentats terroristes, les sanglantes prises d'otages, les détournements d'avions et les attaques de commandos suicides : ils n'étaient plus ignorés mais ils étaient passionnément haïs dans tout l'Occident. À chaque coup porté par l'OLP, répondaient les représailles israéliennes, tout aussi meurtrières.

En 1967, la tension, déjà vive dans tout le Moyen-Orient, atteignit brusquement un niveau insoutenable. La plupart des pays arabes étaient parvenus à mettre de côté une partie de leurs différends et préparaient une guerre commune destinée à en finir avec Israël, ainsi qu'avec les turbulents Palestiniens que chacun avait désormais bien hâte de voir partir. Les armées arabes avaient été équipées à neuf et bien entraînées par les Soviétiques désireux de s'imposer dans la région. Mais le Mossad, le remarquable service secret de l'État hébreux, avait prévu l'attaque. En juin, Israël déclencha soudainement une guerre préventive, terriblement rapide et efficace. En six jours seulement, la Tsahal écrasa les Égyptiens, les Syriens, les Jordaniens, ainsi que toutes les troupes envoyées par les Irakiens, par les Saoudiens et par les autres émirats du golfe Persique. De plus, Israël s'emparait de toute la péninsule du Sinaï, de la bande de Gaza, du Golan, de la Cisjordanie et, en prime, de la ville sainte de Jérusalem. Il fallut la menace nucléaire des Russes pour que les armées juives acceptent de se plier à la résolution des Nations Unies et s'arrêtent, à quelques kilomètres des pyramides. Jamais Israël ne serait aussi puissant qu'à l'époque de la guerre des Six Jours.

Chez les Arabes, ce fut évidemment la consternation et la colère. Humilié et moralement brisé, Nasser succomba bientôt à une crise cardiaque, tandis que la grogne populaire éclatait un peu partout. En Jordanie, pays qui venait de perdre Jérusalem et presque le quart de son territoire, les Palestiniens entamaient justement une lutte de pouvoir avec le gouvernement du roi Hussein. La crise culmina en septembre 1970 quand l'armée royale jordanienne écrasa les forces palestiniennes et chassa une grande partie des réfugiés vers les pays voisins, particulièrement au Liban. De nouveau isolée, l'OLP recommença la ronde sanglante des attentats et des représailles.

Pourtant, l'écrasante victoire des Israéliens vint paradoxalement bien près de causer leur propre perte. Trop confiant, trop sûr de son invulnérabilité, l'État hébreux ne vit pas se dessiner la réplique arabe, qui s'abattit soudainement, en octobre 1973, durant les fêtes juives du Yom Kippour. Pendant quelques jours, les armées arabes l'emportèrent et progressèrent partout, mais les juifs se ressaisirent et reprirent alors l'initiative. À leur tour, les armées d'Israël contre-attaquèrent et écrasèrent peu à peu tous leurs adversaires, bientôt contraints d'accepter la paix. Les pays arabes, encore une fois battus, décidèrent alors de punir l'Occident pro-israélien en coupant le robinet du pétrole, ce qui faillit bien conduire le monde à la guerre nucléaire. Il fallut plusieurs mois avant que le front commun arabe ne se disloque, sous la pression des dollars américains devenus soudain beaucoup plus rares. Sur le champ de bataille, Israël l'avait encore emporté, mais ses pertes humaines étaient lourdes et la guerre entraîna une crise économique et politique majeure qui amènerait bientôt au pouvoir le Likoud de Menahem Begin.

ISRAËL VIRE À DROITE

Après 25 ans de pouvoir travailliste, la droite prenait désormais le contrôle de la Knesset, le parlement israélien, et l'ancien terroriste de l'Irgoun devenait premier ministre. Or, le Likoud était progressivement devenu un parti politique expansionniste et plutôt radical, allié à des formations ultra-religieuses, dont certaines carrément racistes et fanatiques. Rapidement, les territoires occupés par Israël lors des guerres successives furent tout simplement annexés et ouverts à la colonisation pour les groupes d'extrême droite. Les Palestiniens qui vivaient encore en Israël perdirent à peu près tous leurs droits, virent fréquemment leurs terres confisquées, leurs maisons dynamitées et leur liberté de déplacement fortement entravée. Certains regroupement juifs souhaitèrent même les forcer à porter un brassard distinctif, déroutant et sinistre rappel des premières exactions nazies, comme si les leçons les plus terribles de l'Histoire n'avaient rien appris à quelques-uns de ceux qui en avaient été les victimes.

En 1976, la guerre civile éclata au Liban, entre chrétiens de droite et milices musulmanes alliées aux Palestiniens. Le conflit s'élargit brusquement quand Israël vint occuper le sud du pays, en réplique à la mainmise de la partie nord par la Syrie. Et puis, en 1982, le ministre israélien de la Défense, Ariel Sharon, héros de guerre passé à l'extrême droite, laissa sciemment ses alliés des milices chrétiennes libanaises pénétrer dans les camps palestiniens civils de Sabra et de Chatila, pourtant officiellement sous la protection de l'armée d'Israël. Les images atroces de milliers de civils, massacrés par les bandes de miliciens, choquèrent terriblement l'Occident, qui commença bientôt à nuancer son appui jusque-là inconditionnel à l'État hébreu. Sharon, nullement repentant, fut pourtant contraint de démissionner et Israël accepta finalement l'envoi de troupes des Nations Unies, pour séparer les belligérants.

Un fragile accord de paix fut conclu en 1984, entre Libanais, Israéliens et Syriens, après que les Palestiniens eurent été chassés de Beyrouth et eurent pris cette fois la route de l'exil vers la Tunisie. Mais, dès l'année suivante, la guerre reprenait au Liban, avec l'arrivée du Hezbollah, un groupe musulman intégriste, commandité par l'Iran et préconisant l'action terroriste directe contre Israël. Conscient de s'être engagé dans un bourbier militaire et politique, l'État hébreu commença progressivement à se retirer du territoire libanais, mais il fallut attendre 1991 pour qu'un semblant de paix règne enfin sur ce petit pays.

À partir de 1975, le monde arabe connut des bouleversements idéologiques et sociaux qui devaient amener de difficiles remises en question politiques et des renversements d'alliance spectaculaires. D'abord, la montée de l'intégrisme musulman, porté par la révolution fondamentaliste en Iran, entraînait des répercussions nombreuses dans la plupart des pays arabes, particulièrement les plus pauvres, où les masses populaires étaient séduites par des promesses parfois trop simples. Quant aux régimes autocratiques en place, comme ceux des riches États du golfe Persique, ils se méfiaient terriblement d'un possible effet déstabilisateur sur leur propre pouvoir. De plus, les rapports privilégiés que beaucoup de pays arabes avaient entretenus avec les Soviétiques s'étaient grandement refroidis depuis l'échec de la guerre du Kippour de 1973 et depuis l'invasion russe en Afghanistan. Enfin, le monde arabe était profondément déchiré par la guerre sanglante qui opposait l'Iran et l'Irak et qui risquait de dégénérer en luttes fratricides entre musulmans.

LA PAIX DE MONSIEUR SADATE

Le coup de théâtre, totalement inattendu, se produisit en 1978, quand le dirigeant égyptien Anouar el-Sadate annonça officiellement que son pays était prêt à entamer des pourparlers de paix avec Israël. La nouvelle eut l'effet d'une bombe à l'échelle planétaire et Sadate fut accusé de trahison par la plupart de ses alliés d'hier qui rompirent leurs liens diplomatiques avec l'Égypte. Le successeur de Nasser était un homme de bien, moins charismatique que son prédécesseur mais plus proche des besoins de son peuple. Il croyait vraiment à la paix et montra un indéniable courage dans sa quête de celle-ci. Sadate se rendit même à la Knesset pour expliquer sa position, reçut ensuite Menahem Begin au Caire et, en 1979, sous le parrainage du président américain Jimmy Carter, signa à Camp David le premier traité de paix entre Israël et un pays arabe. Le premier ministre hébreu et le président égyptien reçurent d'ailleurs conjointement le prix Nobel de la paix mais, en 1981, Anouar el-Sadate fut assassiné par des intégristes fanatiquement opposés à la paix avec Israël.

À moyen terme, le pari de Sadate commençait à porter fruit. Le roi Hussein de Jordanie, dont les rapports avec Israël avaient toujours été ambigus, établit à son tour des liens diplomatiques avec l'État hébreu, tandis que les émirats du golfe, comme les pays arabes d'Afrique du Nord, se montraient beaucoup moins virulents dans leurs appels à la destruction d'Israël. Même la Syrie s'installa dans une forme de paix armée. Concrètement enfin, le processus de normalisation permit la rétrocession à l'Égypte de la péninsule du Sinaï capturée par la Tsahal en 1967 et, surtout, on commença à évoquer une éventuelle autonomie limitée pour Gaza et pour une partie de la Cisjordanie qui pourraient être cédées aux Arabes vivant en Israël. Mais à ce stade, les Israéliens refusaient toujours de reconnaître l'OLP comme représentante des Palestiniens, tant que le mouvement dirigé par Yasser Arafat n'aurait pas renoncé à l'action terroriste. De plus en plus isolés, même dans le monde arabe, les Palestiniens commencèrent à chercher d'autres types de stratégie.

En Israël même, les années 1980 amenèrent des bouleversements politiques et sociaux nombreux. L'économie n'allait pas très bien, les budgets militaires devenaient affolants et un clivage idéologique de plus en plus net se dessinait entre une nouvelle génération aspirant à la paix et une extrême droite religieuse radicale qui se montrait toujours passionnément hostile à toute forme de compromis avec les Palestiniens. Après le départ de Begin, les principaux partis politiques en vinrent finalement à former un gouvernement d'union nationale, dans lequel travaillistes et Likoud gouvernaient à tour de rôle. Sous Yitzhak Rabin et Shimon Peres, la gauche israélienne effectua quelques rapprochements significatifs avec Arabes et Palestiniens, ces derniers ayant à peu près renoncé à l'action terroriste afin de redorer leur blason sur la scène internationale. Mais le retour au pouvoir du Likoud de Yitzhak Shamir augmenta de nouveau les tensions, principalement dues à l'activisme des ultra-religieux qui s'implantaient maintenant de plus en plus dans les territoires occupés, pour éviter qu'ils soient éventuellement rendus aux Palestiniens.

Ceux-ci répliquèrent alors par l'Intifada, une sorte de guerre des enfants dans laquelle des jeunes simplement armés de pierres affrontaient presque quotidiennement les soldats israéliens bien équipés et passablement violents. La cote d'Israël commença à baisser dramatiquement en Occident.

LA DÉCENNIE DES ESPOIRS ÉGARÉS

En 1990, deux bouleversements majeurs allaient, encore une fois, brouiller les cartes au Moyen-Orient. D'abord, la chute du régime communiste et la dislocation de l'ancienne Union soviétique transformaient complètement l'équilibre politique planétaire, laissant les États-Unis comme unique grande puissance mondiale. Or, les Américains n'étaient pas prêts à assumer une victoire aussi totale contre un adversaire qu'ils avaient surnommé l'Empire du Mal et ils se cherchaient désespérément un nouveau rôle héroïque à jouer sur la scène internationale.

Et puis l'invasion du Koweït par l'Irak déchira les Arabes entre eux, comme aucun événement ne l'avait encore jamais fait. Ayant été incapable de gagner sa longue et sanglante guerre contre l'Iran, l'Irakien Saddam Hussein crut possible de mettre la main sur le très petit mais très riche émirat, sans que personne s'en offusque. Mais cette attaque menaçait les autres nations arabes de la région, pour la plupart des régimes monarchiques traditionalistes alliés des États-Unis. Aussi, les Américains s'empressèrent-ils de mettre sur pied une vaste coalition internationale pour s'opposer militairement à l'agression contre le Koweït. Fort de la neutralité des Russes et des Chinois, le président Georges Bush réussit à mobiliser la grande majorité des pays occidentaux, mais aussi l'Arabie Saoudite, les Émirats arabes, l'Égypte et la Syrie. Même Israël s'engagea à ne pas se mêler de l'affaire, malgré que l'Irak eût lancé quelques missiles sur l'État hébreu. En fait, Saddam Hussein ne put obtenir que l'appui bien limité de la Jordanie et, surtout, des Palestiniens qui avaient voulu croire ses promesses de se battre pour eux contre l'oppresseur juif. Ce choix d'alliance constitua la pire erreur stratégique de Yasser Arafat qui, au lendemain de la guerre du Golfe, se retrouva complètement isolé et décrié par ses protecteurs d'hier.

Dans la foulée de la victoire et l'atmosphère un peu étrange de grande alliance internationale, le monde entier apprit l'ouverture de pourparlers de paix véritables, entre Israël et les pays arabes, qui concernaient enfin la création d'un État palestinien en Cisjordanie et à Gaza. Toutefois, pour punir l'OLP de ses choix malheureux durant la guerre, aucun de ses représentants ne fut convié aux discussions tenues à Madrid. Arafat comprit qu'un changement majeur s'imposait si son mouvement voulait survivre. En 1991, l'Intifada s'apaisa progressivement et l'OLP accepta de renoncer à la destruction de l'État hébreu. L'année suivante, la nette victoire politique des travaillistes de Yitzhak Rabin en Israël amena enfin les dirigeant de ce pays à accepter des négociations directes avec l'OLP et Arafat.

En septembre 1993, furent signés les accords d'Oslo, créant, dans la bande de Gaza et en Cisjordanie, un État palestinien, appelé officiellement à devenir à peu près autonome et dont Yasser Arafat devint le premier président en 1994. L'entente établissait également un calendrier du retrait israélien des autres territoires occupés, qui fut entériné à Washington en septembre 1995. Mais la paix semblait avoir toujours besoin du sang des Justes. Comme Sadate avant lui, Rabin tomba sous les balles d'un extrémiste de son propre peuple, en novembre 1995. Six mois plus tard, la moitié des Israéliens portaient au pouvoir le Likoud de Benjamin Netanyahu, grâce à l'appui massif des ultra-religieux et de colons d'extrême droite.

Très rapidement, il apparut que ce gouvernement de droite n'arrivait à se maintenir au pouvoir qu'en accordant à peu près tout ce qu'exigeaient ses partenaires extrémistes. Les pourparlers avec l'autorité palestinienne se mirent soudain à piétiner et le retrait des territoires occupés était sans cesse différé, tandis que de nouvelles colonies de peuplement juives voyaient constamment le jour. En 1999, quatre ans après les accords de Washington sur le calendrier des retraits israéliens, seulement 13% des territoires promis avaient effectivement été rendus aux Palestiniens. Chez ces derniers, de plus en plus de gens s'exaspéraient de voir l'autorité palestinienne impuissante et un Arafat vieillissant multiplier les compromis sans jamais rien obtenir en retour des Israéliens. En fait, plusieurs, surtout les jeunes, se mirent à envisager de nouveau un recours systématique à la violence, ne serait-ce que pour contrer celle de l'extrême droite israélienne, particulièrement chez les colons et chez les ultra-religieux.

Toutefois, en Israël même, un grande partie de l'électorat commençait à en avoir plus qu'assez du gouvernement de Netanyahu, inefficace, corrompu et totalement contrôlé par sa frange la plus extrémiste et la plus intégriste. En 1999, une majorité d'Israéliens porta au pouvoir le parti travailliste d'Ehud Barak, comme une nouvelle chance offerte à la paix.

LE SANG DES ILLUSIONS PERDUES

Ehud Barak avait été un militaire brillant, mais il se révéla un politicien désastreux. Desservi par une forte tendance à l'autoritarisme, il se mit rapidement à dos la plupart de ses partenaires de la vaste coalition politique qui lui avait donné accès au pouvoir. Mais, surtout, il oublia qu'il avait été élu pour enfin trouver une solution valable au problème palestinien. Impulsif et indécis, le nouveau premier ministre se montrait tour à tour intransigeant ou trop accommodant, dénonçait un jour ce qu'il avait accepté la veille. Quand certains radicaux palestiniens choisirent de revenir à l'action terroriste, Barak perdit toute crédibilité auprès d'une population amère qui se mit à regarder en direction d'un homme fort qui affirmait pouvoir régler les problèmes: Ariel Sharon.

L'ancien responsable des massacres de Sabra et de Chatila n'avait pas trop souffert de son bref purgatoire politique, puisque sa petite formation de droite, composante du Likoud, avait fait partie de presque toutes les coalitions gouvernementales. Comprenant qu'il lui fallait maintenant provoquer les événements pour enfin jouer son rôle de nouveau Messie, il choisit tout naturellement de mettre le feu aux poudres. En septembre 2000, le chef incontesté de la ligne intransigeante à l'égard des Palestiniens partit visiter, en propriétaire des lieux, l'Esplanade des mosquées à Jérusalem-Est, l'endroit le plus sacré pour les musulmans et le symbole même de la présence historique arabe en Terre sainte. Dès le lendemain, les Palestiniens se soulevaient massivement, en une seconde Intifada, infiniment plus sanglante que ne l'avait été la première.

En mai 2001, Ariel Sharon emportait largement les élections israéliennes, promettant de garder une poigne de fer pour enfin mater l'inacceptable Intifada. Ayant formé, au nom de l'unité nationale, une très vaste coalition gouvernementale dominée par la droite, Sharon amorça une politique intransigeante d'affrontement et de répression, que ni la réprobation internationale ni les pressions américaines ne parvinrent à assouplir. Chez les Palestiniens, le désespoir ne put que conduire de nouveau à la violence meurtrière, celle des bombes, des attentats suicides, des représailles sauvages réciproques. Dans un tel contexte, l'autorité palestinienne n'était plus guère qu'une coquille vide, tandis que Yasser Arafat, amer et impuissant, semblait attendre que la maladie ou même la balle d'un assassin viennent le libérer de son trop lourd fardeau.

À la fin de juillet 2001, 10 mois après le déclenchement de l'Intifada, plus de 600 personnes étaient mortes, surtout des Palestiniens, pour une Terre jamais rassasiée du sang de ses enfants.

Les dragons sont éternels

Le siècle de la Chine

Trop grande, trop peuplée, trop ancienne, trop refermée, trop incompréhensible, la Chine fascine et inquiète depuis plus de deux millénaires. Alexandre le Grand rêvait déjà de l'atteindre ; le marchand vénitien Marco Polo y fut un haut fonctionnaire de la cour au XIIIe siècle ; l'explorateur Ferdinand de Magellan en cherchait une route maritime ; puis les missionnaires chrétiens voulurent la convertir et les puissances occidentales la dépecer à leur seul profit. On l'a appelée Cathay, puis Chine, mais pour son peuple, elle était l'Empire du Milieu, mis par les dieux au centre du monde pour le gouverner tout entier.

Elle avait le dragon pour symbole séculaire, car il évoquait la puissance et surtout l'éternité. Alors, pendant tout le XXe siècle, chaque génération de sinologues a mis en garde contre son inévitable et dangereux réveil. Peut-être le dragon chinois n'était-il jamais vraiment endormi, occupé qu'il était à maintenir, en un tout viable, ce pays-continent.

UN PAYS DE DÉMESURE

La Chine est gigantesque avec ses 9,6 millions de kilomètres carrés. Elle n'est dépassée en superficie que par la Russie et le Canada mais, contrairement à ces deux pays, plus de 80% du territoire est habitable. Malgré ses 5 000 îles, dont Taiwan, la masse continentale est immense et comprend toutes les sortes de climats: depuis les forêts boréales jusqu'à la jungle tropicale; du désert de Gobi aux sommets de l'Himalaya; des steppes infinies à la bande côtière fertile, et des fleuves géants, comme le Yang-tseu-kiang, aux mines de Mandchourie. Plus du cinquième de l'humanité, soit 1,3 milliard d'habitants, y vit, et on compte plus d'une dizaine de villes millionnaires en population. Au tournant du troisième millénaire, Shanghai dépassait les 14 millions d'âmes.

En terre chinoise, des dizaines d'ethnies se côtoient et se confondent depuis des millénaires, même si on ne semble y voir que le type largement majoritaire, celui du Han, le Chinois caractéristique. On y parle des centaines de langues et de dialectes, comme le cantonais, mais on tente principalement de s'y comprendre dans l'ancienne langue impériale: le mandarin. Le pays est officiellement athée, mais la masse du peuple est bouddhiste ou taoïste, quand elle ne suit pas une des voies philosophiques développées à partir des enseignements du sage Confucius, il y a près de 2 500 ans.

La Chine est éternelle par sa civilisation plusieurs fois millénaire. Son art et sa calligraphie sont instantanément reconnus partout. Le monde entier lui doit la culture du riz et celle du ver à soie; l'invention du papier, de l'imprimerie, de la poudre à canon et du papier-monnaie; son peuple a érigé la seule construction humaine visible de la Lune, la Grande Muraille longue de 6 000 kilomètres. Pourtant l'histoire de la Chine est remplie de catastrophes naturelles et humaines, d'inondations, de famines et de guerres. Mais elle survit toujours.

DES ORIGINES AUX PREMIERS EMPIÈTEMENTS OCCIDENTAUX

Les fouilles archéologiques attestent que, vers 2200 ans avant l'ère chrétienne, les premières cités-États s'organisaient au sud du fleuve Yang-tseu-kiang. Nous savons également que plusieurs royaumes et dynasties se combattirent ou se succédèrent pendant près de 10 siècles, alors que se créait une civilisation qui possédait l'écriture et plusieurs raffinements techniques, artistiques et philosophiques. C'est en 221 avant J.-C. que l'empereur Qi Huang Di unifia le pays sur une superficie allant de la Corée au Vietnam, jusqu'aux fortifications de la Grande Muraille érigée pour arrêter les barbares Hiong Nu. Sa dynastie ne lui survécut pas très longtemps et la Grande Muraille, inachevée, se révéla inutile. Mais la Chine, conquérante ou conquise, ne fut plus jamais divisée. Bien avant la naissance du Christ, elle commerçait déjà avec l'empire des Perses, puis avec celui des Romains.

Au XIIIe siècle de notre ère, sa faiblesse dynastique et militaire en fit une proie facile pour les redoutables guerriers mongols de Gengis Khan et de ses successeurs, qui l'annexèrent complètement avant de partir à la conquête du reste du monde. C'est à la cour pékinoise d'un de leurs plus grands chefs, Kubilaï Khan, que le jeune vénitien Marco Polo résida de nombreuses années et accomplit diverses missions diplomatiques et commerciales pour l'empereur. En réalité, l'empire mongol fut éphémère, mais ses conséquences historiques et sociales furent immenses, particulièrement en Chine. D'abord, les Mongols introduisirent l'islam et, dans une moindre mesure, le christianisme. Ensuite, ils laissèrent une infrastructure technologique et une uniformisation administrative générale qui faciliteraient l'intégration subséquente de vastes populations et territoires à la grande Chine conquérante des siècles suivants. Enfin et surtout, leur refus de s'intégrer à la population et la haine comme la terreur qu'ils installèrent dans l'âme chinoise amenèrent une xénophobie profonde envers tout ce qui était étranger, donc barbare. Un sentiment qui subsiste même à l'époque contemporaine.

En 1644, une dynastie mandchoue, celle des Ts'ing, s'empara du pouvoir, qu'elle garderait jusqu'au début du XXe siècle, mais voyait le pays peu à peu dépecé par les «diables étrangers» blancs et japonais. Déjà, en 1557, les navigateurs portugais avaient obtenu la concession commerciale et missionnaire de Macao en une enclave fermée. Durant les deux siècles qui suivirent, Anglais et Français obtiendraient l'ouverture de certains ports, mais la xénophobie chinoise les contiendrait encore aisément. Cependant, la supériorité militaire et maritime des Européens était telle, au début du XIXe siècle, que le splendide isolement de l'Empire du Milieu ne pouvait guère durer.

LE GÂTEAU CHINOIS

Dans les premières décennies du XIXe siècle, les guerres napoléoniennes mettaient l'Europe à feu et à sang, tandis que l'Empire du Milieu était, dans l'ensemble, prospère et pacifique. Les grands fonctionnaires de l'État, les mandarins, administraient une bureaucratie importante mais assez efficace. La société fonctionnait toujours selon une tradition héritée de Confucius, au sein de laquelle la famille et le clan jouaient un rôle prépondérant. De même, la hiérarchie sociale y était respectée, mais demeurait assez ouverte pour que même les plus humbles citoyens puissent tenter leur chance aux concours annuels qui renouvelaient, depuis des siècles, la fonction publique. Toutefois, la vie intellectuelle y était stagnante, la technologie et l'industrie dépassées ou inexistantes et la surpopulation de plus en plus problématique. En 1800, la Chine comptait déjà près de 500 millions d'habitants, qu'une agriculture désuète n'arrivait plus à nourrir. Quelques réformateurs se dressèrent alors, mais ils restaient le plus souvent impuissants devant l'inertie d'une puissante majorité traditionaliste.

Vers 1820, les élites, fonctionnaires et courtisans, guettés par l'ennui et la médiocrité, découvrirent soudain les paradis artificiels de l'opium, introduit depuis l'Inde par des commerçants anglais. L'engouement fut tel que toute la vie administrative s'arrêta presque et que le chaos financier et social s'installa rapidement. En 1838, la cour impériale ordonna enfin l'interdiction d'importer de l'opium en Chine, mesure assortie d'autres interdits commerciaux nombreux et d'une réduction draconienne de la liberté des missionnaires chrétiens. C'était le prétexte qu'espéraient les Anglais pour lancer une expédition militaire qui devait leur permettre d'accroître leur marché et de limiter les expansions russe et française en territoire chinois. Entre 1839 et 1842, les Britanniques menèrent, au nom de la liberté du commerce et de celle de la religion, ce que l'Histoire appela la Première Guerre de l'opium, une tragédie pour la Chine. Battue et humiliée, celle-ci dut céder Hong Kong et accorder des concessions inouïes aux Anglais, puis aux autres Européens, après une seconde guerre catastrophique qui dura de 1857 à 1860.

Surtout, l'Empire avait montré sa faiblesse devant la voracité étrangère. Jusqu'à la fin du XIXe siècle, les puissances occidentales et le Japon allaient découper et se partager sans vergogne ce que les Occidentaux appelaient avec mépris le gâteau chinois. La mainmise des étrangers sur le pays accentua également le clivage entre réformateurs, qui souhaitaient adopter et adapter les technologies modernes de l'Occident, et traditionalistes, qui refusaient dédaigneusement tout ce qui n'était pas chinois. Durant la seconde moitié du XIXe siècle, ces tendances accédèrent à tour de rôle au pouvoir administratif, mais toutes finirent par échouer, principalement à cause des rivalités et des haines qui les divisaient.

Farouchement anti-modernes et anti-chrétiens, les traditionalistes bénéficiaient de l'appui discret, mais puissant, de la redoutable impératrice Cixi, ancienne concubine de la cour impériale, ayant assassiné époux et enfant pour régner elle-même par la terreur grâce à une clique de militaires et de fonctionnaires grassement payés. Progressivement, les incidents se multiplièrent et s'aggravèrent, comme en 1880 lorsque les lignes télégraphiques et les voies de chemin de fer du pays, créées par les Occidentaux, furent presque totalement détruites au cours d'une campagne de refus du progrès. Les émeutiers, forts de l'impunité officieuse que leur accordait l'impératrice, en profitèrent pour anéantir également bon nombre de petites industries naissantes appartenant très souvent à des familles chrétiennes.

Puis, en 1895, un conflit majeur éclata avec le Japon quant au contrôle de la Corée. Écrasée, la Chine dut signer le désastreux traité de Shimonoseki qui laissait au Japon la maîtrise de la Corée, mais aussi celles de la grande île de Taiwan, alors appelée Formose, et de plusieurs riches provinces de la côte. Mais cet échec retentissant dans lequel les traditionalistes avaient perdu la face permit aux réformateurs de tenter leur chance. Surtout connu sous le nom de Mouvement des Cent Jours, un de ces groupes modernistes expérimenta brièvement, en 1898, une politique économique et sociale fondamentalement nouvelle fondée sur le concept révolutionnaire de la fidélité à la Nation plutôt qu'à l'Empire. Les nouveaux dirigeants forcèrent la révocation de traditions archaïques comme l'infanticide féminin ou le bandage des pieds des fillettes et favorisèrent un essor industriel et agricole par l'application des technologies occidentales. Mais cette poussée moderniste fut brusquement arrêtée par une nouvelle invasion japonaise largement encouragée par l'impératrice elle-même. La Chine retourna donc encore une fois aux règles pesantes de la tradition.

LA FIN DE LA DYNASTIE IMPÉRIALE

Au commencement du XXe siècle, l'immense Empire du Milieu était désormais presque entièrement entre les mains des Occidentaux et des Japonais, qui exploitaient à leur seul profit la majorité des provinces les plus riches et contrôlaient toutes les villes importantes, dans lesquelles les quartiers étrangers, les concessions, étaient tout simplement interdites aux Chinois qui n'y travaillaient pas. Les rancœurs étaient évidemment énormes contre les «diables étrangers» et se cristallisèrent particulièrement contre les nombreux missionnaires et la petite communauté sino-chrétienne. Or, dans les dernières années du XIXe siècle, les Poings Vengeurs, que l'Occident appelait, par dérision, les Boxers, mouvement traditionaliste surtout composé de paysans, de négociants et de militaires, avaient lancé une campagne d'intimidation et d'assassinats à la grandeur du pays. Au cours de l'été 1900, avec la bénédiction de l'impératrice puis la participation active de l'armée chinoise, les Boxers assiégèrent pendant 55 jours les concessions étrangères de Pékin. Une armée internationale vint finalement à bout de la révolte et la répression fut terrible: des dizaines de milliers de personnes furent exécutées ou moururent de misère après la destruction systématique de leurs maisons et de leurs récoltes.

L'échec des Boxers fut celui des traditionalistes les plus farouches, mais également celui de la dynastie impériale toujours sur le trône, mais désormais discréditée. Une nouvelle génération de modernistes, généralement éduqués en Occident, s'empara progressivement des différents rouages du pouvoir et instaura une spectaculaire révolution industrielle dans les grandes villes côtières. Il est vrai que ces nouveaux dirigeants bénéficiaient du soutien des puissances étrangères désireuses de faire affaire avec une élite qui leur ressemblait plutôt qu'avec une administration impériale réactionnaire et xénophobe. Les campagnes furent cependant peu touchées par ces bouleversements, car la masse des paysans luttait essentiellement contre la faim et la rapacité des petits fonctionnaires locaux. Plus que jamais, deux Chines allaient désormais se côtoyer sans réellement se compléter : la Chine bleue moderne des villes côtières et la Chine jaune traditionaliste des campagnes.

En fait, les deux Chines ne se rencontraient que sur un point, mais il était majeur : leur nationalisme de plus en plus profond né d'une haine désormais irréversible à l'endroit de la dynastie mandchoue. En 1908, la mort de la terrible Cixi alluma l'espoir de réformes nécessaires, mais le nouvel empereur, Pu Yi, n'était âgé que de cinq ans et les régents, ses oncles, ne voulaient perdre aucun des privilèges et des fortunes associés à ces charges traditionnelles. De partout maintenant, dans l'armée, chez les étudiants, parmi les intellectuels et même chez les notables de province, on aspirait au renversement de l'Empire et à la création d'une République à l'occidentale. Tous ces groupes avaient par contre des objectifs et des visions sociales divergentes et rivalisaient entre eux.

Un des dirigeants nationalistes et démocratiques les plus écoutés était un médecin formé en Amérique, Sun Yat-sen. Le 10 octobre 1911, la révolution, étonnamment pacifique, se produisit enfin, et le docteur Sun fut élu président de la République de Chine le 1er janvier 1912. Plus de 2 000 ans d'histoire impériale prenaient fin dans l'indifférence générale.

LA DÉRIVE D'UNE RÉVOLUTION

Si, dans l'ensemble, la révolution avait été relativement aisée, les premiers pas de la Chine vers la démocratie furent douloureux. De fait, les nouveaux acteurs politiques du pays se détestaient cordialement, se méfiaient les uns des autres et avaient presque toujours des conceptions fort différentes de ce que devait être une démocratie. Sun Yat-sen lui-même favorisait un régime autoritaire et musclé guidé par « l'avant-garde éclairée de la société », c'est-à-dire, bien sûr, son propre parti, le Kouo-min-tang. D'ailleurs, son élection à la présidence avait été un compromis de dernière minute qui ne satisfaisait personne.

Très rapidement, le gouvernement central de Pékin se retrouva dans l'anarchie, tandis que toutes les régions et provinces tombaient sous la coupe de militaires locaux qui, s'appuyant sur la force des armes et sur une rivalité acharnée, contrôlèrent totalement leurs nouveaux fiefs. Ils aimaient se faire appeler « Seigneurs de la guerre ». Le plus puissant d'entre eux tenait le nord du pays, bénéficiait du soutien théorique des puissances étrangères et disposait d'une armée bien entraînée. Il s'appelait Yuan Shikai et s'opposa rapidement à Sun, dont les appuis étaient surtout dans le sud du pays, autour de Shanghai.

Pour éviter une guerre civile, Sun céda la présidence à Yuan, qui devint dictateur et tenta même de rétablir l'empire. Mais il mourut subitement en 1916, au grand soulagement de tous. Le Kouo-min-tang revint au pouvoir, tandis que la Première Guerre mondiale favorisait un essor fantastique de l'économie chinoise, mais presque uniquement dans les grandes villes côtières. En 1919, le traité de Versailles, qui promettait de réorganiser un monde plus juste après les horreurs de la guerre, finit par décevoir terriblement à peu près tous les participants. En 1918, le gouvernement chinois s'était engagé auprès des Alliés et avait ainsi souhaité récupérer les vastes possessions allemandes sur son sol, mais la France et l'Angleterre les gardèrent pour leur propre bénéfice ou les attribuèrent au Japon, un allié belliqueux dont on souhaitait calmer les ardeurs.

Pour les Chinois, cette nouvelle humiliation s'ajoutait simplement à la liste déjà longue des malheurs qui accablaient déjà la jeune République. Chaque jour apportait ainsi son lot de problèmes et de désordres causés par la corruption généralisée du régime, par les exactions constantes des Seigneurs de la guerre et par les inégalités criantes entre la riche caste des possédants et les malheureux ouvriers et paysans. Tout cela ne pouvait évidemment que favoriser de nombreux agitateurs. Les plus engagés et les plus efficaces furent les communistes chinois, dont le parti avait été fondé en 1921 par 13 idéalistes et parmi lesquels on retrouvait un jeune instituteur de province nommé Mao Zedong (Tsetung).

Mao était né en 1893 dans une famille paysanne aisée de la province sudiste du Hunan d'une mère effacée et d'un père autoritaire et violent. Adolescent, il s'opposa fermement à ce dernier et poursuivit en cachette des études qui lui permettraient de devenir enseignant. Installé provisoirement dans une ville provinciale, il se lia bientôt avec d'autres étudiants politisés et devint un ardent nationaliste. Le jeune Mao comprit rapidement que le nouveau régime républicain ne servait guère qu'une élite privilégiée et que les politiciens en place ne valaient guère mieux les uns que les autres. Après avoir de nouveau défié son père en répudiant la paysanne qu'on lui avait choisie, il épousa Yang Kai Hin, la fille de son professeur, et gagna Shanghai en 1919. C'est là qu'il découvrit le marxisme et qu'il devint un des premiers communistes chinois.

Mao Zedong (Tsetung) n'était encore ni un idéologue, ni un théoricien, ni même un conseiller écouté. En réalité, il n'était qu'un subalterne, peu apprécié à cause de sa vulgarité et de sa grossièreté, dont le principal mérite était sa capacité remarquable à rendre accessible le jargon hermétique du Parti communiste. Il ne fut d'ailleurs jamais invité à se rendre en Russie soviétique pour s'y former au marxisme orthodoxe et y observer les modèles approuvés d'action révolutionnaire. Il resta donc essentiellement chinois, ce qui devait progressivement l'amener à développer une approche nettement différente du marxisme : le maoïsme.

En 1923, le Parti communiste chinois était directement contrôlé par le Komintern, organisme international communiste, installé à Moscou. C'est donc de là qu'arriva à Shanghai l'ordre de conclure une alliance temporaire avec le gouvernement du Kouo-min-tang de Sun Yat-sen. Le Komintern, connaissant peu la situation politique réelle de la Chine et refusant d'écouter les Chinois jugés peu fiables, souhaitait gagner du temps pour renforcer son emprise sur les ouvriers des villes. Mao Zedong (Tsetung) fut alors envoyé dans la ville provinciale de Changsha pour servir d'intermédiaire entre communistes et nationalistes du Kouo-min-tang. Là, il se redécouvrit peu à peu des affinités paysannes et élabora progressivement son modèle politique centré sur l'encadrement de la paysannerie dans les campagnes et villages plutôt que sur les ouvriers urbanisés. Ces conceptions apparurent évidemment comme une hérésie absurde pour les communistes orthodoxes, mais les autorités du parti acceptèrent tout de même que Mao applique localement ses thèses dans son petit fief provincial.

En 1925, devenu de plus en plus fasciste et militariste, Sun Yat-sen mourut et le pouvoir passa aux mains d'un élégant et ambitieux général de 30 ans, Tchang Kaï-chek.

NATIONALISTES CONTRE COMMUNISTES

Tchang était bon soldat mais encore meilleur politicien. En fait, il était prêt à toutes les alliances et à toutes les trahisons pour garder le pouvoir. De plus, il savait plaire aux Occidentaux, particulièrement aux Américains. Très rapidement, ces derniers misèrent sur le fringant général pour refaire l'unité de la Chine et, bien sûr, éliminer ces damnés communistes. Tchang ayant fait toutes les promesses qu'on attendait de lui, les États-Unis acceptèrent d'équiper et d'entraîner l'armée gouvernementale chinoise.

En deux ans, Tchang Kaï-chek vainquit la majorité des Seigneurs de la guerre et rallia les autres à son gouvernement. Puis, en 1927, il se retourna contre ses encombrants alliés communistes en déclenchant une sanglante répression. Ce fut un véritable carnage, particulièrement dans les villes où des milliers de gens furent tués, dont la femme de Mao Zedong (Tsetung). Ce dernier et quelques autres cadres subalternes du Parti communiste parvinrent à s'enfuir dans le Jiangxi, une province paysanne du sud qui deviendrait le banc d'essai véritable du maoïsme naissant. Fondamentalement, celui-ci visait d'abord à encadrer et à éduquer les paysans en leur fournissant des modèles à imiter et d'autres à corriger ou à châtier, en leur inculquant des questions et des réponses définitives sur tous les sujets qui concernaient l'idéologie et, enfin, en pratiquant l'autocritique publique et la rééducation des «éléments égarés».

Or, comme la région était une des seules à résister encore aux soldats nationalistes de Tchang, Mao prit de plus en plus d'autorité dans le Parti communiste chinois et sur son Armée populaire alors que son modèle politique s'imposait.

En 1931, Tchang décida de lancer une grande offensive contre les derniers bastions communistes encore actifs. L'attaque n'eut pourtant pas lieu, car le Japon déclara soudainement la guerre à la Chine afin d'annexer la province de Mandchourie, très riche en minerais. Durement touché par la crise économique mondiale de 1929, l'empire japonais était désormais sous la coupe des militaires qui voyaient dans cette guerre de conquête en Chine le moyen ultime de régler tous les problèmes économiques et sociaux. Or, les Japonais méprisaient les Chinois et faisaient peu de cas de la vie humaine. Plusieurs villes chinoises, dont Shanghai, furent bombardées et leur population cruellement massacrée. Cette guerre atroce allait durer 14 ans et faire environ 50 millions de victimes chinoises, directes ou indirectes.

Devant le danger commun menaçant la survie même de la Chine, Tchang proposa que nationalistes et communistes oublient leurs griefs et s'unissent contre l'ennemi japonais. Sur ordre du Komintern à Moscou, le Parti communiste ignora l'invitation et déclencha, au contraire, une grande offensive militaire contre les armées de Tchang Kaï-chek. Fou de rage, le chef du gouvernement nationaliste accepta une trêve avec les Japonais et contre-attaqua. Ce fut un massacre encore pire que celui de 1927. Des centaines de milliers de communistes, de sympathisants et même de simples villageois sans allégeance politique furent tués. La défaite communiste était tellement grave que des régions aussi solidement défendues que la province du Jiangxi durent finalement être évacuées.

Cet exode massif allait devenir une épopée mythique, un point de référence obligatoire dans l'historiographie maoïste. En 1934, Mao Zedong (Tsetung) quitta le Jiangxi et entreprit la Longue Marche à travers la Chine, en quête d'un refuge pour les restes de l'Armée populaire et ceux des fidèles qui la suivaient. Pendant un an, près de 100 000 personnes parcoururent plus de 5 000 kilomètres dans le froid ou la canicule ; par-dessus des montagnes escarpées et des torrents en crue ; souffrant de la faim, de la soif et de la maladie, fuyant sans cesse l'armée nationaliste lancée à leurs trousses. Finalement, les 10 000 survivants atteignirent le Shanxi, au nord-ouest de la Chine, où ils allaient résister pendant plus de 10 ans. Cette fois, Mao était devenu un héros et le véritable chef du Parti communiste chinois fortement affaibli, mais enfin détaché de toute influence extérieure. Quant à son modèle politique et social autrefois ridiculisé, il devenait désormais la seule expression autorisée du marxisme

LA ROUTE SANGLANTE VERS LE POUVOIR SUPRÊME

Durant les longues années passées au Shanxi, Mao Zedong (Tsetung) établit les ultimes concepts, théoriques et pragmatiques, du maoïsme et l'appliqua intégralement à ce qu'il appelait l'État Rouge. Avec ses mots-clés : mobilisation, encadrement et rectification, la pensée politique de Mao Zedong (Tsetung) ne faisait pas secret de son refus fondamental de toute forme de dissidence ou d'indépendance. En fait, les dizaines de milliers d'« éléments rectifiés » ou carrément éliminés durant cette période préfiguraient déjà l'intolérance doctrinaire et l'extrême brutalité d'un régime qui dominerait un jour toute la Chine.

Pour l'instant, maître incontesté du seul Shanxi, l'ancien petit instituteur de province était désormais entouré des camarades fidèles qui, dans les décennies à venir, l'accompagneraient jusqu'au pouvoir suprême et dont certains en seraient aussi les victimes sacrifiées. Ils s'appelaient Chou En-lai, Zhu De, Lin Biao et Deng Xiaoping. Signalons enfin que Mao, qui avait perdu sa nouvelle compagne, He Zi Zhen, durant la Longue Marche, s'éprit soudain d'une ancienne actrice de Shanghai, Jiang Qing, qui restera près de lui jusqu'à sa mort et sera la plus passionnée des tenants de l'orthodoxie maoïste.

En 1938, le chef incontesté des communistes chinois savait sa position désormais assez sûre pour rencontrer personnellement Tchang Kaï-chek et conclure avec lui une alliance de guerre contre les Japonais. Étonnamment, cette trêve entre nationalistes et communistes allait tenir jusqu'à la défaite finale du Japon en 1945. Or, les États-Unis, maintenant première puissance mondiale, détestaient passionnément le simple mot de communiste et s'empressèrent alors de convaincre leur protégé Tchang que le moment était venu d'anéantir toute cette vermine rouge.

Dès 1946, la guerre civile reprit donc. Au début, les armées nationalistes, bien équipées mais indisciplinées, parurent devoir l'emporter. Mais progressivement, les exactions trop fréquentes des troupes de Tchang sur la population civile firent basculer l'immense majorité de la population dans le camp communiste. De plus, la stratégie patiente de Mao commençait enfin à porter fruit: tenir les campagnes, négliger les villes, épuiser l'ennemi par la guérilla constante sur ses arrières. Peu à peu, l'Armée populaire de libération accumula victoire après victoire. Au milieu de 1949, la capitale Pékin tombait aux mains des communistes, tandis que Tchang Kaï-chek et trois millions de Chinois nationalistes se réfugiaient sur l'île de Taiwan, sous la protection de la flotte américaine.

Le 1er octobre 1949, la République populaire fut proclamée à Pékin. Les Américains mettraient 23 ans avant d'en reconnaître le gouvernement.

L'EMPEREUR ROUGE

S'il avait temporairement renoncé à attaquer Taiwan et préféré laisser intactes les enclaves étrangères de Hong Kong et de Macao, remarquables intermédiaires commerciaux pour contrer l'embargo occidental, le nouveau pouvoir communiste n'était nullement timoré. En fait, toute la Chine était désormais quadrillée, encadrée, éduquée et fréquemment rectifiée. Les opposants, réels ou potentiels, étaient emprisonnés ou éliminés, les banques et les industries nationalisées et toutes les fermes individuelles regroupées en domaines collectifs. Les paysans et les ouvriers furent contraints à un lieu fixe et à un travail fixe, quand ils n'étaient pas tout simplement enrôlés bénévolement dans de grands travaux publics réalisés suivant des techniques utilisées au cours des siècles précédents.

Sur la scène internationale, le Tibet fut brutalement annexé en 1950 et sa population fortement opprimée. L'année suivante, des centaines de milliers de «volontaires» chinois partirent se battre en Corée contre les forces des Nations Unies. Quand, en 1956, le premier secrétaire du Parti communiste d'Union soviétique, Nikita Khrouchtchev, commença à dénoncer les crimes de son illustre prédécesseur, Joseph Staline, la République populaire de Chine se lança dans une défense acharnée du défunt dictateur russe.

Il est d'ailleurs indéniable que le régime de Pékin avait alors déjà commencé à développer à propos de Mao Zedong (Tsetung), un culte de la personnalité tout aussi excessif et pompeux que celui qui avait entouré Staline. En Chine, tout désormais s'articulait essentiellement autour de l'ancien instituteur de province, devenu le Grand Timonier, le Grand Soleil rouge, ou encore le Grand Dirigeant. Quiconque ne montrait pas un enthousiasme délirant risquait la rectification et plus probablement la mort. Ayant absolument raison sur tout, Mao accentua encore la paranoïa et la xénophobie traditionnelles de la Chine qui, en 1963, finit par rompre tous ses liens avec l'Union soviétique, accusée de déviationnisme par rapport à l'orthodoxie communiste désormais uniquement préservée à l'intérieur du maoïsme.

Pourtant, les déceptions d'une révolution qui tenait si mal ses promesses commençaient à susciter la grogne, surtout à l'intérieur du Parti communiste, dont plusieurs dirigeants souhaitaient clairement un certain allégement de l'orthodoxie maoïste et la possibilité, pour eux-mêmes, d'exprimer quelques idées personnelles. En 1957, la tension était devenue palpable et une crise politique paraissait fort plausible. Mao Zedong (Tsetung) réagit très habilement en reconnaissant que le Parti, plutôt que lui-même, pouvait avoir erré sans le savoir. Il invita donc les intellectuels de tout le pays à venir démontrer les erreurs commises afin de les rectifier. Cette période fut connue sous le nom de campagne des Cent Fleurs, suivant un aphorisme évoquant les multiples visages de la vérité. Pendant des mois, ceux qui avaient osé défier l'autorité du Grand Timonier furent publiquement accablés et humiliés avant d'être écartés du pouvoir et emprisonnés. Puis, les milliers d'intellectuels qui avaient, par leurs accusations suspectes, voulu saper l'autorité du Parti furent à leur tour condamnés, rectifiés et souvent exécutés.

En 1958, le Grand Soleil rouge lança une vaste réforme économique et agraire appelée le Grand Bond en avant, qui devait amener la Chine à dépasser l'Union soviétique, voire même l'Occident. Totalement utopique et laissée entre les mains de maoïstes fanatiques plutôt que de technocrates expérimentés, l'aventure fut un échec absolu qui entraîna un recul épouvantable de l'économie chinoise. Des famines terribles tuèrent des millions de paysans, mais elles demeurèrent un secret d'État pendant près de 40 ans. De nouveau, les autres dirigeants du Parti s'insurgèrent et menacèrent le maintien au pouvoir du tyran vieillissant. Mais Mao, comme Staline avant lui, était beaucoup plus rusé que tous ses adversaires réunis. Il appela donc la jeunesse de Chine à venir rectifier elle-même les erreurs des aînés.

Ce fut la Révolution culturelle de 1965 et, pendant un an, l'anarchie, la terreur et la violence incontrôlée déferlèrent sur le pays. Suivant le mot d'ordre du Grand Dirigeant pour que «... la Culture Nouvelle balaie les poussières immondes des erreurs du passé», des millions d'adolescents fanatisés organisés en gardes rouges mirent la Chine à feu et à sang. Brandissant le petit livre rouge des géniales pensées politiques et sociales du président Mao, ils détruisirent des trésors séculaires; brûlèrent les écoles; dénoncèrent la science étrangère et firent d'odieux procès à tous les intellectuels, cadres et dirigeants du pays, tout particulièrement aux rivaux de Mao Zedong (Tsetung), qui furent tous assassinés ou emprisonnés. Même Chou En-lai, le premier ministre si compétent et jugé si fidèle, fut temporairement inquiété.

Bientôt, les gardes rouges en vinrent à se combattre les uns les autres, pour déterminer quel sous-groupe interprétait le plus fidèlement la pensée du grand homme. Quand le chaos général menaça de désorganiser l'Armée populaire, celui qu'on appelait craintivement l'Empereur rouge daigna enfin réagir. Déclarant que les jeunes avaient hélas déçu les attentes de tout un peuple, Mao proclama que seuls les paysans et les soldats étaient désormais aptes à rectifier ces déviants gauchistes. Il fit donc arrêter, disperser dans les campagnes les plus arriérées ou carrément exécuter les jeunes gardes rouges. Peu à peu, le calme finit par revenir en Chine. La Révolution culturelle et la répression consécutive avaient fait cinq millions de morts.

LA FIN D'UN RÈGNE TERRIFIANT

Après l'anarchie de la Révolution culturelle, Mao Zedong (Tsetung) resta le maître absolu, à la fois féroce et triomphant. Les hommes qui avaient survécu aux purges n'osaient plus relever la tête, attendant simplement la mort du vieux tyran, de plus en plus paranoïaque et isolé. Mao ne se fiait guère qu'à Chou En-lai, à Lin Biao et surtout à son épouse Jiang Qing, gardienne de l'orthodoxie maoïste et grande meneuse des pires exactions de la Révolution culturelle. En 1971, elle parvint à convaincre son mari de faire assassiner Lin Biao, un des plus anciens compagnons de route de Mao, parce qu'elle le savait son rival le plus sérieux à la succession éventuelle du Grand Timonier. Peu après, elle rappela d'exil Deng Xiaoping, un autre ancien dirigeant écarté durant la Révolution culturelle mais dont elle croyait maintenant pouvoir utiliser les remarquables compétences économiques à son avantage personnel.

La fin du terrible règne de Mao Zedong (Tsetung) réservait toutefois encore une surprise colossale à la Chine et au monde. Brillamment orchestré par Chou, mais certainement approuvé par le vieux dictateur lui-même, le rapprochement politique inattendu avec les États-Unis vint briser plus de 20 ans de méfiance et d'incompréhension. Il est vrai que les relations soviéto-chinoises étaient alors au plus mal et qu'on assistait même à des incidents armés aux frontières. En 1972, la visite officielle du président américain Richard Nixon à Pékin était un retournement d'alliance troublant, alors même que perdurait la guerre au Vietnam. La Chine y gagna une reconnaissance internationale définitive et, surtout, des avantages économiques impressionnants avec l'Amérique.

Parallèlement à ces événement survenus en République populaire de Chine, les nationalistes chinois de Taiwan avaient peu à peu acquis une autonomie économique d'un modèle nettement capitaliste sous la protection privilégiée et les subsides constants de l'Amérique. Entre 1950 et 1972, le gouvernement de Tchang Kaïchek fut même considéré par l'Occident comme le seul légitime, tandis que Pékin était réputée être occupée par un régime usurpateur. C'était un représentant de Taiwan qui occupait le siège de la Chine aux Nations Unies, tout comme les athlètes taiwanais étaient les seuls Chinois reconnus aux Jeux olympiques. Le régime du Kouo-min-tang n'avait pourtant de démocratique que le nom, car Tchang dirigeait essentiellement un État de type fasciste. À mesure toutefois que les menaces d'invasion s'estompaient et que le vieux président cédait peu à peu la place à une autre génération, le miracle économique asiatique, né au Japon, finit par atteindre aussi Taiwan, qui allait devenir, avec la Corée du Sud et Singapour, une puissance financière importante en Asie.

Quand les Américains reconnurent la légitimité du régime communiste, les nationalistes hurlèrent à la trahison et s'armèrent contre une invasion qu'ils jugeaient maintenant inévitable. Sous la pression des États-Unis, les deux camps acceptèrent une fiction qui permettait au moins à tout le monde de sauver la face. La République populaire de Chine parla d'une province qui suivait temporairement une voie différente, tandis que le gouvernement de Taiwan renonçait à proclamer officiellement son indépendance. Il faut aussi admettre que les échanges économiques de plus en plus importants entre les deux frères chinois militaient pour un apaisement des tensions, lesquelles reviendraient toutefois fréquemment au cours des années, mais plus symboliques que réellement menaçantes.

En janvier 1976, le premier ministre communiste Chou Enlai mourut d'un cancer, quelques mois seulement après que se fut aussi éteint le vieux généralissime Tchang Kaï-chek. Puis, en septembre de la même année, Mao Zedong (Tsetung) décéda à son tour dans la consternation de son petit peuple, mais au soulagement discret des élites du Parti. Un mois seulement après la mort du Grand Timonier, la guerre de succession entraîna la chute de la redoutable Jiang Qing, qui fut condamnée à la prison à vie pour trahison, en compagnie de ses principaux partisans, appelés avec mépris la Bande des Quatre. Considérée comme encore trop dangereuse, Jiang serait «suicidée» dans sa cellule, en 1991.

LA DIFFICILE SUCCESSION

Dès la mort de Mao, Hua Guofeng, un lieutenant jusque-là jugé comme un puriste de la ligne dure, fut nommé président de la

République populaire de Chine. Il apparut aussitôt très clairement que le véritable maître du pays était, en réalité, Deng Xiaoping. Un des dirigeants historiques du Parti communiste depuis l'époque du Shanxi, Deng avait connu une carrière politique pour le moins compliquée, car il avait été maintes fois renvoyé puis rappelé. Maintenant bien en selle grâce aux alliances qu'il avait su habilement tisser dans les instances provinciales du Parti, mais surtout au sein de l'Armée populaire, il était prêt à appliquer les réformes économiques et sociales nécessaires pour sortir la Chine du marasme épouvantable dans lequel l'avait plongée le Grand Timonier.

Plus encore, Deng Xiaoping souhaitait briser les certitudes absolues de l'orthodoxie maoïste et adapter le modèle aux réalités fort différentes de la fin du XXe siècle. Or, cela impliquait de mettre à nu les faiblesses et les erreurs du Grand Soleil rouge lui-même, considéré comme le dieu protecteur de la Chine par près d'un milliard de personnes. Deng voulait abattre une idole, mais pas déclencher une nouvelle révolution : un compromis passé avec les purs du Parti permit de reconnaître que Mao s'était trompé à 30 %, mais avait eu raison à 70 %. Pour la République populaire de Chine, ce chapitre était définitivement clos.

Au début des années 1980, Hua Guofeng fut brusquement écarté du pouvoir et remplacé par Hu Yaobang, puis par Zhao Ziyang. Le véritable pouvoir était, lui, toujours exercé par Deng Xiaoping. En fait, tous ces changements de visages officiels traduisaient des luttes internes au sein du parti, mais plus encore la nécessité de trouver des responsables acceptables de la faillite de plus en plus sérieuse des réformes économiques de Deng. Après quelques années de succès réel, les nouvelles politiques financières et les modes de gestion plus modernes s'étaient progressivement brisés sur l'incompétence de certains, l'impatience ou la résistance au changement de quelques autres et, surtout, l'apathie générale de la très grande partie d'une population encore traumatisée par les expériences du Grand Bond et de la Révolution culturelle paysanne.

Or, la critique sociale paraissant désormais être mieux acceptée par le régime, une certaine jeunesse étudiante des grandes villes côtières se mobilisa bientôt pour réclamer une accélération des réformes et, plus encore, la liberté de pensée, de parole et d'action. En 1989, les étudiants de Pékin se rassemblèrent par milliers sur la place Tianan men. Pendant quelques jours, cela ressembla à une sorte de festival animé et pacifique où l'on demandait davantage de libertés sociales, souvent en poèmes et en chansons, devant les caméras du monde entier.

Deng Xiaoping n'était pas un tyran égocentrique et cruel comme l'avait été Mao Zedong (Tsetung). Par contre, il n'avait jamais non plus prétendu être un dirigeant démocratique. Il concevait l'autorité selon un modèle beaucoup plus autocratique que paternaliste. Sa réponse aux revendications allait être sans nuance ni subtilité. Dans la nuit du 4 juin 1989, les chars de l'Armée populaire envahirent la place, tandis que les journalistes étrangers en étaient chassés *manu militari*. Alors, ce fut la curée. Plus de 1 500 jeunes Chinois furent tués, tandis que des milliers d'autres étaient battus, emprisonnés ou forcés à l'exil. Devant l'indignation internationale, le gouvernement parla de traîtres, de contre-révolutionnaires et d'agents de l'étranger. Peu après, Zhao Ziyang était remplacé par Jiang Zemin, afin que Deng puisse poursuivre son œuvre politique en toute quiétude. Pourtant, l'âge commençait à rattraper le vieil homme, qui s'éclipsa progressivement à partir de 1992 et décéda en 1997.

LA CHINE DU TROISIÈME MILLÉNAIRE

L'année 1999 marquait le cinquantième anniversaire de la Révolution et le dixième anniversaire du massacre de la place Tianan men. Le premier événement fut célébré avec un faste inouï, mais toute manifestation commémorative et même toute allusion aux événements de 1989 furent absolument interdites. Cette même année, le régime communiste amorçait une répression brutale contre une secte à la fois philosophique et religieuse, le Fa Lun Gong. En deux ans, plus de 10 000 adeptes de ce mouvements furent arrêtés, battus, emprisonnés et parfois même tués, parce que le gouvernement voyait dans la recherche de libéralisation de la pensée individuelle un défi à sa propre autorité nécessairement absolue. Dans le même ordre d'idées, la population du Tibet continuait de subir quotidiennement une violence inqualifiable, pour mieux annihiler les velléités indépendantistes encouragées par l'audience internationale dont jouissait le chef spirituel des Tibétains, le Dalaï Lama, en exil depuis 1953.

De fait, la Chine du président Jiang Zemin ne présente pas, en ce début du troisième millénaire, un très reluisant dossier en ce qui a trait au respect des droits de l'homme. Moins doctrinaire et intolérant qu'à l'époque de Mao, le régime n'en demeure pas moins essentiellement totalitaire et répressif. En juillet 2001, la population carcérale des camps de rééducation était évaluée à 250 000 détenus politiques, tandis qu'environ 300 personnes étaient exécutées chaque mois pour violation de l'un ou l'autre des quelque 40 crimes entraînant une condamnation à mort. De plus, les lois extrêmement sévères visant à contrôler l'explosion démographique ont provoqué certains effets pervers pourtant prévisibles. Ainsi, l'interdiction du mariage avant l'âge de 25 ans et celle pour un couple d'avoir plus d'un enfant se sont combinées à l'ancestrale tradition de préférer la naissance d'un fils à celle d'une fille, pour progressivement causer un important déséquilibre du ratio homme-femme dans les nouvelles générations. Alors que les crimes sexuels violents ne cessent d'augmenter chez les jeunes adultes, quelque trois millions de fillettes chinoises sont, chaque année, abandonnées, cédées à l'adoption internationale ou tout simplement tuées, particulièrement dans les régions rurales plus traditionalistes.

Par ailleurs, il est tout aussi indéniable que, représentant un pays qui compte 20% de la population du globe, le gouvernement chinois est parfaitement conscient de sa puissance démographique et, conséquemment, de son potentiel économique. La Chine est de plus en plus moderne et de plus en plus riche. Depuis le début des année 1990, sa croissance économique annuelle se maintient autour de 9%, avec un surplus de sa balance commerciale évalué à quelque 24 milliards de dollars américains en 2000. C'est également le pays qui attire systématiquement le plus grand nombre d'investisseurs étrangers, malgré une bureaucratie tatillonne et une corruption quasi endémique.

C'est peut-être dans ce paradoxe entre le libéralisme inévitable du marché et le totalitarisme du régime politique que se trouve la plus grande incertitude de la Chine du troisième millénaire. Le régime de Pékin semble considérer chaque reproche et chaque mise en garde comme un défi ou un outrage délibéré à sa souveraineté. Il n'entend recevoir de leçons de qui que ce soit sur quoi que ce soit. Par conséquent, jamais les pressions ni les condamnations internationales, aussi sévères soient-elles, ne persuaderont le gouvernement de la République populaire de Chine d'assouplir ses politiques sociales.

À l'époque de la mondialisation des communications et donc des idées, il est beaucoup plus probable que, tôt ou tard, les générations qui n'ont connu ni Mao ni les tragédies du Grand Bond et de la Révolution culturelle vont réclamer, avec vigueur, une ouverture véritable du régime, défi que le gouvernement ne pourra pas toujours faire taire avec les chars d'assaut de l'armée, comme sur la place Tianan men.

Pour l'instant, le peuple chinois continue d'être patient et d'attendre... comme il l'a fait pendant les deux millénaires de l'Empire. Mais il est vrai que les dragons sont éternels.

Exploits et catastrophes

Images et portraits du siècle

Le XXe siècle fut certainement celui des grandes premières et des réalisations importantes. Au-delà des prouesses techniques et scientifiques qui les ont permises, il y eut toujours le génie humain, le courage de quelques idéalistes et la volonté de certains rêveurs de repousser encore plus loin les limites de l'homme. Ce siècle fut aussi celui de tragédies légendaires qui continueront d'être racontées longtemps après nous. C'est à ces pionniers et à ces fantômes du passé que nous voulons rendre hommage.

LA CONQUÊTE DU CIEL

Depuis la nuit des temps, les hommes semblent avoir fait des rêves dans lesquels ils volaient comme l'oiseau. L'idée de planer dans les airs a fasciné toutes les races et toutes les cultures, comme une quête universelle pour atteindre le ciel et se rapprocher des dieux. À travers l'Histoire, le mythe d'Icare s'est concrétisé dans les cerfs-volants chinois et dans les ballons des frères Montgolfier, tandis que le génie universel de Léonard de Vinci concevait des machines que l'auteur d'anticipation Jules Verne ferait un jour voler dans l'imaginaire humain. Mais ce n'est qu'au XXe siècle, enfin, que le rêve et la science purent faire équipe et que l'homme quitta le sol.

Comme pour d'autres développements technologiques, il est difficile d'établir la paternité exacte de la conquête du ciel. Les chauvinismes nationaux, les nombreuses simultanéités des premières et les influences techniques réciproques rendent presque impossible toute identification indiscutable de la véritable première d'un événement. Sans rien enlever aux mérites des précurseurs du vol en planeur que sont l'Allemand Otto Lilienthal et le Français Clément Ader (à qui nous devons le terme *avion*), nous avons choisi de nous attarder à certains pionniers dont les exploits ont fait date et ont marqué leur époque. De même, nous avons préféré éviter la querelle entre les plus lourds et les plus légers que l'air, délaissant le monde des dirigeables et des ballons, pour nous concentrer sur l'avion.

Orville et Wilbur Wright

Rien ne prédisposait les fils d'un prédicateur ambulant de l'Ohio à écrire l'Histoire, hormis une fascination constante pour tout ce qui pouvait voler et un don réel pour le bricolage et la mécanique. Aucun des deux frères n'avait dépassé les études secondaires et, au tournant du siècle, ils tenaient ensemble une petite fabrique de bicyclettes dans la ville de Dayton. Depuis l'enfance, Orville (1871-1948) et Wilbur (1867-1912) se passionnaient pour les machines volantes et occupaient tous leurs moments libres à concevoir des appareils capables de quitter le sol. Lisant toute la documentation disponible, ce qui à l'époque se résumait à bien peu de chose, ils bâtirent d'abord quelques planeurs, dont les modestes succès les laissaient fort insatisfaits, parce que ces machines étaient incontrôlables et captives du vent pour se diriger. À partir de 1901, Wilbur songea à un appareil à moteur capable de s'élever dans les airs et pouvant être contrôlé par un pilote. D'essais en erreurs, les deux frères progressèrent rapidement et, le 17 décembre 1903, Orville Wright devint le premier homme à diriger une machine motorisée en vol, au-dessus de la plage de Kitty Hawk en Caroline du Nord.

Disons tout de suite que cette première aventure aérienne fut fort modeste. Elle ne dura que 12 secondes, à quelques dizaines de mètres d'altitude, sur une distance inférieure à 200 mètres. Plus tard dans la journée, Wilbur tiendra 45 secondes en vol. D'ailleurs, le Flyer était un curieux objet bricolé d'à peine 7 mètres d'envergure, un biplan de toile et de bois, dans lequel le pilote était étendu à plat ventre et qu'on devait catapulter à partir d'une rampe pour donner un peu d'allant à son petit moteur de 12 chevaux. Mais il fut aussi l'ancêtre du Concorde et de la navette spatiale. Dès l'année suivante, les deux frères allaient ajouter des roues à leurs appareils subséquents et réaliser le premier virage, puis le premier tour complet en vol. L'aviation était née!

Wilbur Wright mourut en 1912, sans avoir vraiment pu profiter de la gloire et de la fortune que devaient entraîner leurs innovations technologiques, à son frère et à lui. Orville, décédé en 1948, vit le développement spectaculaire de l'aviation au cours des deux guerres mondiales et assista même aux débuts prometteurs de l'avion à réaction.

Charles Lindbergh

À la fin de la Première Guerre mondiale, l'aviation fascinait le monde entier. Dans la volonté d'oubli et d'étourdissement des années folles, l'avion se prêtait merveilleusement bien aux quêtes de records et d'exploits. Relier l'Europe et l'Amérique par-dessus l'Atlantique devint ainsi une idée fixe, une course à la gloire dans laquelle se lancèrent les as de l'air de tous les pays. Dès 1919, les Britanniques John Alcock et Arthur Brown, deux vétérans de la Grande Guerre, réussirent l'exploit depuis Terre-Neuve jusqu'à l'Irlande. À bord d'un biplan bimoteur, le Vimy, ils firent la traversée de quelque 3 000 kilomètres, sous la pluie et dans le brouillard, en 16 heures 37 minutes. Leur retour triomphal à Londres leur valut d'être anoblis par le roi et de gagner un prix de 10 000 £ offert par le journal *Daily Mail*. Vingt jours plus tard, un officier de la marine américaine, Albert Read, avec une escadre de quatre bombardiers, rallia l'Angleterre depuis Terre-Neuve, mais avec escales aux Açores et au Portugal. De mois en mois, les records se succédaient, mais le seul qui captivait vraiment les foules était de savoir qui réussirait la première traversée de l'Atlantique en solitaire. L'homme qui allait réaliser l'exploit, en 1927, était américain et s'appelait Charles Lindbergh.

La vie de Lindbergh fut emplie de gloire et de tragédies, d'héroïsme et de petitesse. Cet homme paradoxal naquit à Detroit en 1902. Jeune, il apparaissait déjà sérieux, rationnel et sans humour, calculant tout et essayant déjà de tout prévoir. Même ses passions devaient être étudiées. Il avait 20 ans quand, étudiant en génie, il prit un premier cours de pilotage, après avoir évidemment passé des jours à bien comprendre toutes les subtilités mécaniques de l'avion. Piloter devint alors le centre de sa vie. Il abandonna ses études et fut successivement acrobate aérien, aviateur militaire et pilote postal. Son obsession de tout prévoir lui permit cependant de rendre beaucoup plus sécuritaire un métier auparavant extrêmement dangereux, et sa réputation d'efficacité grandit rapidement dans le milieu de l'aviation.

En 1925, le jeune pilote entendit parler du prix Orteig, une bourse de 25 000 $ offerte au premier aviateur capable de relier New York et Paris, sans escale et en solitaire : Lindbergh décida aussitôt qu'il était l'homme de la situation. Sans trop de mal, il parvint à convaincre la Chambre de commerce de Saint Louis de financer un avion qu'il avait lui-même dessiné, puis trouva une firme de Californie qui accepterait de le construire selon ses spécifications. Le *Spirit of Saint Louis* était un monoplan monomoteur d'une amplitude de 15 mètres, porté par un moteur de 220 chevaux ; tout y avait été conçu en fonction du poids et de l'efficacité, au point que, pour laisser plus de place à un réservoir supplémentaire de carburant, le pilote était incapable de voir directement devant lui. Battant un record de rapidité dans la traversée transcontinentale, le *Spirit of Saint Louis* se posa à New York le 12 mai 1927. Le 18 mai, malgré la brume, Lindbergh s'envola, sans radio ni parachute. Après 1 200 kilomètres et 33,5 heures de solitude, l'avion se posa à l'aéroport parisien du Bourget, dans la soirée du 20 mai 1927.

Charles Lindbergh était maintenant un héros national, également connu et admiré dans le monde entier. Désormais riche et célèbre, il était sollicité par tous et donnait conférence sur conférence. En décembre 1927, il rencontra la fille de l'ambassadeur américain au Mexique et l'épousa dès l'année suivante. Anne Morrow, jeune et talentueuse auteure de monographies et d'articles à contenu social, admirait profondément son célèbre mari et la vie paraissait vraiment devoir leur sourire à jamais. Brusquement, tout bascula.

Le 1er mars 1932, l'unique enfant du couple, Charles junior, fut kidnappé dans son lit et une demande de rançon adressée aux parents. Deux mois plus tard, le corps du bambin de deux ans était retrouvé dans un boisé, à proximité de la demeure familiale. Ce n'est qu'en septembre 1934 qu'un suspect fut arrêté, un émigré allemand nommé Richard Haupmann. S'ensuivit, pendant plus d'un an, ce que la presse allait appeler «le procès du siècle», au terme duquel Haupmann fut condamné, sur des preuves passablement ténues, et exécuté en avril 1936.

Las d'être constamment sous le feux des projecteurs, les Lindbergh quittèrent alors l'Amérique pour l'Europe, où ils se découvrirent une fascination totale pour l'Allemagne nazie et ses théories racistes. Décoré par Hitler lui-même, Charles revint aux États-Unis en 1939 et commença à prononcer de nombreux discours, tous favorables au régime hitlérien et à l'antisémitisme. Il devint même le principal porte-parole du mouvement America First, qui s'opposait à toute implication de l'Amérique dans la guerre en Europe et dont les positions extrémistes en vinrent à indigner un nombre toujours grandissant d'Américains. Lindbergh perdit progressivement une grande partie de sa crédibilité et toute l'estime dans laquelle l'Amérique l'avait tenu. Le héros déchu ne s'amenda qu'après l'attaque japonaise contre Pearl Harbor et fit la guerre comme pilote, puis comme instructeur dans le Pacifique. Mais il ne fut véritablement réhabilité que dans les années 1950, sous l'administration Eisenhower. Plus tard, il écrivit son autobiographie et se découvrit même des préoccupations écologiques. Charles Lindbergh mourut en 1974.

Amelia Earhart

Née en 1897, l'Américaine Amelia Earhart se révéla très tôt une enfant curieuse et impulsive. À 18 ans, elle partit au Canada afin de devenir infirmière militaire. C'est alors qu'elle découvrit l'aviation, qui sera la passion exclusive du reste de sa vie. Devenue pilote en 1921, elle commença aussitôt à gagner sa vie dans les différents concours aériens qui fascinaient tant la population et, en tant qu'une des rares femmes à piloter des avions, elle battit record après record. En 1928, elle fut la première femme à traverser l'Atlantique en avion, mais comme passagère. En 1932, comme pilote cette fois, elle fut également la première à le faire lors d'un vol en solitaire. Elle réussira également la traversée entre Hawaii et la Californie et détiendra plusieurs records de vitesse en vol.

Cependant, Amelia Earhart rêvait de quelque chose d'encore plus grand. En 1937, elle entreprit, avec son navigateur Fred Noonan, le premier tour du monde aérien complet d'ouest en est. Partie d'Amérique, elle toucha successivement l'Afrique, puis l'Europe et l'Asie, dans un périple abondamment couvert par la radio et les journaux du monde entier. Le 12 juillet 1937, son avion disparut subitement au-dessus du Pacifique, lors d'une des dernières étapes à franchir avant Hawaii et la Californie. L'appareil ne fut jamais retrouvé et, encore aujourd'hui, le mystère reste complet. L'hypothèse la plus généralement admise, mais jamais confirmée, veut que l'avion de Earhart ait été abattu par des appareils militaires japonais, parce qu'il survolait l'archipel des Carolines que le Japon était en train de fortifier, en grand secret, en prévision de la guerre.

Les exploits des Wright, Alcox, Lindbergh, Earhart et de tant d'autres peuvent aujourd'hui nous sembler bien désuets. Mais c'est grâce à l'audace, au courage et même à la témérité de ces pionniers que des appareils infiniment plus gros, plus rapides et plus sophistiqués relient aujourd'hui les pays et les continents. Le Flyer des frères Wright et le *Spirit of Saint Louis* de Lindbergh se trouvent désormais au musée Smithsonian Institute de Washington.

LA CONQUÊTE DES PÔLES

À l'extrémité sud du globe terrestre, se trouve un continent inhabité, trois fois grand comme l'Europe et contenant 90 % des réserves d'eau potable de la planète. L'Antarctique ne reçoit pas plus de 10 centimètres de neige par année, mais il est recouvert d'une couche de glace épaisse de 1 500 mètres et connaît les froids les plus extrêmes à avoir été enregistrés. Ce continent mortel correspond pourtant presque exactement aux dimensions de l'océan Arctique, à l'autre extrémité de la planète (13 millions de kilomètres carrés contre 14 millions de kilomètres carrés). Mais, sur la banquise dérivante du nord, le froid est moins intense, la neige plus abondante et l'homme davantage présent.

Au début du XXe siècle, la conquête des pôles allait entraîner une course mondiale, pour la plus grande gloire de certains et la mort tragique de bien d'autres.

Le pôle Nord

Tous les navigateurs nordiques ont rêvé d'une route maritime boréale, même si elle n'était possible que quelques semaines par année. Dès le milieu du XVIIIe siècle, Vitus Bering, Danois au service du tsar de Russie, avait longé toute la côte septentrionale du continent eurasiatique et découvert l'Alaska et le détroit qui porte désormais son nom. Au siècle suivant, les explorateurs anglais puis américains avaient tenté, en vain, de faire de même au-dessus de l'Amérique, en cherchant le mythique passage du Nord-Ouest.

La plupart de ces expéditions s'étaient achevées tragiquement, comme celle dirigée par l'Anglais John Franklin, en 1847, dont le navire fut immobilisé par les glaces, tandis que le froid et la maladie causaient progressivement la mort de tout l'équipage. Vers 1880, l'Américain Georges de Long tenta plutôt une traversée d'ouest en est, mais se perdit sur la banquise et dériva plusieurs mois avant d'atteindre un village de pêcheurs sibériens qui le recueillirent avec seulement deux autres survivants. Le passage du Nord-Ouest ne fut finalement franchi qu'en 1905 par le Norvégien Roald Amundsen, à bord d'un solide brise-glaces, le *Gjoa*. Mais l'exploit maritime passionnait déjà beaucoup moins que la conquête terrestre du pôle.

En 1883, les associations scientifiques du monde proclamèrent l'Année polaire internationale, afin de stimuler la recherche et d'étendre les connaissances sur les extrémités opposées du globe. On reconnut qu'il n'y avait pas de continent arctique, mais plutôt une vaste banquise dérivant sur l'océan, dans le sens contraire à la rotation de la Terre. Il restait désormais à atteindre le pôle, établi à 90° de latitude N., par expédition terrestre. Le défi attira des aventuriers de la plupart des pays nordiques.

Cette même année 1883, l'Américain Adolphus Greely poussa ses traîneaux à chiens jusqu'à 83°24' de latitude N. Incapable de poursuivre, lui et quelques survivants attendirent des secours pendant des mois sur l'île Ellesmere, se nourrissant de lichens, de mouches d'été et de courroies de cuir. Dix ans plus tard, en 1893, le Norvégien Fridjof Nonsen atteignit, toujours en traîneaux, la latitude de 86°14' N., à seulement 415 kilomètres du pôle, mais il réussit au moins à sauver toute son équipe.

Au début du XXe siècle, il était évident que la conquête du pôle Nord n'était plus qu'une question de temps. En 1906, l'Américain Robert Peary avait déjà passé plusieurs années dans l'Arctique et connaissait bien les techniques et coutumes des Inuits. Il comprit qu'une expédition d'hiver subirait certes des conditions de tempêtes et de froid beaucoup plus intenses que durant l'été arctique, mais s'assurerait par contre d'une glace plus solide et d'une moindre dérive de la banquise. En janvier 1909, il quitta son navire ancré près d'une île de l'archipel arctique canadien et, avec 17 hommes et 133 chiens de traîneaux, entreprit d'atteindre le pôle, par étapes successives. Laissant quelques hommes et traîneaux à divers relais afin de se constituer une base de retour à chaque étape, il ne garda finalement avec lui que quatre Inuits et son compagnon de route depuis des années, un Noir américain nommé Matthew Henson. Le 6 avril 1909, cette équipe réduite atteignit enfin la latitude de 90° N., le pôle. On prit quelques photos et on planta des drapeaux, puis les hommes entreprirent le voyage de retour.

Bien qu'accueilli en héros, Peary connut l'amertume de voir son exploit mis en doute par un certain Frederick Cook, qui, cinq jours avant le retour de Peary, affirma avoir atteint le pôle dès 1907, puis s'être perdu sur la banquise pendant 18 mois avec son équipe d'Inuits. La controverse dura quelques années, mais les allégations de Cook, jamais confirmées par aucun témoin ni par aucun document sérieux, furent finalement rejetées. Plus tard, l'homme fut condamné pour fraude bancaire et sa réputation ne s'en remit jamais, bien que quelques auteurs continuent de voir en lui le véritable vainqueur de la course au pôle Nord.

Le pôle Sud

Quoique le continent hypothétique de l'extrême sud ait été aperçu dès 1775 par le navigateur britannique James Cook, c'est seulement en 1820 que l'existence de la péninsule antarctique fut réellement confirmée par l'Américain Palmer et par l'Anglais Bransfield. Entre 1840 et 1880, des navigateurs comme Dumont d'Urville, Wilkes et Ross osèrent successivement des explorations de découvertes sur la frange externe de l'Antarctique, et contribuèrent ainsi à cartographier et à faire connaître des lieux aussi fascinants qu'inhospitaliers, comme la terre Adélie, la terre de Wilkes et la mer de Ross. Le continent lui-même continuait pourtant à échapper aux hommes.

En 1897, une expédition belge menée par Adrien de Gerlache parvint à hiverner sur la côte antarctique et ainsi à amasser sur les éléments climatiques et géologiques des informations indispensables dont dépendrait la survie d'éventuelles expéditions continentales. Le second de Gerlache était le Norvégien Roald Amundsen. En 1901, le Britannique Robert Scott hiverna à son tour sur la côte antarctique, tout comme le Français Jean-Baptiste Charcot en 1908. Désormais, tout semblait prêt pour une expédition terrestre à la conquête du pôle. Cela dit, une particularité de l'Antarctique, causée par la disposition des plaques géologiques du globe, fait que le pôle Sud géographique et le pôle magnétique sont distants de presque 1 000 kilomètres. C'est donc ce dernier, un peu plus facilement accessible, qui fut le premier but visé.

L'Anglais Henry Shackleton crut possible d'y parvenir durant l'été austral 1908-1909. Il misait sur la résistance de poneys sibériens amenés à grands frais, mais les bêtes n'avaient jamais eu affaire à des températures estivales de -55 °C et moururent les unes après les autres. Avec les trois hommes de l'équipe originelle encore vivants, Shackleton parvint à une latitude de 88° 29' S, à quelque 160 kilomètres de son but, avant de devoir renoncer. À leur retour sur la côte, les quatre hommes avaient finalement parcouru plus de 2 700 kilomètres.

À la fin de 1909, l'Australien Edgeworth David, utilisant des traîneaux à chiens, réussit enfin l'exploit d'atteindre le pôle magnétique, la latitude 90° S. Une anecdote considérée comme authentique veut que, pendant l'expédition, le très poli monsieur David ait un jour interpellé ainsi son camarade Mawson : « Êtes-vous occupé ? vraiment très occupé ? C'est que je suis tombé dans une crevasse et je ne crois malheureusement pas pouvoir tenir encore très longtemps ! »

La conquête du pôle Sud géographique allait être une tragédie ; prenant l'allure d'une course à la mort, elle passionna le monde et opposa deux hommes courageux qui se connaissaient et se respectaient mutuellement : Roald Amundsen et Robert Scott. En 1909, Amundsen s'apprêtait à tenter une expédition terrestre vers le pôle Nord lorsqu'il apprit que Peary avait réussi l'exploit. Il décida aussitôt qu'il était l'homme appelé à conquérir plutôt le pôle Sud. Son équipe étant déjà prête, il partit rapidement pour l'Antarctique, ne prévenant que son ami Robert Scott de ses intentions. Mais l'Anglais voulait lui aussi tenter l'aventure et, un peu à la hâte, accéléra les préparatifs de sa propre expédition. La course s'engagea pendant l'automne de 1911.

Amundsen avait avec lui 4 collègues norvégiens et 52 chiens de traîneaux. Son plan, ressemblant à celui de Peary dans l'Arctique, consistait à se constituer progressivement des bases d'approvisionnement qui lui serviraient au retour. Pour sa part, Scott ne croyait pas aux chiens et, ignorant les enseignements de l'expédition Shackleton, préféra compter sur des poneys sibériens. Comme cela était prévisible, les bêtes moururent rapidement et les cinq hommes de l'équipe furent bientôt contraints de tirer eux-mêmes les traîneaux.

Amundsen avait pris le départ en octobre, Scott au début de novembre, selon une progression parallèle mais distante de plusieurs centaines de kilomètres. Pour l'une et l'autre expéditions toutefois, cela impliquait de traverser de grandes étendues glaciales, d'escalader un glacier et de franchir une chaîne de montagnes, soit un trajet aller-retour de plus de 2 800 kilomètres. Dans l'ensemble, le voyage d'Amundsen se déroula sans incident fâcheux et, le 14 décembre 1911, son équipe atteignit le pôle Sud. Le Norvégien y laissa ses drapeaux, ainsi qu'une tente et une lettre à l'intention de Scott, puis reprit la route du retour. Fort des réserves alimentaires laissées à l'aller, Amundsen rejoignit sans problème son point de départ en janvier 1912, mais sa satisfaction fut rapidement endeuillée par la nouvelle de la disparition de l'équipe de Scott.

L'Anglais, en effet, avait eu beaucoup moins de chance que son rival et ami. Son équipe dut affronter des blizzards et des froids intenses qui épuisèrent les hommes. Le 18 janvier 1912, il atteignit pourtant le pôle... pour y découvrir la tente et la lettre laissées par Amundsen. Il ne restait plus qu'à rentrer, en se donnant toutefois la peine de rapporter quelques fossiles et autres échantillons géologiques, ce qui devait pourtant alourdir encore la charge de chacun. Après la fatigue, vint la famine : un premier homme mourut, puis un second. Épuisés et désespérés, les trois survivants se réfugièrent sous leur tente et attendirent la mort dans la nuit et le froid. La dernière entrée dans le journal de Scott était datée du 29 mars 1912. Les corps gelés ne furent retrouvés qu'au mois de novembre suivant. Scott et ses compagnons n'étaient plus qu'à 80 kilomètres de la côte.

Amundsen devait, toute sa vie, se sentir coupable d'avoir suscité cette tragique course. Il mourut en 1928, au-dessus du Groenland, quand son avion disparut alors qu'il participait aux recherches de sauvetage de l'équipe italienne de son ami explorateur Umberto Nobile.

En 1929, l'Américain Richard Byrd survola le pôle Sud en avion. Il effectua l'aller-retour dans la même journée, là où Amundsen avait mis 99 jours.

Par entente internationale, l'Antarctique est considérée comme un continent appartenant au patrimoine terrestre et nul État ni aucune société commerciale ne peuvent en revendiquer la possession ni le droit d'exploitation. Depuis les années 1930, 12 pays y ont établi des bases scientifiques permanentes, mais aucun conflit politique ou militaire n'est venu menacer l'esprit de collaboration de ces chercheurs.

LA CONQUÊTE DE L'EVEREST

Au Népal, on l'appelle Sagarmtha (celui dont la tête touche le ciel). Au Tibet, il est Chomolungma (la déesse-mère du monde). Pour l'Occident, il était simplement, jusqu'au milieu du XIXe siècle, le Peak XV, lorsqu'on lui donna le nom d'Everest pour honorer l'ingénieur britannique qui en avait calculé la hauteur totale. Le sommet du monde culmine à 8 843 mètres (29 028 pieds) au-dessus du niveau de la mer. Et il a toujours fasciné les alpinistes du monde entier... «parce qu'il est là» disait l'Anglais George Mallory.

Longtemps jugée absolument impossible, la conquête du sommet de l'Everest ne commença à être envisagée sérieusement qu'après la Première Guerre mondiale. Dans les années 1920, sept expéditions différentes tentèrent de gravir la montagne jusqu'à son sommet, mais une seule, en 1924, y réussit possiblement. Laissant leurs guides et porteurs népalais, les célèbres sherpas, dans un camp de base, les alpinistes britanniques George Mallory et Andrew Irvine choisirent de continuer seuls vers le sommet. Malheureusement, ils disparurent durant un fort blizzard et leurs corps ne furent retrouvés qu'en 1999. Pendant de nombreuses années, aucune expédition n'arriva à dépasser le dernier camp de base laissé par Mallory et Irvine, ce qui renforça l'impression générale que le sommet de l'Everest était inviolable.

Puis, en 1952, une équipe suisse parvint à moins de 320 mètres (1 000 pieds) du sommet, avant de renoncer. Or, le principal sherpa de cette expédition s'appelait Tensing Norgay et allait bientôt entrer dans l'Histoire. Norgay était né au Népal, en 1906, et rêvait de l'Everest depuis l'enfance. Sa première expédition datait de 1935, comme simple porteur, mais il en avait ensuite fait plusieurs autres, aussi bien sur l'Everest que sur d'autres sommets de l'Himalaya. En fait, les spécialistes considéraient unanimement que le tranquille Népalais connaissait l'Everest mieux que n'importe quel autre homme au monde.

Au début des années 1950, le Tibet avait été violemment envahi et annexé par la Chine. Pour les éventuels conquérants de l'Everest, cette nouvelle réalité politique signifiait que le gouvernement de Pékin contrôlait désormais le versant nord de la montagne, celui jugé plus praticable pour une expédition vers le sommet. Or, la Grande-Bretagne tenait, pour une question de prestige international, à devancer les Chinois sur le toit du monde. La Royal Geograpic Society décida donc de financer une nouvelle expédition, placée sous le commandement du meilleur alpiniste de l'époque, l'apiculteur néo-zélandais de 33 ans Edmund Hillary. Ce dernier recruta immédiatement Tensing Norgay.

L'expédition s'ébranla la dernière semaine de mai 1953, reprenant la piste du versant sud de l'Everest qu'avaient déjà empruntée les Suisses l'année précédente. Après quelques jours de grimpée, l'équipe de soutien s'arrêta au plus élevé des camps de base, tandis que Hillary et Norgay continuaient seuls. Le 29 mai 1953, l'Everest était enfin conquis!

La nouvelle commença à parvenir aux quatre coins du monde le 3 juin 1952, veille du couronnement de la jeune reine Élisabeth. Pour bien des nostalgiques, l'exploit de Hillary et de Norgay constituait un des derniers rappels de la gloire et de la splendeur du défunt Empire britannique. Edmund Hillary fut bientôt anobli par la reine et Tensing Norgay reçut la George Medal, la plus haute décoration civile de Grande-Bretagne.

Au cours des années suivantes, Hillary réussit à convaincre le gouvernement népalais de créer un parc national au pied de l'Everest. Il s'engagea également corps et âme dans des causes écologiques et surtout sociales auprès des pauvres du Népal, bâtissant des écoles et des hôpitaux. En 1958, il fut également un des commandants de l'expédition internationale qui devait réaliser la première traversée motorisée de l'Antarctique. Tensing Norgay, pour sa part, devint un héros vivant pour les populations d'Asie. Ami personnel du premier ministre indien Nehru, apprécié des gouvernements chinois et népalais, il fut également, pendant 22 ans, directeur du Himalayan Mountainers Institute. Il mourut en 1986 et le gouvernement indien l'honora de funérailles nationales.

Depuis l'exploit de Hillary et de Norgay en 1953, près de 1 500 personnes ont atteint le sommet de l'Everest. La Japonaise Junko Tabeï fut la première femme à y parvenir, en 1973, tandis que l'année 2001 comptait le plus jeune grimpeur, 15 ans, et le plus âgé, 64 ans. En 1996, Jamling , le fils de Tensing Norgay, atteignait lui aussi le toit du monde.

En dépit des efforts des groupes écologiques, une véritable industrie touristique est en train de prendre possession de l'Everest, avec la bénédiction des gouvernements népalais et chinois, avides de devises étrangères. Il en coûte en effet 70 000 $ par personne pour escalader la montagne, sherpas et équipement complet fournis ; dans une seule semaine de mai 2001, 94 grimpeurs ont atteint le sommet.

Entre 1922 et 2001, 167 personnes ont perdu la vie en essayant de vaincre l'Everest.

L'AFFAIRE *TITANIC*

À l'exclusion des guerres ou peut-être de l'assassinat de John Kennedy, aucune tragédie humaine ou naturelle, aucun incendie, écroulement ou accident n'a davantage marqué l'imaginaire collectif que le naufrage du *Titanic.* D'autres catastrophes ont fait plus de victimes ou bien ont eu un impact humain particulier, mais l'image du grand paquebot, heurtant un iceberg dans la nuit du 15 avril 1912, est resté le symbole des tragédies du XXe siècle. Or, il y a les faits et il y a la légende. Nous tenterons simplement de faire la part des choses, au-delà des «vérités» cinématographiques.

Au tournant du siècle, la rivalité maritime (et politique) entre l'Angleterre et l'Allemagne avait laissé loin derrière les concurrents américains et français. Pour les deux grands rivaux, la traversée de l'Atlantique, en un temps record et dans un cadre fabuleux, représentait un double avantage, aussi bien glorieux que financier. En effet, détenir le célèbre ruban bleu, accordé au paquebot le plus rapide, assurait un prestige qui titillait agréablement l'orgueil national et incitait davantage les plus riches et les plus puissants à choisir la ligne maritime classée première. Mais, surtout, la rapidité favorisait une augmentation du nombre de traversées que pouvait faire un paquebot et augmentait ainsi sa part du très lucratif marché de l'émigration vers les États-Unis. Entre 1891 et 1911, neuf millions de personnes partirent d'Europe vers le Nouveau Monde, une manne inépuisable pour les compagnies maritimes. À ces émigrants s'ajoutaient des gens d'affaires, des touristes ainsi que le gratin mondain d'Europe et d'Amérique.

Dans la première décennie du siècle, Anglais et Allemands avaient alterné dans la possession du ruban bleu, avec des paquebots de plus en plus rapides, de plus en plus gros et de plus en plus luxueux. En Grande-Bretagne, la compagnie White Star rêvait de détrôner sa rivale nationale, la Cunard. Sous l'impulsion de son dynamique nouveau président, Bruce Ismay, la White Star décida donc de mettre en chantier trois nouveaux paquebots géants, dont les lancements successifs devaient s'étirer de 1911 à 1914. À la fine pointe de la technologie maritime, ils disposaient de 15 cloisons et 16 compartiments, de 29 chaudières, de fermetures électriques des portes étanches, de détecteurs de chaleur et de fumée, ainsi que de systèmes modernes de navigation et de communication. Loin de toute modestie, les navires s'appelleront *Olympic*, *Titanic* et *Gigantic*. Ils furent construits dans les chantiers maritimes Harland en Irlande, sous la supervision de l'ingénieur Thomas Andrews. L'*Olympic* fut prêt en décembre 1911 et le *Titanic* en mars 1912. Signalons toutefois que ni l'un ni l'autre ne devaient être en lice pour le ruban bleu avant des mois d'essais et de modifications.

En avril 1912, l'*Olympic* devant subir certaines modifications mineures, le *Titanic* fut le premier de la série à pouvoir accomplir sa traversée inaugurale et bénéficia ainsi d'un battage publicitaire sans précédent. Ismay lui-même allait être de la traversée, de même que l'ingénieur Andrews, ainsi que quelques-uns des plus grands noms de la bonne société. Les 1 313 passagers enregistrés, sur une capacité de 2 435, pouvaient compter sur les services des 885 membres d'équipage commandés par le renommé capitaine J.A. Smith, dont il était prévu que ce serait la dernière traversée avant la retraite.

Les passagers de troisième classe avaient payé 40 $ pour des cabines de 2 à 6 personnes, à l'avant pour les femmes seules et à l'arrière pour les hommes célibataires. Les gens de deuxième classe payaient 65 $, mais avaient accès aux différents aménagements sportifs et culturels offerts sur le navire. Quant aux choyés de la première classe, le traitement de faveur leur coûtait 125 $, bien qu'il fût également possible d'occuper une suite avec domestiques, pour seulement 4 500 $. Contrairement à la légende, le *Titanic* ne possédait pas de salle de bal mais il est exact que sa quatrième cheminée était fausse, car elle avait été installée pour améliorer la ventilation et, surtout, équilibrer la silhouette du navire et donner une impression accrue de puissance.

Le *Titanic*, faisant 270 mètres de long et jaugeant 46 000 tonnes, appareilla de Southampton dans l'après-midi du mercredi 10 avril 1912. Il était attendu à New York le mardi suivant, soit le 16 avril. Le dimanche soir, sur une mer calme, le navire filait à 21 nœuds quand, à 23 h 40, les vigies signalèrent un gigantesque iceberg, droit devant. Le premier officier Murdock ordonna aussitôt de tourner à bâbord, mais la lenteur du paquebot fit que la glace râpa la coque de tribord sous la ligne de flottaison, entraînant des déchirures irréparables. Le *Titanic* aurait très probablement survécu à un éperonnage frontal, mais avec cinq compartiments noyés, le naufrage était inévitable. À 00 h 50, le 15 avril, l'opérateur radio lança un premier signal de détresse, les lettres CQD en morse, selon les conventions maritimes internationales. Ce message poursuivait en indiquant que le *Titanic* était en train de sombrer et que sa position était à 41° 44' de latitude N. et à 50° 24' de longitude O. Peu après, on lança un autre message de détresse, utilisant, pour la première fois dans l'histoire, le nouvel indicatif SOS, récemment adopté à cause de sa simplicité et de sa rapidité en langage morse (3 traits, 3 points, 3 traits).

Après consultation avec ses officiers, avec Lord Ismay et avec l'ingénieur Andrews, le capitaine Smith ordonna l'évacuation du navire par embarquement prioritaire des femmes et des enfants dans les trop peu nombreux canots.

À partir de ce moment, la légende allait fréquemment l'emporter sur les faits dans l'inconscient collectif. Voyons un peu mieux la réalité. Tout d'abord, le *Titanic* ne filait nullement à trop vive allure et Bruce Ismay ne fit jamais pression sur le capitaine pour accélérer la course du navire.

Deuxièmement, les messages signalant des icebergs concernaient une zone déjà dépassée par le paquebot, alors que celle où il se trouvait n'en comptait qu'exceptionnellement à cette époque de l'année.

Troisièmement, bien que la radio du *Titanic* ait fonctionné continuellement, la majorité des navires de l'époque n'en possédaient pas ou bien n'avaient à bord qu'un seul spécialiste capable de la faire fonctionner. Ainsi, le *Carpathia*, qui allait recueillir les survivants le lendemain, ne devait qu'à la chance que son opérateur ait gardé ses écouteurs au moment de se déshabiller avant d'aller dormir.

Quatrièmement, le pourcentage très élevé de pertes dans les troisièmes classes n'eut rien à voir avec un sombre snobisme social, mais était plutôt dû au fait que ces passagers étaient très majoritairement des gens qui ne comprenaient pas l'anglais et qui étaient peu familiarisés avec les choses de la mer. Quand enfin ils comprirent ce qui arrivait, ils tentèrent d'abord évidemment de regrouper leur famille avant de monter vers les canots et perdirent ainsi un temps précieux. Comparativement, la très grande majorité des passagers d'origine anglaise, irlandaise ou scandinave furent sauvés.

Cinquièmement, les grilles cadenassées empêchant les pauvres de rejoindre les étages supérieurs n'existaient que dans les corridors et accès réservés aux déplacements de l'équipage. Seuls les passagers égarés dans ces coursives s'y heurtèrent et personne n'en refusa l'ouverture, à condition d'en posséder la clé.

Sixièmement, plusieurs canots, du moins au début, partirent effectivement à moitié remplis, car énormément de passagères refusèrent d'abord d'y monter, car elles croyaient à un exercice et elles étaient peu désireuses d'entreprendre la descente d'un flanc de navire correspondant à un immeuble de huit étages. Mais une fois éloignés, ces canots ne revinrent pas chercher d'autres éventuels survivants, car chacun craignait maintenant de voir son embarcation surchargée et renversée.

Septièmement, l'orchestre du bord, dirigé par Wallace Hartley, joua bel et bien jusqu'à la fin et disparut dans le naufrage. Mais il n'interpréta jamais le cantique *Plus près de toi mon Dieu* et se contenta d'airs à la mode.

Huitièmement, aucun passager ne fut tué ou blessé par balle et aucun officier ne se suicida. Seulement trois coups de feu furent tirés en l'air pour calmer un début de panique. Finalement, Bruce Ismay ne se faufila pas dans un canot mais fut invité à y monter, à titre de rameur, alors qu'on embarquait désormais aussi des hommes dans le secteur où il se trouvait.

Le *Titanic* sombra à 2 h 20, le lundi 15 avril 1912, emportant 1 487 personnes dans la mort. Il y eut 711 survivants, dont 394 femmes et enfants, 129 passagers masculins et 189 membres d'équipage. Le capitaine Smith, le premier officier Murdoch, l'ingénieur Andrews et plusieurs personnalités connues comptaient parmi les victimes, mais Bruce Ismay avait survécu. Les rescapés furent tous recueillis par le *Carpathia*, lequel fit route vers New York où il arriva le jeudi 18 avril, devant une foule immense. Durant ces quelques jours, les rumeurs les plus diverses avaient couru dans la presse, car la radio du navire n'était pas assez forte pour transmettre jusqu'en Amérique. On entendit ainsi successivement que le *Titanic* n'était que légèrement abîmé et faisait route vers Halifax, qu'il avait coulé mais que tous les passagers étaient saufs, que plusieurs navires avaient refusé de prêter secours aux naufragés.

Dans les mois suivants, deux commissions d'enquête furent tenues, celle du Board of Trade aux États-Unis et celle du Tribunal des naufrages en Angleterre. Toutes deux devaient finalement remettre des rapports aux conclusions similaires. Premièrement, on ne relevait aucun problème de conception du navire, sinon une lenteur de la barre à tourner et des cloisons insuffisamment élevées au cas où plusieurs compartiments étaient submergés. Deuxièmement, on ne reconnaissait aucune faute professionnelle de l'équipage ou des officiers, quant aux actes de navigation posés avant et au moment de la tragédie. Finalement, le nombre de canots sur le *Titanic* (20) ne pouvait accommoder que 30% des personnes à bord, mais restait supérieur aux normes fixées par le Board of Trade (16), lequel n'avait jamais adapté ses critères au tonnage accru des grands navires.

Deux personnes toutefois subirent les foudres des commissions d'enquête, de la presse et du public. Bruce Ismay ne put jamais se défendre réellement des insinuations à propos d'hypothétiques pressions qu'il aurait exercées sur le capitaine Smith pour forcer la vitesse. Discrédité et traité en paria pour être monté dans un canot alors que des femmes et des enfants s'étaient noyés, il acheva sa vie, isolé, dans son domaine d'Irlande. Celui qu'on nommait «Brute» Ismay mourut en 1933. D'autre part, il fut confirmé qu'un navire, le *California*, ne se trouvait qu'à

19 milles nautiques du *Titanic* au moment du naufrage. Malheureusement, sa radio était coupée et son capitaine, J. Lord, refusa de prêter attention aux fusées de détresse qu'il avait plutôt interprétées comme des feux d'artifice. Il passa le reste de sa vie à défendre sa réputation ternie.

La tragédie du *Titanic* entraîna des modifications fondamentales quant à l'obligation permanente des écoutes radio, au nombre de canots de sauvetage disponibles et à la surveillance systématique des icebergs.

L'épave du grand navire fut retrouvée par une équipe franco-américaine en 1986. Après qu'on eut remonté à la surface quelques centaines d'objets plus ou moins symboliques (vaisselle, bouteilles, cloche de pont, valises, portefeuilles, poupées), il fut finalement décidé de laisser en paix les âmes des morts qui reposaient dans ce gigantesque tombeau.

Le 31 décembre 2000, sept des rescapés du naufrage du *Titanic* étaient encore vivants.

Index

E

F

G

H

I

J